本书出版获国家社会科学基金一般项目"数据
展的模式、机制与政策研究"（项目批准号：24BG
社会科学一般项目"数字经济下替代数据对小微企
究"（项目批准号：2023SJYB0563）资助。

数字普惠金融对外国直接投资流入的影响：促进还是抑制

蒋　敏　著

WUHAN UNIVERSITY PRESS

武汉大学出版社

图书在版编目(CIP)数据

数字普惠金融对外国直接投资流入的影响：促进还是抑制／蒋敏
著. -- 武汉：武汉大学出版社，2025.7. -- ISBN 978-7-307-24788-8

Ⅰ. F832.6

中国国家版本馆 CIP 数据核字第 2024HC3105 号

责任编辑:周媛媛　　　责任校对:鄢春梅　　　封面设计:若　琳

出版发行:**武汉大学出版社**　（430072　武昌　珞珈山）

　　　　　（电子邮箱:cbs22@whu.edu.cn　网址:www.wdp.com.cn）

印刷:湖北云景数字印刷有限公司

开本:720×1000　　1/16　　印张:14　　字数:205 千字

版次:2025 年 7 月第 1 版　　2025 年 7 月第 1 次印刷

ISBN 978-7-307-24788-8　　定价:69.00 元

前　　言

　　近年来，中国在全球外国直接投资（Foreign Direct Investment, FDI）总额大幅下滑的背景下实现了 FDI 流入的逆势增长，稳居全球第二大 FDI 流入国。究其原因，一方面由于外国企业对我国经济发展的持续看好，另一方面由于我国一直以来推行积极主动的外资引入政策。根据"两缺口"理论①，发展中国家的国内储蓄往往无法满足经济发展的投资所需，需要大量引入外资来填补国内的储蓄缺口和外汇缺口。因此，东道国引入 FDI 的主要原因在于获取资本投入以弥补国内资金短缺，但这与我国一直以来储蓄率和外汇储备双高的现实是不相符的。部分学者基于金融抑制理论提出，我国的金融体制存在缺陷是我国需要大量引入外资的根本原因：一是由于我国金融市场不完善导致大量储蓄资源被迫闲置，难以转化为实际的有效投资；二是我国金融体系中存在着政治性主从次序、地区信贷配给制度和利率管制等金融扭曲的现象，金融资源大量流向了国有经济部门，使得非国有经济部门难以获得资金支持。现有关于东道国金融发展与 FDI 之间关系的研究存在以下两个方面的问题：一是关于东道国金融发展与 FDI 关系的相关研究主要聚焦于金融发展深度与 FDI 之间的关系，对于金融发展的宽度和广度与 FDI 之间的关系缺乏研究；二是已有文献对东道国金融发展与 FDI 流入之间存在着"正向关系""负向关系""非线性关系"等论断，对二者关系缺乏一致的结论。本研究认为，东道国金融发展与 FDI 流入之

---

① 20 世纪 60 年代中期，由美国著名发展经济学家钱纳里等提出的用于解释发展中国家经济发展主要障碍和引进外资必要性的一种理论。

间的关系之所以会存在着截然相反的结论，原因在于以下两个方面，一是不同的文献基于不同的研究主体展开，从 FDI 的供给方跨国企业的角度，发达的金融市场是吸引跨国企业在东道国进行投资的重要区位因素；但从 FDI 的需求方东道国的角度，金融发展落后是东道国引进 FDI 的重要原因，因此从 FDI 的供给方和需求方的不同视角会得出不一致的结论。二是不同的研究对金融发展的理解存在着一定差异，金融发展涵盖了金融规模扩大、金融效率提升和金融结构优化等多个维度，各项研究对金融发展水平的衡量标准不同，得出的结论也会有所差异。

为缓解我国金融体系中普遍存在的"金融排斥"现象，发展普惠金融已成为我国金融改革的重要内容。数字技术和金融服务的不断融合带动了我国普惠金融的转型，数字普惠金融已经成为当前普惠金融发展的主流模式，对数字普惠金融的研究也成为国内外的热点议题。已有的相关研究主要从数字普惠金融对经济发展、贫困缓解、创新创业和居民消费等方面的作用，以及数字金融给传统金融所带来的机遇与挑战等角度展开，但局限于国内封闭的经济视角，部分研究者对开放经济中数字普惠金融发展对国外资本，尤其是 FDI 流动的影响关注较少。数字普惠金融不仅能够从宽度和广度方面提升我国的金融发展水平，而且对传统金融体系造成了较大的冲击，进而对跨国企业在华直接投资的区位选择产生了影响。本研究从开放经济视角，在现有关于金融发展与 FDI 流入相关研究的基础上，从 FDI 的供给方和需求方两个角度思考了数字普惠金融与 FDI 之间的关系，从而提出了本研究的核心问题——数字普惠金融的发展对 FDI 流入会产生促进作用还是抑制作用？基于对该问题的思考，本研究从以下几个方面展开研究。

一、数字普惠金融与传统金融的关系

现有的金融发展理论是基于对传统金融体系的研究而产生和发展起来的，数字普惠金融在服务主体和业务模式上均与传统金融有所差别，是否仍然适用于现有的金融发展理论？现有研究对数字普惠金融与传统金融的关系存在着"替代论""补缺论"和"互补论"等观点，本研究利用 2016

年前后《推进普惠金融发展规划（2016—2020 年）》和《G20[①] 数字普惠金融高级原则》等相关政策文件出台的契机，运用广义倍差法，检验在传统金融发展水平不同的城市，数字普惠金融在政策出台前后的发展变化情况，通过政策效应来分析数字普惠金融与传统金融的关系。研究发现，随着 2016 年以来政策环境和市场环境的改善，在原本传统金融供给越充分的地区，数字普惠金融也呈现越快的发展趋势，主要表现为数字普惠金融覆盖广度的快速拓展及业务使用程度的快速提高。这意味着数字普惠金融是依托传统金融而发展的，是对传统金融的创新及延伸，这也支持了"互补论"的观点。

二、数字普惠金融对 FDI 流入的影响

在数字普惠金融是对传统金融创新发展的结论的基础上，数字普惠金融的发展对 FDI 流入会产生促进作用还是抑制作用？数字普惠金融对 FDI 流入的影响是否与传统金融对 FDI 流入的影响相同？从供给方视角，根据国际投资区位选择理论，金融发展将提升我国的金融体系效率，有助于吸引 FDI 流入，数字普惠金融发展与 FDI 之间可能存在着"互补效应"；从需求方视角，结合金融发展理论，金融发展将缓解我国的金融抑制程度，降低我国对外资的需求，从而抑制 FDI 流入，数字普惠金融发展对 FDI 可能存在着"替代效应"。实证研究发现，数字普惠金融的发展对 FDI 流入具有显著的促进作用，主要体现为数字金融覆盖广度的扩展及数字支付业务和数字征信业务使用深度的增加。与此同时，本研究发现，以银行信贷为代表的传统金融的发展对 FDI 流入具有显著的抑制作用。数字普惠金融和传统金融之所以对 FDI 流入产生了截然相反的作用，其原因可能在于，传统金融的发展主要体现为金融供给规模的扩大，即金融的"量性发展"，对 FDI 流入的作用以"替代效应"为主；数字普惠金融带来的是金融结构的优化和金融效率的提升，即金融的"质性发展"，更能发挥出金融发展与 FDI 流入的"互补效应"。

---

① G20 为 Group of 20 的缩写，意为二十国集团。

三、数字普惠金融对 FDI 流入的影响机制

本书以对数字普惠金融的相关研究及对 FDI 区位选择影响因素的相关研究为基础，考察了数字普惠金融对 FDI 流入可能存在的影响机制。本书认为，金融发展对 FDI 流入的影响包含两个层面，一是金融自身发展产生的"金融效应"，东道国的金融发展水平既影响着跨国企业在该国进行投资的成本与收益，也影响着该国对 FDI 的需求；二是金融发展带来的"经济效应"，金融作为经济发展的配套服务机制，其发展变化势必会对一国的实体经济产生影响，由此所带来的经济作用可能会影响 FDI 流入该国。数字普惠金融是不同于传统金融的新兴金融模式，具有"数字化"和"普惠性"等新型特征，也将带来传统金融所不具备的经济效应。根据对数字普惠金融经济效应相关文献的梳理，本研究发现数字普惠金融的经济影响主要体现在缓解贫困、促进创新创业和刺激居民消费等方面。根据对跨国企业在华投资影响因素的研究，随着 FDI 国际流动趋势和国内外经济环境的变化，传统影响因素在 FDI 区位选择中的作用正在逐渐减弱，但我国当前所展现出的巨大的市场潜力始终是 FDI 流入我国的主要影响因素，与此同时，区域创新等新兴因素发挥着越来越重要的作用。基于此，本研究考虑了我国数字普惠金融发展所带来的区域创新创业能力和居民消费水平上升的作用，以考察数字普惠金融的经济效应对 FDI 流入所产生的影响。本研究有以下几点发现。第一，数字普惠金融的"金融效应"能够促进 FDI 的流入。数字普惠金融的发展提升了金融市场的资本配置效率，缓解了我国金融抑制程度，从而发挥了高效金融体系对 FDI 的吸引作用，该效应主要存在于我国东部地区，在中部和西部地区并不明显。对比研究发现，传统金融难以通过该机制影响 FDI 的流入。第二，数字普惠金融的"经济效应"能够促进 FDI 的流入。一方面数字普惠金融的创新创业效应促进了 FDI 的流入。数字普惠金融的发展通过提升区域创新创业能力吸引了 FDI 的流入，该效应在我国东部、中部和西部均十分显著。虽然传统金融的发展也能够通过提升区域创新创业能力缓解其对 FDI 流入的抑制作用，但该效应仅存在于我国东部地区，在中部和西部并不显著。另一方面数字普惠金融的消

费效应促进了 FDI 的流入。数字普惠金融的发展显著刺激了居民消费水平的上升，进一步释放了我国的消费市场潜能，吸引了 FDI 的流入，该效应在东部和西部均有体现，在中部则不明显。对比研究发现，传统金融与 FDI 之间并不存在该影响机制。

四、数字普惠金融和 FDI 流入的经济作用

本书还对数字普惠金融和 FDI 流入的经济作用进行了研究。研究发现，在数字普惠金融对 FDI 流入的促进作用下，二者对区域经济的高质量发展产生了协同推动作用。对数字普惠金融各个维度的分析表明，其覆盖广度、使用深度和数字化程度的提升均能与 FDI 流入共同推动经济高质量发展。分样本检验和滞后期检验发现，数字普惠金融和 FDI 流入对经济高质量发展的推动作用在我国东部、中部和西部均有体现，并且在解释变量滞后一至三期后依旧显著，这也表明该联合促进效应不仅具有普遍性，而且具有持久性。

本书的主要贡献在于：第一，将对数字普惠金融经济作用的研究从封闭经济拓展至开放经济，丰富了对数字普惠金融作用内涵的研究；第二，从 FDI 的供给方和需求方视角出发，在理论层面比较全面地分析了数字普惠金融的发展对我国 FDI 流入所产生的影响；第三，将数字普惠金融对金融市场自身和实体经济所产生的作用分别划分为"金融效应"和"经济效应"，更加清晰地解释了数字普惠金融对 FDI 流入的作用机理；第四，通过对数字普惠金融与传统金融进行分析和比较，指出了传统金融与数字普惠金融之间的联系和区别，探讨了数字普惠金融和传统金融对 FDI 流入存在的不同影响，并尝试分析产生不同影响的原因，从而丰富了关于传统金融与数字普惠金融及东道国金融发展与 FDI 流入的关系研究；第五，通过对数字普惠金融发展和 FDI 流入的经济作用进行分析，阐述了数字普惠金融、FDI 流入和经济高质量发展三者之间的作用关系和内在一致性，对我国现阶段通过金融改革和 FDI 引进等方法推动经济高质量发展具有一定的现实指导意义。

目 录

CONTENTS

第一章 引　　言

第一节　研究背景与意义

一、研究背景

联合国贸易和发展会议（United Nations Conference on Trade and Development，缩写 UNCTAD）发布的《2021 年世界投资报告》显示，2020年，全球外国直接投资（Foreign Direct Investment, FDI）总额从 2019 年的1.5 万亿美元降至约 1 万亿美元，2020 年投资额大幅下滑 35%，但在此背景下，对中国的外国直接投资逆势上涨 6%，总额达 1490 亿美元，为全球第二大外国直接投资流入国。[①]与此同时，中华人民共和国商务部数据表明，2020 年中国实现了引资总量、增长幅度、全球占比的"三提升"。[②]根据《2023年世界投资报告》，2022 年，在全球 FDI 下降 12% 的背景下，中国吸收的FDI 增长 5%，达到 1890 亿美元，稳居全球第二大 FDI 接收国的位置。[③]FDI逆势增长的背后，反映出跨国企业对中国经济发展的持续看好。

在跨国企业对我国投资热情继续上升的同时，我国政府持续深入推进

---

① 资料来源：光明网《中国：全球第二大外国直接投资流入国》一文。
② 资料来源：中国商务部官网《2020 年中国利用外资增长 6.2% 规模创历史新高》。
③ 资料来源：东南网《2023 年世界投资报告》发布。

高水平对外开放，不断优化营商环境。在政策法规方面，2019年10月，国务院公布《优化营商环境条例》，要求进一步提升我国营商环境的市场化、法治化和国际化水平，从制度层面为优化营商环境提供更为有力的保障和支撑；同年12月，我国颁布《中华人民共和国外商投资法实施条例》，以加强对外商投资的管理，保护外商投资的合法权益，积极促进外资流入。在对外开放的深度方面，我国持续缩减和完善外资准入负面清单，放宽外资准入限制，不断提升贸易和投资的自由化、便利化水平，为外商投资提供更加广阔的领域和空间；在对外开放广度方面，我国于2018年4月在博鳌亚洲论坛上宣布将大幅度放宽金融市场准入，进一步扩大金融开放，营造更加公平的金融竞争环境。通过实行积极主动的对外开放政策，我国对外资的利用在复杂的外部环境下保持了平稳发展势头。

中国为何能够长期受到外资的青睐？除国家政策支持以外，传统研究还从市场潜力、劳动力成本、基础设施、宏观政治经济环境等方面给出了相应解释。部分研究从东道国的金融条件出发，认为高效的金融体系能够为跨国公司提供良好的金融支持，降低跨国投资风险，提高外资企业的盈利预期，进而能够吸引FDI流入（Agbloyor et al.，2013；Otchere et al.，2016；冼国明 等，2016；刘志东 等，2019）。但此类研究主要聚焦于作为FDI供给方的跨国公司如何进行FDI区位选择的问题。从FDI需求方的视角，我国政府为何坚持实施积极主动的外资引入政策？长期以来，外资企业的"技术（知识）溢出效应"被认为是我国持续引入FDI的重要原因。但随着生产技术水平的提高和发达国家技术保护主义的上升，我国技术进步的主要方式已经由技术引进向自主创新转变（方福前 等，2017；杨伟中 等，2020），"以市场换技术"的外资战略受到诸多争议。在此局面下，我国为何继续加大对FDI的利用？

根据"两缺口"理论，发展中国家的国内储蓄往往无法满足经济发展的投资所需，因此需要大量引入外资来填补国内的储蓄缺口和外汇缺口。因此，东道国引入FDI的初衷是为了获取资本投入，弥补国内资金短缺。众所周知的是，自20世纪90年代中期以来，我国一直处于储蓄率和外汇储备双高的局面，"两缺口"理论显然无法解释我国现阶段大量吸收FDI

的行为。基于此，部分学者提出，我国的金融体系存在的金融抑制是导致我国对外资存在大量需求的主要原因（Huang，2003；Bai，2006；胡立法 等，2007a；胡立法，2013；朱彤 等，2010）。

胡立法和唐海燕（2007a）指出，传统经济学理论假定社会储蓄能够完全转换为投资，但事实上，生产资源和金融资源分属于不同的经济主体，能否在时间、规模与结构上将两种资源进行有效配置是潜在生产资源能否转化为现实生产力的关键，货币、金融机构和金融工具均是加速储蓄向投资转化的必然条件。由于金融体制的缺陷，我国缺乏健全的直接融资市场、高效的金融机构和丰富的金融工具，大量储蓄资源被迫闲置，因此不得不引进一部分外资来满足经济发展所需（胡立法 等，2007a；胡立法，2013）。朱彤等（2010）认为，我国金融市场存在金融扭曲现象，主要包括政治性主从次序、地区信贷配给制度和利率管制等三个方面，这使我国金融市场在配置资源时存在选择性的金融压制，资金大量流入了国有经济部门，而非国有经济部门难以获取融资支持。此时，外资作为对金融体系的补救和替代大量进入我国，为非国有经济部门提供了资金支持。吕冰洋和毛捷（2013）在分析我国存在的金融抑制现象时则指出，我国金融体系倾向于国有经济的信贷配给模式，这导致资金在储蓄盈余部类和储蓄不足部类之间的流动受阻，沉淀在以银行为主的金融部门，难以转化为实际投资。在此背景下，政府投资成了推动经济发展的重要力量（胡立法 等，2007b；吕冰洋 等，2013），但政府储蓄和政府投资之间的不对称造成政府部门也存在着较大的"储蓄－投资"缺口，于是，在政府主导下引入外资成了一种良好的制度安排，不仅能够弥补非国有经济部门和政府部门存在的资金缺口，而且能够保障政府对金融资源的引导和控制，维护政府在资源配置中的主导地位。因此，政府有动力制定引资优惠政策，直接充当引资主体。

"普惠金融"的提出与我国引导金融资源流向非国有经济部门、解决金融服务不匹配的诉求不谋而合，因此推行普惠金融成了我国金融改革的重要议题。近年来，为促进普惠金融的发展，我国积极参与国际合作，如在 2011 年加入普惠金融联盟（Alliance for Financial Inclusion，AFI），与 G20 国家积极开展普惠金融国际合作等。2015 年，当时的中国银行业监督管理委员会（简称中国银监会①）设立普惠金融部。2015 年 12 月，国务院印发《推进普惠金融发展规划（2016—2020 年）》，确定了普惠金融发展的指导思想、基本原则和发展目标，这是我国首个发展普惠金融的国家级战略规划，标志着普惠金融国家战略顶层设计的初步完成。

随着数字经济的高速发展和基础设施的不断完善，数字技术和金融服务的不断融合带动了我国普惠金融事业的蓬勃发展，为解决我国金融发展不充分、不平衡问题打开了新格局（黄益平，2017）。2016 年召开的 G20 杭州峰会更是将数字普惠金融提升到新的高度（尹应凯 等，2017），并倡议各国优先考虑普惠金融的数字化实现，发挥数字技术为金融服务所带来的巨大潜力。同时，核准出台了首个推广数字普惠金融的国际性纲领文件——《G20 数字普惠金融高级原则》。G20 杭州峰会以后，全球数字普惠金融迈向了新的发展阶段。随着我国经济活力的增强与互联网技术的广泛应用，中国已经成为全球范围内数字普惠金融发展最为迅速的国家（钱海章 等，2020）。《中国普惠金融创新报告（2020）》指出，数字普惠金融已经成为我国普惠金融发展的主流形式。

金融科技的发展给金融行业带来了颠覆性变革，数字金融也成了国内外热点议题。现有研究主要从数字金融对经济发展、贫困缓解、创新创业发展和居民消费等方面的作用，以及数字金融为传统金融所带来的机遇与挑战展开，但是相关研究主要局限于国内封闭经济视角，鲜有文章能关注到开放经济中数字金融的发展对国外资本流动尤其是 FDI 流动的影响。从不同的立场来看，金融发展对 FDI 流入带来的影响是双重的。景光正等（2017）认为，金融体系的逐步改善有利于吸引 FDI（尤其是高质量 FDI）流入。与此同时，金融发展也可能通过缓解金融抑制降低我国对于外资的需求程度，进而阻碍 FDI 进入（Huang，2003；朱彤 等，2010）。作为金融发展理论在数字技术应用背景下的深化，数字金融是金融发展的重要内容。但数字普惠金融作为一种新兴的金融模式，兼具数字化和普惠性等

---

① 中国银监会的全称是中国银行业监督管理委员会，成立于 2003 年。2018 年，中国银行业监督管理委员会撤销。

传统金融所不具备的特点，数字普惠金融与 FDI 流入之间的关系也将不同于传统金融，因此，有必要对数字普惠金融的发展与 FDI 流入之间的关系进行研究探讨，并至少应该从四个方面展开。第一，数字普惠金融作为区别于传统金融的金融创新模式，与传统金融之间是怎样的关系？第二，区域数字普惠金融的发展会对 FDI 流入产生怎样的影响？与传统金融有何不同？第三，数字普惠金融发展影响 FDI 流入的机制是怎样的？第四，数字普惠金融对 FDI 流入的作用会对经济发展带来怎样的影响？

二、研究意义

（一）理论意义

相较于自然资源、劳动力、基础设施等传统因素对 FDI 区位选择影响作用的大量研究，关于东道国金融发展对 FDI 流入影响的研究相对有限。金融发展与其他区位因素的不同之处在于，一方面，东道国的金融条件是跨国企业对外直接投资效益的重要影响因素；另一方面，东道国国内的金融供给与外国资本之间存在着此消彼长的替代关系。因此，相较于其他的区位影响因素，东道国金融发展与 FDI 流入之间关系的研究也更有难度。现有的东道国金融发展与跨国公司 FDI 区位选择间的关系研究主要存在以下两方面的问题，数字普惠金融的发展则能够为解决下列问题提供新的思路。

第一，现有研究主要聚焦于东道国的金融发展深度与 FDI 流入之间的关系，对金融发展的宽度和广度与 FDI 流入关系的研究仍然十分缺乏。根据胡宗义等（2013）的观点，金融发展维度包括金融深度、金融宽度和金融广度。根据数字普惠金融的内在特点，本研究认为，数字普惠金融的发展不仅推动了金融深化，而且促进了直接融资市场的发展，丰富了投融资渠道，惠及了被传统金融所忽视的"长尾群体"，从金融宽度和金融广度方面提升了我国的金融发展水平。金融条件的变化将对跨国企业 FDI 的区位选择产生一定的影响。本研究将数字普惠金融发展所带来的金融体系变化对 FDI 流入的影响称为"金融效应"，将数字普惠金融通过作用于实体经济发展对 FDI 流入产生的影响称为"经济效应"。

第二，在现有研究中，形成了金融发展与 FDI 流入之间具有"正向关系""负向关系""非线性关系"等论断，对二者关系尚未取得一致的结论。由于每个文献的研究视角不同，因此对金融发展的衡量标准不尽相同，金融发展与 FDI 流入之间的关系始终难以明朗。数字普惠金融既是金融发展的重要形式，也是有别于传统金融的新兴金融模式，不仅能从金融层面影响 FDI 流入，对实体经济也有着不同于传统金融的"经济效应"，进而对 FDI 流入可能产生与传统金融不一致的影响。对数字普惠金融经济效应的研究目前主要集中在封闭经济中，对开放经济下数字普惠金融对 FDI 区位选择的影响少有涉及。而在跨国企业对华投资区位选择影响因素的相关文献中，现有研究认为，随着国内外经济环境和 FDI 国际流动趋势的变动，FDI 的综合区位决定因素在不同经济体和不同时期发生了变化，劳动成本、政策优惠、基础设施等传统因素的影响作用正在逐渐削弱，但市场因素始终在 FDI 流入的影响因素中占据主导地位，同时，技术发展、区域创新等新兴因素的重要性正在逐步上升。显然，结合现有关于数字普惠金融及 FDI 区位选择影响因素的相关文献，数字普惠金融的发展不仅能从金融发展层面影响 FDI，还能通过数字技术驱动下的金融创新所产生的经济效应影响 FDI 的流入。

根据以上分析，研究我国数字普惠金融发展与 FDI 流入之间的关系具有以下几个方面的理论意义。第一，丰富了关于数字普惠金融经济效应的理论研究，通过将视角从封闭经济拓展至开放经济，进一步丰富了数字普惠金融的作用内涵。第二，从 FDI 供给方和需求方两方面的视角，结合数字普惠金融发展所带来的金融效应和经济效应及 FDI 区位选择的主要影响因素，本书探究了数字普惠金融的发展对我国近年来 FDI 流入的影响及影响机制，丰富了关于东道国金融发展和 FDI 流入关系的研究。第三，通过对数字普惠金融与传统金融进行分析和比较，指出了传统金融与数字普惠金融的联系和区别，以及传统金融和数字普惠金融对 FDI 流入可能存在的不同影响，完善了传统金融和数字普惠金融的关系研究。第四，通过对数字普惠金融发展和 FDI 流入所共同产生的经济作用的分析，阐述了数字普惠金融、FDI 流入和经济高质量发展三者之间的作用关系和内在一致性，使金融发展理论和外商直接投资理论在数字经济背景下的研究得到丰富和完善。

（二）现实意义

金融发展的最终使命在于服务实体经济，合理利用数字普惠金融这一新兴的金融模式，最大限度地发挥金融对实体经济的支持作用是我国发展数字普惠金融的根本目标。现有对数字普惠金融的经济效应的研究主要局限于国内经济，本书考虑了在开放经济中，数字普惠金融的发展对我国利用外资的影响，拓展了对数字普惠金融经济作用的认识，对推动政府相关部门和行业机构更好地认识和利用数字普惠金融来服务于实体经济发展有着重要的现实指导意义。

随着我国劳动力成本的上升、对能源保护的加强及对外资企业"超国民待遇"的取消，传统影响因素对 FDI 流入的促进作用逐渐降低。与此同时，2017 年中国共产党第十九次全国代表大会（简称党的十九大）指出，我国经济发展已由高速增长阶段转向高质量发展阶段，我国对外商直接投资的引入也从注重 FDI 流入规模转而更加注重 FDI 流入质量。在此背景下，探究规模和质量两方面促进 FDI 流入的影响因素就变得尤为重要。首先，对具有资金需求的企业来说，数字普惠金融的发展为企业资金的选择提供了更为丰富的融资渠道。当企业无法从传统渠道获取资金时，便可寻求外国资本，从数字普惠金融体系中获得资金，从而增加我国在招商引资中的谈判空间。其次，数字普惠金融的发展不仅能够从金融发展层面直接影响 FDI 流入，而且能够从推动区域创新创业发展和刺激居民消费等经济途径间接影响 FDI 的流入，进而吸引知识技术寻求型和市场寻求型等类型的 FDI 进入我国，这对改善我国 FDI 流入的质量和结构有着积极影响。最后，数字普惠金融的发展及 FDI 流入的规模和质量的改善对经济发展质量也有着明显的提升作用，有助于我国现阶段经济高质量发展目标的实现。在我国技术进步的主要方式由技术引进向自主创新转变的趋势下，FDI 的技术溢出效应受到质疑。本书指出，数字普惠金融对经济高质量发展有积极的影响，

FDI 的流入强化了这一影响。即使 FDI 的技术溢出效应对我国的技术进步的作用难以明确，但是 FDI 的进入依然能够强化金融发展等因素对经济发展质量的提升作用，持续引进 FDI 依然是十分必要的。综上所述，对数字普惠金融发展和 FDI 流入关系的研究不仅能够为我国企业的资金获取提供参考借鉴，而且能够为政府部门和金融监管部门合理利用金融资源来调整FDI 流入规模和结构、推进高水平对外开放并推动经济高质量发展提供指导。

对数字金融进行有效监管是政府部门和行业机构在推动数字金融发展中遇到的重要难点之一。一直以来，金融从业人员和研究人员都在强调数字金融发展中存在的金融风险对我国金融稳定和经济发展的危害性，以及完善和健全现有监管机制的必要性和迫切性。在封闭经济视角下，对金融风险的考虑主要局限于国内，本书通过将数字金融发展的影响置于开放经济视角下，指出数字金融带来的风险不仅会影响国内的信息安全和金融安全，而且会对国际资本流动产生影响，数字金融的风险可能传导至国际市场，同理，国内金融市场也会受到来自国际资本市场的冲击。因此，对数字金融风险的监管既要考虑国内金融市场，也需考虑国际金融市场。

第二节　相关概念辨析

一、互联网金融、数字金融和金融科技

在国外研究中并不存在"互联网金融"一词，在"数字金融"（digital finance）和"金融科技"（FinTech）的概念出现前，信息和通信技术在金融行业的应用被称为"电子金融"（e-finance）（Gomber et al., 2017; Lee et al., 2018）。除此之外，另一个被普遍使用的类似概念是"网络金融"（Network finance），网络金融不仅包括利用互联网技术开展的金融交易活动，还包括在证券交易所网络、银行间市场网络、支付清算网络等非互联网网络中开展的金融交易活动，互联网金融主要指依托于互联网而展开的各种金融交易活动的总称。由此可见，互联网金融的内涵应小于电子金融

和网络金融（王国刚 等，2015）。

"互联网金融"的概念由谢平教授于2012年在金融四十人论坛上首次提出，但当时并未给出明确定义，只将其称作依托于以互联网为代表的现代信息科技开展的并区别于商业银行和资本市场的第三类金融模式。中国人民银行发布的《中国金融稳定报告（2014）》中将互联网金融定义为"互联网与金融的结合，借助于互联网和移动通信技术实现资金融通、支付和信息中介功能的新兴金融模式。广义的互联网金融既包括作为非金融机构的互联网企业从事的金融业务，也包括金融机构通过互联网开展的业务；而狭义的互联网金融仅指互联网企业开展的、基于互联网技术的金融业务"。除此之外，互联网金融最广泛使用的定义是2015年中国人民银行等十部委联合印发的《关于促进互联网金融健康发展的指导意见》中给出的定义："传统金融机构与互联网企业利用互联网技术和信息通信技术实现资金融通、支付、投资和信息中介服务的新型金融业务模式。"虽然在该定义中，传统金融机构和互联网企业均为互联网金融的开展主体，但多数研究是从狭义的角度出发，仅指互联网企业利用互联网和信息通信技术开展的金融业务。例如，吴晓求（2015）认为，传统金融的互联网化虽然在服务模式上发生了变化，但产品结构和盈利模式并未发生明显变化，应该称为"金融互联网"而不是"互联网金融"。

国内研究并未对数字金融和互联网金融作出明确区分，对数字金融的定义主要参考互联网金融进行界定。例如，黄益平和黄卓（2018）根据互联网金融的定义，将数字金融定义为"传统金融机构与互联网公司利用数字技术实现融资、支付、投资和其他新型金融业务模式"。郭峰和王佩瑶（2020）则将数字金融与互联网金融相等同，沿用互联网金融的定义。王喆等（2021）认为，数字金融是基于数字技术的金融创新活动，数字金融和互联网金融概念相近但范畴不同，互联网金融主要指利用互联网实现的信贷、支付等金融创新，数字金融还涵盖了近年来兴起的区块链金融等模式。根据上述定义，互联网金融和数字金融虽然概念大致相同，但科技水平的发展差异使数字金融具有更丰富的内涵。也有学者认为，随着数字技术的普遍应用，数字金融不仅是一种技术发展带来的"新型业务模式"，而且是数字技术在金融领域深度融合形成的一种"新兴金融形态"（谢平，2015；封思贤 等，2021；唐松 等，2020）。互联网金融侧重于利用互联网技术开展新的金融业务，虽然从广义上来说，金融机构和互联网公司均是行为主体，但互联网公司更多地被看成从事金融业务（黄益平 等，2018）。数字金融则更注重数字技术和金融的深度融合，既包括金融机构和金融科技公司利用数字技术发展新型金融业务，也包括金融机构利用数字技术对传统金融进行重塑和改造（郭峰 等，2020；唐松 等，2020）。

　　另一个被频繁提及的概念是"金融科技"。"金融科技"最早是 20 世纪 90 年代初由花旗集团董事长约翰·瑞德（John Reed）在刚成立的智慧卡论坛（Smart Card Forum）上提出的（Puschmann，2017；李春涛 等，2020）。巴塞尔银行监管委员会（Basel Committee on Banking Supervision，简称 BCBS）认为，金融科技是金融和科技相融合而产生的一种新型业务模式。在全球金融稳定理事会（Financial Stability Board，简称 FSB）的定义中，金融科技是由技术驱动的金融创新，由此形成了新的商业模式、技术应用、业务流程和创新产品，既可以包括前端产业也可以包含后台技术。国际证监会组织（International Organization of Securities Commissions，简称 IOSCO）认为，金融科技是有潜力改变金融业各种创新的商业模式和新兴技术。皮天雷等（2018）根据多个定义对金融科技的本质、内涵进行剖析，认为金融科技具有以新兴科技为后端支撑、以金融业务为应用对象、以创新为灵魂、技术与业务高度融合及后端技术高度交叉等典型特征，并据此将金融科技定义为"新兴科技为后端支撑，并给传统金融行业带来新型业务模式的金融创新"。可以看出，不同定义中对金融科技的认知有着不同理解，对金融科技是新的业务模式，还是新兴技术，亦或是应用新技术带来的创新结果，依然莫衷一是，但均认同其依托新兴技术推动金融创新的基本内涵。

　　根据对互联网金融、数字金融和金融科技的不同定义，本书认为，互联网金融和数字金融是在电子金融和网络金融的基础上发展起来的。但不同于电子金融和网络金融在金融机构内部对信息通信技术的使用，互联网金融诞生了互联网公司这一新兴的金融服务主体和由此产生的新型金融发展模式，从而给金融行业带来了革命性的影响。随着区块链、人工智能等技术的推进，"互联网金融"一词的内涵已经不足以概括当前金融的发展形态，这一概念逐渐被"金融科技"和"数字金融"代替。相较于互联网金融，金融科技和数字金融的内涵更具广度和深度（唐松 等，2020），但二者侧重点不同，金融科技重心在"科技"，更加侧重于技术创新和技术发展，强调的是科技对金融的赋能作用；而数字金融重心在"金融"，更侧重于强调在金融科技赋能下所产生的新型金融模式或金融业态（钱海章等，2020）。中央财经大学中国互联网经济研究院和社会科学文献出版社共同发布的《数字金融蓝皮书：中国数字金融创新发展报告（2021）》指出，数字金融是金融与科技相结合的高级发展阶段，是金融创新和金融科技的发展方向。

从上述分析可以看出，"互联网金融""金融科技"和"数字金融"是基于不同发展阶段和不同理解发展出的相近概念，相比较而言，数字金融的概念更加全面，不仅突出了对技术和数据的应用，所覆盖的面也更广泛（黄益平 等，2018）。由于三者之间的差别比较细微，因此在后文的分析中，除个别需要外，本书并不对三个概念做有意区分，统一以"数字金融"作为概称。结合上述对电子金融/网络金融、互联网金融、金融科技和数字金融的广义概念，本研究绘制了关系图，如图1.1所示。

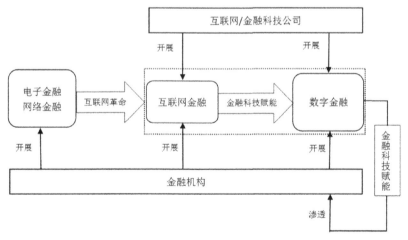

图 1.1 互联网金融、金融科技、数字金融关系

二、普惠金融和数字普惠金融

"普惠金融"（financial inclusion）又被称作"包容性金融"，是"金融排斥"（financial exclusion）的相对概念，由联合国与世界银行于2005年推广"国际小额信贷年"时首次提出，旨在倡导"让每一个人在有金融需求时都能以合适的价格享受到及时的、有尊严的、方便的、高质量的金融服务"。发展普惠金融被认为是消除金融排斥，拓展金融服务深度和广度的有效手段。

尽管普惠金融自提出以来就引发了各国的广泛关注，相关研究日益增多，但尚未形成统一的定义。主要原因在于：①普惠金融是一个多维度的宽泛的概念，覆盖了包括支付、信贷、保险、投资在内的多个领域，难以对其进行具体界定；②各国对金融普惠的认知也因为经济和金融发展水平及社会制度文化等因素存在着较大差异（Abel et al.，2018；李志创，2019）；③在不同的发展阶段，普惠金融的表现形式也存在着较大差别。普惠金融的代表性定义包括：根据联合国（United Nations，简称UN）的要求，普惠性金融体系应为所有适合贷款服务的个人或企业提供信贷服务，为任何适合保险服务的个人或企业提供保险服务，为社会中所有个体提供储蓄和支付服务。在世界银行（International Bank for Reconstruction and Development，简称IBRD）的定义中，普惠金融是指能够被个人和企业用于满足交易、支付、储蓄、信贷和保险需求的可获得的、负责任和持续提供的、有用且负担得起的金融产品和服务。全球普惠金融合作伙伴组织（The Global Partnership for Financial Inclusion，简称GPFI）认为，普惠金融应该让所有处于工作年龄的成年人都能够从正规金融机构有效地获取信贷、储蓄、支付和保险等金融服务。"有效"是指金融机构在可持续的前提下能够负责任地提供金融服务，客户在成本可负担的情况下能够轻松地获取金融服务。亚洲开发银行（Asian Development Bank，简称ADB）则将普惠金融看作为贫困人群和低收入家庭及其开办的微型企业广泛提供的金融服务，包括存款、贷款、支付、转账和保险服务等。在中华人民共和国国务院印发的《推进普惠金融发展规划（2016—2020年）》这一文件中，普惠金融被定义为"立足机会平等要求和商业可持续原则，以可负担的成本为有金融服务需求的社会各阶层和群体提供适当、有效的金融服务。小微企业、农民、城镇低收入人群、贫困人群和残疾人、老年人等特殊群体是当前我国普惠金融的重点服务对象"。可以看出，由于对普惠金融的认知和理解存在差异，因此不同定义中对普惠金融的服务内容、服务人群和实现目标也有所不同，但均认为普惠金融的宗旨在于"让社会中的绝大多数成员能享受到金融服务"。

2015 年及以前，普惠金融在我国经历了"公益小额信贷阶段—发展性微型金融阶段—综合性普惠金融阶段—创新性互联网金融阶段"的发展历程；自《推进普惠金融发展规划（2016—2020 年）》中提出"利用数字技术促进普惠金融发展"以及中国代表团在二十国集团领导人第十一次峰会（简称"G20 峰会"）中提交《G20 数字普惠金融高级原则》以来，我国正式进入"数字普惠金融阶段"。数字普惠金融是指借助新型数字金融模式实现的普惠金融服务（郭峰 等，2020）。移动互联、大数据处理、云计算、区块链、人工智能等数字化技术的运用不仅使普惠金融的发展突破了时间和空间的诸多限制，大大提升了金融的触达能力，而且通过对数据的深入挖掘建立用户互联网征信系统，解决受排斥群体的信息不对称难题，成为普惠金融发展的重要载体。"数字普惠金融"的代表性定义是 2016 年 G20 普惠金融全球合作伙伴报告中所提出的："泛指一切通过使用数字金融服务以促进普惠金融的行动。它包括运用数字技术为无法获得金融服务或缺乏金融服务的群体提供一系列正规金融服务，其所提供的金融服务能够满足他们的需求，并且是以负责任的、成本可负担的方式提供，同时对服务提供商而言是可持续的。"《G20 数字普惠金融高级原则》中给出了数字普惠金融的具体内容：涵盖各类金融产品和服务（如支付、转账、储蓄、信贷、保险、证券、财务规划和银行对账单服务等），通过数字化或电子化技术进行交易，如电子货币（通过线上或者移动电话发起）、支付卡和常规银行账户。在首届中国互联网金融论坛上，中国银监会普惠金融部主任李均锋从融资领域角度提出，当前数字技术与普惠金融的发展可分为 3 种模式：第一种，传统金融机构利用数字技术开展数字普惠金融业务；第二种，互联网企业与传统银行融合成为直销银行；第三种，互联网企业或科技公司利用大数据直接开展金融业务。

从数字普惠金融的实现条件来看，数字普惠金融是金融普惠、数字普惠和社会普惠的交集（Aziz et al.，2021）。金融普惠是指民众能够获取金融资源并且具备相应的金融素养，数字普惠是指数字设备的可及性及民众对数字设备的可负担、可使用能力，社会普惠是指民众能否通过有效的社会网络和社会资本共享资源和信息。实现金融普惠有助于居民获得金融资源和金融知识，数字普惠是保障居民能够获得相应的数字设备并具有足够的使用技能，社会普惠将影响人们获得数字金融服务的动机、态度和技能。当三个条件同时具备时，才能确保数字普惠金融的实现。

2006年，中国人民银行和中国小额信贷联盟在联合国开发计划署的支持下共同翻译了《建设普惠金融体系蓝皮书》，首次引入了"普惠金融体系"（inclusive financial system）这一概念。蓝皮书指出，构建普惠金融体系就是构建一个普惠性的金融体系，让社会各阶层和群体，特别是贫困和低收入人群能够可持续地以可负担的成本获得符合其需求的金融服务，从而帮助他们摆脱贫困，累积资产，改善生活。该词的引入者和翻译者白澄宇（2016）指出，普惠金融体系并非一种金融业务、金融产品或金融机构，而是一个金融生态系统；任何机构都能够通过提供小额信贷或微型金融服务参与普惠金融体系的建设，但没有任何一个机构能够单独开展普惠金融业务。因此，数字金融既是一种新型的金融业务模式或者新兴的金融业态，也是普惠金融体系的重要参与者，更是普惠金融的实现载体。数字金融的核心属性在于普惠服务与精准服务的统一（姜松 等，2021），支持普惠金融的发展是数字金融在我国所展现的最大优势（黄益平 等，2018；滕磊 等，2020）。"普惠"的意思是"普遍惠及"，在"数字金融"的概念中冠以"普惠"二字主要是为了强调数字金融在消除金融排斥方面的固有优势和金融普惠的目标，因而在国内研究中通常将二者视为一个概念，并未对"数字金融"与"数字普惠金融"作出明确区分（于江波 等，2022）。一般来说，使用"数字金融"这一概念时，更侧重于突出数字金融是一种基于对数字技术的使用而发展出的区别于传统金融的新兴金融模式（业态），即金融服务本身；而使用"数字普惠金融"这一概念时，更注重的是数字金融在金融普惠方面所发挥的重要作用，即金融服务对象。本书考虑了数字金融发展在"金融普惠"上所发挥的作用，因而主要使用的是"数字普惠金融"的概念；但在具体研究中，根据内容需要，对两个概念均有使用。

第三节　研究思路、内容和方法

一、研究思路

本研究在梳理已有的金融发展与 FDI 流入相关文献的基础上，从 FDI 的供给方和需求方两方面思考了数字普惠金融与 FDI 流入之间的关系，提出了本研究的核心问题——数字普惠金融的发展对 FDI 流入会产生促进作用还是抑制作用？基于对该问题的思考，本研究展开了以下分析。

首先，数字金融是否依赖于传统金融而发展？研究该问题主要是为了厘清数字金融与传统金融的理论关系。金融发展理论是基于对传统金融体系的研究而产生的，数字金融在金融服务主体和业务模式上均与传统金融有所区别，是否仍然适用于既有的金融发展理论？从理论上来讲，厘清数字金融与传统金融之间的关系决定着本研究到底是对已有研究的丰富和深化，还是完全不同于已有研究的新议题。如果数字普惠金融与传统金融本质相同，是对传统金融的发展与延伸，那么仍属于传统金融理论的解释范畴；如果数字金融与传统金融具有本质区别，那么数字金融的发展及其作用则未必能用传统金融的相关理论来解释。

其次，对本研究的核心问题进行研究。本研究基于已有研究从 FDI 的供给方和需求方两方面综合考虑了数字普惠金融发展对 FDI 流入的影响，据此提出研究假设并展开实证检验，从而得到了数字普惠金融对 FDI 流入影响的净效应。通过对实证结果进行分析，本研究对产生结果的可能性原因进行了探讨。为比较传统金融与数字金融对 FDI 流入影响的异同，本研究同时进行了传统金融对 FDI 流入影响的实证检验。结合数字金融和传统金融两种金融形式对 FDI 流入所产生的不同影响，本研究尝试分别从金融发展维度和金融发展阶段的角度对二者影响与作用出现差异的可能性原因进行分析。

再次，本研究以数字普惠金融的相关理论与研究及跨国公司 FDI 区位选择影响因素的相关理论和研究为基础，实证考察了数字普惠金融发展对 FDI 流入可能存在的影响机制。本研究认为，金融发展对 FDI 流入的影响包含两个层面，一是金融自身发展可能产生的双重效应，即东道国的金融发展不仅影响着作为 FDI 供给方的跨国企业在该国进行投资的成本与收益，而且影响着作为 FDI 需求方的东道国对 FDI 的需求，因而东道国的金融发展可能对该国的 FDI 流入带来促进和抑制双重效应。二是金融发展所带来的经济效应，作为经济发展的配套服务机制，金融发展势必对实体经济发展产生影响。相较于传统金融，数字普惠金融不仅具有金融功能，而且其"数字化"和"普惠性"等特征产生了不同于传统金融的经济效应。结合当前经济发展形势下数字金融对经济发展产生的作用及跨国企业 FDI 区位选择的影响因素，本研究考虑了数字普惠金融的创新创业效应和消费效应，以考察我国数字普惠金融发展的经济效应对 FDI 流入所产生的影响。

最后，在当前经济发展阶段，数字普惠金融的发展及由此带来的 FDI 流动变化也可能对我国经济的高质量发展产生影响。本研究据此对数字普惠金融与 FDI 流入的联合效应所产生的经济作用进行了探讨。

根据上述研究思路，本研究形成的研究框架如图 1.2 所示。

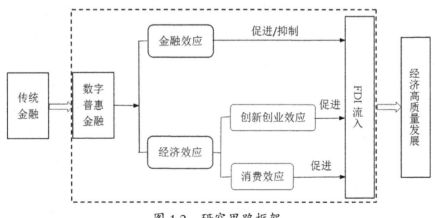

图 1.2　研究思路框架

二、研究内容

第一章为引言。引言部分简明地阐述了本书所研究的问题、研究的背景及研究的理论和现实意义。对当前研究中使用较多的数字普惠金融的相关概念进行了辨析，以明确数字普惠金融的概念界定。随后罗列了本书的研究思路和方法、研究内容和框架及可能的研究创新点。

第二章为相关理论和文献综述。首先，对本书所涉及的金融发展理论、长尾理论和国际投资区位选择理论进行了阐述，明确了本书的理论基础。其次，分别对国内外数字普惠金融相关文献、FDI 区位选择影响因素的相关文献及研究金融发展与 FDI 流入关系的相关文献进行了梳理和归纳，并进行了简要的评述，指出了现有文献的不足和可以展开的研究空间。

第三章为数字普惠金融与传统金融的关系。该部分属于在对本书核心问题"数字普惠金融对 FDI 流入的作用"进行研究之前的先验研究。现有研究认为数字普惠金融与传统金融之间的关系存在"颠覆（替代）""补缺"和"互补"等多种结论，而关于金融发展与 FDI 流入关系的分析主要是基于传统金融而展开，未必适用于数字普惠金融这一新兴的金融模式。通过结合已有的研究和数字普惠金融的发展现状进行理论分析，在此基础上提出研究假设，并以 2016 年以来数字普惠金融相关政策的颁布作为外生事件，利用 2011—2019 年我国地级市层面的数据，运用广义倍差法（generalized difference-in-difference，广义 DID）进行政策效应研究，并根据各地区政策效应的实施情况分析数字普惠金融与传统金融之间的关系。最终确定了数字普惠金融与传统金融之间的"互补"关系。

第四章为数字普惠金融对 FDI 流入的影响，这是本书研究的核心问题。通过对现有文献中金融发展对 FDI 流入作用的梳理，本研究从 FDI 的供给方跨国企业和从 FDI 的需求方东道国的角度分别进行了理论分析并提出了本书的研究假设。随后利用 2011—2019 年的地级市层面数据进行了实证分析，并通过使用滞后一期数据、工具变量法、替换计量模型、替换因变量等对实证结果进行了稳健性检验，最终得出了数字普惠金融的发展能够促进 FDI 流入的研究结论。与此同时，本书对以银行信贷为代表的传统金融对 FDI 流入的影响进行了实证检验，发现传统金融的发展显著抑制了 FDI

的流入。针对两种金融形式对 FDI 流入产生的不同影响，本章尝试进行了原因分析。本章还进一步对上述结论进行了区域异质性分析，发现上述效应在东、中、西部存在一定的差异。

第五章为数字普惠金融对 FDI 流入的影响机制。首先，结合第二章中的文献梳理，第五章对数字普惠金融发展是否能够通过提升区域的资本配置效率、创新创业能力和居民生活水平等机制影响 FDI 流入展开了理论分析。其次，对上述渠道因素进行实证检验。在明确数字普惠金融对资本配置效率、创新创业能力和居民消费水平具有一定作用的基础上，设置数字普惠金融与渠道因素的交叉项，检验交叉项与 FDI 流入之间的关系，研究发现，数字普惠金融能够通过上述渠道因素显著影响 FDI 流入。本章还进一步构建了传统金融与上述渠道因素的交叉项，研究交叉项对 FDI 流入的影响，从而考察传统金融和数字普惠金融对 FDI 流入的影响在作用机制上是否存在异同。

第六章为数字普惠金融、FDI 流入和经济高质量发展，即对数字普惠金融发展促进 FDI 流入所产生的经济作用的研究。当前，我国已经进入经济高质量发展阶段，金融发展与 FDI 流入均被证实对我国经济发展有着重要作用，尤其是数字普惠金融是以科技创新为驱动力的金融模式，与经济高质量发展具有高度的内在一致性。本章考察了数字普惠金融和 FDI 流入对经济发展的联合效应，发现数字普惠金融发展和 FDI 流入共同推动了我国经济的高质量发展。

第七章为研究结论与启示。本章对研究中得出的主要结论进行了归纳和总结，并根据研究结论对新形势下如何利用数字普惠金融的金融效应和经济效应在促进 FDI 流入的同时进一步推动经济高质量发展提出了一系列政策建议。同时，对研究的局限性进行了总结。

根据以上研究内容，本书绘制了章节研究流程图，见图 1.3。

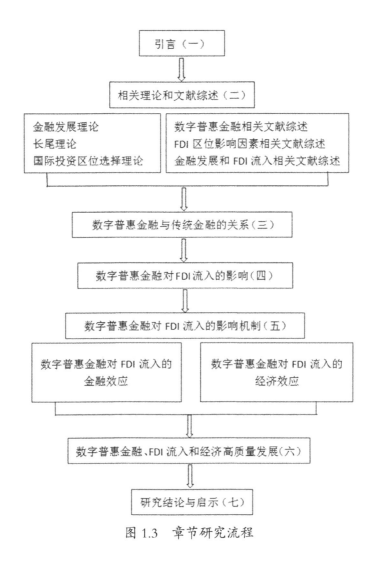

图 1.3 章节研究流程

三、研究方法

（一）文献分析法

本研究通过梳理数字普惠金融、FDI 区位选择的相关文献及金融发展和 FDI 流入的关系研究，指出了已有研究的不足。从数字普惠金融的角度，本书基于数字普惠金融对经济发展所展现出的经济效应及数字金融对传统金融的影响进行了文献归纳，发现已有研究主要是从封闭经济视角展开，较少涉及开放经济视角，因此有必要对数字普惠金融在开放经济中的作用进行分析。从 FDI 区位选择的角度，本书梳理了现有 FDI 区位选择影响因素的相关文献，发现在当前阶段，传统因素对我国 FDI 流入的影响作用已经有所弱化，需要寻找在当前阶段和背景中新兴因素对 FDI 流入的吸引作用。从金融发展和 FDI 关系研究的角度，通过对已有文献进行分析和归纳，发现已有研究忽视了金融发展的宽度和广度对 FDI 流入的作用，而对数字普惠金融这一新兴金融模式对 FDI 区位选择的影响更是缺乏研究。在对现有研究的不足进行归纳总结后，本书指出了研究我国数字普惠金融的发展和 FDI 流入之间的关系的必要性，构建了关于数字普惠金融对 FDI 流入影响的研究框架。

（二）定性和定量分析相结合

本研究的核心问题在于数字普惠金融发展对 FDI 流入会产生促进作用还是抑制作用？根据现有文献可知，从 FDI 的供给方跨国企业和 FDI 的需求方东道国的不同视角来分析，得到的结论是不同的。而对金融发展衡量维度的不同也会得出不同的结论。为得到数字普惠金融发展对 FDI 流入的净效应，本书采用了根据已有研究提出研究假设及通过实证分析对研究假设进行验证的方式，从理论和实证两方面对研究问题展开分析，除了对核心问题进行探讨以外，对传统金融与数字普惠金融之间的关系，区域的资本配置效率、创新创业能力和居民消费水平是否在数字普惠金融（或传统金融）对 FDI 流入的影响中发挥着渠道作用，亦形成了新的认知。本研究在已有文献的基础上对其中可能存在的因果关系进行理论分析，并结合研究需要提出了相应的研究假设，随后基于多种计量方法和我国地级市层面的经验数据进行实证分析，对研究假设进行证伪，得出了最终的研究结论。

（三）实证分析法

在对不同问题进行实证研究时，本书根据研究需要，采取了多种计量方法展开分析。首先，在考察数字普惠金融与传统金融的关系时，参考了Greenland 等（2019）、蒋敏（2020）和李青原等（2022）的政策效应研究方法，以 2016 年以来推动数字普惠金融发展的多项政策的出台为外生事件，运用广义倍差法，考察相关政策的出台对原本传统金融发展水平不同地区的数字普惠金融发展所带来的影响。该方法认为，当某项政策在全国铺开时，全国各区域均会受到影响，此时只有处理组没有控制组，但由于各个区域受政策影响的程度具有差异性，因此仍然可以采用倍差法（DID）进行研究。在本书的研究中，虽然全国性的数字普惠金融政策并没有明显的地域性差别，但是各地的传统金融发展水平有所不同，因而各地受政策影响的程度也会存在差别。据此，本研究以各地政策出台前传统金融的发展水平作为衡量当地受政策影响程度的变量，研究政策出台前后数字普惠金融的发展变化情况，在此过程中，数字普惠金融与传统金融之间的关系也会得以体现：如传统金融发展水平越高的地区数字普惠金融的发展也越快，则意味着传统金融对数字金融的发展发挥支持作用，二者之间是互补关系；反之，传统金融可能阻碍数字普惠金融的发展，二者之间是替代关系。其次，本书的多数实证研究主要是采用最小二乘虚拟变量法（LSDV）对非平衡面板数据进行估计，通过控制城市固定效应和时间效应，尽可能减少由不可观测变量所造成的估计偏误。为消除模型中存在的内生性问题，本书在稳健性检验中采用了多种工具变量法，包括两阶段最小二乘法（TSLS）、有限信息最大似然法（LIML）、广义矩估计法（GMM）等，以尽可能地保证估计结果的可靠性。

第四节　研究的创新之处

一、研究视角的创新

（1）开放经济视角。现有关于数字普惠金融对经济作用的研究主要局限于封闭经济中，对数字普惠金融在开放经济中的影响与作用的研究还相对比较缺乏。本书将数字普惠金融发展对传统金融和经济发展所产生的影响与 FDI 区位选择的影响因素相结合，考察了在开放经济视角下，数字普惠金融发展对 FDI 流入的作用及影响机制。通过将视角从封闭经济拓展至开放经济，进一步丰富了数字普惠金融的作用内涵。

（2）从 FDI 供给方和需求方两方面的视角考虑了数字普惠金融对 FDI 流入可能产生的影响。从 FDI 供给方和需求方的不同视角出发，金融发展对 FDI 流入可能会得出迥异的结论。不同于以往研究仅从 FDI 供给或需求的一方出发研究金融发展对 FDI 流入的影响，本书从 FDI 的供给方及需求方两个视角综合分析了数字普惠金融发展对 FDI 流入的影响，从而更加全面地论述了数字普惠金融发展与 FDI 流入之间的关系。

（3）同时考察了数字普惠金融和传统金融对 FDI 流入的作用和影响机制。本书结合金融发展的不同维度和质性金融发展观，认为传统金融通过金融规模扩张带来了金融的"量性"发展，而数字普惠金融通过提升金融效率和优化金融结构推动了金融的"质性"发展，二者带来的是金融不同维度的发展，因此对 FDI 流入的作用也截然不同。通过将两种金融模式对 FDI 的作用进行对比，有助于更好地理解金融发展与 FDI 之间的关系。

二、利用广义倍差法（广义 DID）实证检验数字普惠金融与传统金融的关系

自互联网金融兴起以来，数字普惠金融与传统金融的关系便引起实务界和学术界的广泛争论，但相关研究主要集中在理论层面，缺乏实证检验。2016 年以来，我国先后出台了《国务院关于印发推进普惠金融发展规划（2016—2020 年）的通知》和《G20 数字普惠金融高级原则》，并颁布了一系列相关政策，相关文件的出台为数字普惠金融的发展创造了良好的政策环境与市场环境，推动了数字普惠金融的蓬勃发展。因此，本书参考 Greenland 等（2019）、蒋敏（2020）和李青原等（2022）的政策效应研究方法，利用广义倍差法考察相关政策出台对传统金融水平不同地区的数字普惠金融发展所带来的影响。该方法的优势在于，利用全国性政策的冲击考察了政策出台前后地级市层面数字普惠金融的变化情况，尽可能地消除

内生性问题。此外，由于全国性政策难以寻找控制组和处理组，因此本书以各区域传统金融的发展情况来衡量当地受政策影响的程度，了解在传统金融发展程度不同的地区政策出台前后数字普惠金融的发展变化情况，从而得到了数字普惠金融和传统金融之间的关系。通过实证分析，本书确定了数字普惠金融与传统金融之间的互补关系，为后续研究数字普惠金融和 FDI 流入的关系问题奠定了基础。

三、从金融效应和经济效应的角度探究数字普惠金融对 FDI 流入的影响机制

考虑到数字普惠金融对金融体系和实体经济均产生了重大影响，本书创造性地从数字普惠金融发展带来的"金融效应"和"经济效应"出发分析数字普惠金融对 FDI 流入的影响机制，并以传统金融作为对比，考察两种金融形式影响机制的异同。从金融效应的角度，本书认为，金融发展的核心在于金融市场资源配置效率的提升，数字普惠金融的发展能够提高金融市场的资本配置效率，进而吸引 FDI 流入。研究发现，数字普惠金融能够通过提升金融市场配置效率促进 FDI 的流入，而传统金融对 FDI 流入不具备该影响机制。从经济效应的角度，本研究结合了数字普惠经济效应的相关研究和 FDI 区位影响因素的已有文献，认为数字普惠金融对 FDI 流入的经济效应主要表现为创新创业效应和消费效应。研究证实，数字普惠金融能够通过提升区域创新创业能力和居民消费水平促进 FDI 流入，而传统金融仅能通过创新创业效应影响 FDI 流入。

四、考察数字普惠金融和 FDI 流入对经济高质量发展的作用

我国当前已经进入了经济高质量发展阶段，数字普惠金融发展和 FDI 流入是否能够符合我国当前的经济发展需求，以及二者之间的联合效应是否能够提升经济发展质量是需要关注的问题。因此，在明晰数字普惠金融对 FDI 流入作用的基础上，本书研究了数字普惠金融促进 FDI 流入所产生的经济作用，发现二者的协同作用确实推动了经济高质量发展，并且这种推动作用具有普遍性和持久性。

第二章　相关理论和文献综述

第一节　相关理论

一、金融发展理论

金融发展理论是关于金融与经济关系的理论。Schumpeter（1912）在《经济发展理论》一书中提出，金融中介所提供的储蓄调动、项目评估、风险管理、管理者监督和交易便利化等服务对技术创新和经济发展至关重要。Schumpeter 和 Opie（1934）进一步指出，金融体系能够将资源配置给生产率高且创造力强的企业，金融中介机构尤其是银行信贷通过促进资源分配在技术创新和经济发展中发挥着重要职能。自此，金融体系对经济发展的重要作用越来越引起学者的重视。Hicks（1969）发现金融创新在英国工业革命中发挥了重要作用，其作用甚至不亚于技术创新。Goldsmiths（1969）及 King 和 Levine（1993）对各个国家的经验研究均表明，金融发展对经济发展有着明显的推动作用，这证实了 Schumpeter 的论断。但 Robinson（1952）和 Lucas（1988）认为，金融发展仅是顺应经济发展，并不能引导经济发展；经济发展引致金融需求能够导致金融规模的扩张，是经济增长带动了金融发展而非相反作用。Patrick（1966）结合两种观点，提出了在实际经济中，金融发展和经济增长之间的关系可能会出现"供给主导"（supply-leading）和"需求跟随"（demand-following）两种形式。在经济持续增长之前，供给主导型关系能够诱导创新投资，随着实际增长过程的发生，供给主导动力逐渐弱化，对经济发展的需求响应逐渐占据主导地位。Patrick（1966）谈及金融发展对行业的影响时指出，一个行业最初可能处于供给主导阶段，受到金融支持和鼓励，随着行业不断发展，金融对行业的作用转向需求跟随，而与此同时另一个行业可能仍处于供给主导阶段。在此基础上，Goldsmiths（1969）认为，金融发挥着将资源从传统行业引导至现代行业的重要作用。

随着对金融发展与经济关系思考的深入，经济增长决定金融发展、金融发展也会影响经济增长的观点已经成为共识。在研究金融发展如何适应经济发展的过程中，逐渐演化出了金融结构论、金融抑制论、金融约束论、金融功能论、内生金融发展理论、质性金融发展观等多种观点，对金融深化与经济发展关系的研究更加丰富。进入 21 世纪，经济的包容性增长成了经济发展的主旋律，金融发展的广度问题逐渐得到重视，金融排斥和普惠金融成为新的研究热点。本书通过对相关理论逻辑的回顾，对代表性的金融发展理论和观点进行了归纳总结。

（一）金融结构论

Goldsmiths（1969）在《金融结构与金融发展》一书中从金融结构的视角阐述了金融发展的内涵。他认为，金融现象包括金融工具、金融机构和金融结构。金融结构是金融工具和金融机构的相对规模，通过对一国金融结构进行剖析能够了解该国的金融发展水平，该指标可以通过该国的金融相关率来体现。金融发展的实质在于金融结构的变迁。

Goldsmiths 强调了金融发展对经济发展的积极作用。金融工具将储蓄和投资分解成两个独立的职能，个人和企业的投资规模不再受限于自身储蓄，而且储蓄在实现财富贮藏功能的同时还能够获取投资收益。金融中介机构的介入有助于实现储蓄资源在投资项目中的合理分配，进而提升投资收益。因此，一国金融结构的优化能够通过提高该国的投资—储蓄转化率和进行有效资金配置促进经济的发展。

尽管各国的金融发展方式存在一定差异，但金融结构的变化存在规律性：一国的储蓄－投资分离度越大，金融发展程度越高。随着金融发展水平的提升，间接融资比例将下降，直接融资比例将上升，金融规模随着经济发展而扩张，金融结构与经济总量保持适当比例向前发展。沿着这一路径，尽管各国的金融发展速度和发展方式有所不同，但长期来看，最终的金融结构将逐渐趋同。金融结构论中关于金融规模与经济总量成比例共同发展的观点，体现出金融发展方式客观上要求与经济发展相适应的思想（薛阳，2018）。

（二）金融抑制（深化）论

在古典经济学中，资本积累一直被看作促进经济增长的决定性因素。对发展中国家来说，增加资本积累的方法主要依靠的是储蓄率的提升或外资的引进。但是一些拥有着高储蓄率的发展中国家依然面临着资本匮乏、经济增长乏力等状况。基于此，发展经济学家 McKinnon 认为，发展中国家的贫困不仅在于资本匮乏，更重要的是金融市场扭曲导致资本配置效率低下，经济增长受到限制（McKinnon，1973，1993）。由此，McKinnon 在《经济发展中的货币与资本》中提出了金融抑制和金融深化的一组对立观点，标志着以发展中国家或地区为研究对象的金融发展理论正式诞生。

所谓金融抑制，是指由于金融市场及相关制度不完善导致资本不能顺利地流向资本利润率高的部门，或者资本流动在多个金融市场出现梗阻，从而导致资本配置效率低下（McKinnon，1973，1993；Shaw，1973）。金融抑制的实施者是拥有决策权力的政府，实施方式主要是利用金融政策和金融工具对金融市场中的价格和交易进行干预，如实行利率管制、汇率管制、信贷配给、信贷歧视、严格的金融市场准入等，以保证资金最大限度地按照政府的战略目标有序流动。在金融抑制政策下，政府的干预作用更加突出，金融市场对资源的配置功能被弱化，作为价格信号的利率被严重地扭曲，金融体系长期处于低效状态。虽然短期内有助于实现政府的经济发展战略，但必将制约经济的长期发展。因此，该理论认为，发展中国家应当减少对金融体系的政府干预，发挥金融市场在资源配置中的作用。

从理论上来说，金融抑制（深化）论的主张有助于实现金融自由化发展，缓解金融排斥，达到金融普惠的最优状态。但是在实践中，20世纪70年代以来的拉美和东欧的金融自由化改革不仅未能带来稳定的金融增长，还导致这些国家金融危机频发，经济陷入混乱；而在金融抑制情况比较严重的东亚国家，却出现了经济的快速发展。这反映出了该理论的局限性，金融抑制或金融自由本身并没有优劣之分，金融改革应该结合本国的国情探索出渐进、稳健、有次序的金融发展路线。

（三）金融约束论

亚洲金融危机以后，Hellman、Murdock 和 Stiglitz 等经济学家认为，金融过度自由化是发展中国家金融自由化改革失败的主要原因。他们在金融抑制（深化）理论的基础上对金融自由化与政府干预的关系进行再思考后提出，当一国金融深化的程度较低时，金融市场由于信息不完全产生市场失灵，此时政府可以根据经济条件的变化对金融部门有选择地进行干预。

金融约束理论提出的政策主张包括以下几个方面。（1）控制存贷款利率。通过存款利率控制能够为银行创造租金收益，激发银行吸收存款和发放贷款的积极性，提高社会资金的利用率；通过控制贷款利率能够控制资金在银行和企业部门间的配置，起到调节信贷分配的作用，加剧高生产率企业的股本积累。（2）限制银行业竞争。政府通过严格控制银行业市场准入，防止新进入者引发行业竞争，蚕食银行租金。同时，也能防止激烈的竞争引起银行经常性的倒闭，危及金融系统的稳定性。（3）限制资产替代。限制金融部门将存款转换为证券、国外存款或实物资产等其他形式，以保证银行租金和特许权的价值。金融约束理论是介于金融管制和金融自由化之间的发展思路，主张通过为银行和企业创造租金来激励金融中介机构和民间生产部门投资的积极性，通过提升投资水平促进经济增长。

（四）金融功能论

金融功能论研究的是金融在经济体系中所发挥的功能。Merton 和 Bodie 于 1993 年提出金融功能论，他们认为金融体系的核心功能为在不确定条件下，通过金融资源的跨时期、跨部门及跨区域配置实现对各种资源的有效安排，金融发展的过程就是金融功能由低到高演化的过程。该理论的假设包括：（1）金融功能比金融机构更加稳定。金融机构的形式可能会随着时间和区域的变化发生较大改变，但金融功能却是大致相同的。该观点强调了金融功能整体作用的发挥并不取决于金融结构。（2）金融功能优于金融组织。金融组织只有经过相互竞争和持续创新才能更好地发挥金融功能，提升金融效率。在满足假设的前提下，首先要对金融体系应当具备的金融功能进行确定，然后据此设立与之相匹配的金融机构与组织。金融体系的主要功能为在不确定的环境中对经济资源进行集中和拓展，从而更好地发挥金融功能，促进经济增长。

在金融功能的设置上，Merton 和 Bodie（1998）认为，金融功能可以细化为资产转移、支付结算、融资、风险管理、价格信息协调及激励问题化解六大核心功能。在此基础上，Allen 和 Gale（2001）则认为，金融功能应该包括储蓄投资、风险共担、信息反馈、提升公司治理、促进经济增长和调整经济结构五大基本功能。我国学者白钦先和谭庆华（2006）认为，金融功能可以划分为基础、核心、扩展、衍生四个层次，其中，基础功能是指服务和中介功能，核心功能是指资源配置功能，扩展功能是指风险规避和经济调节功能，衍生功能包括引导消费、信息传递、财富再分配、公司治理、风险交易及区域协调等功能。也有学者从金融普惠的角度认为，金融功能还应当包括扶贫、区域协调及均衡发展功能等（孙英杰，2020）。

（五）质性金融发展观

1998 年，我国学者白钦先在金融资源学说的基础上结合可持续发展的思想提出了金融可持续发展论。白钦先认为，金融是一种战略性、稀缺性资源，包含三个层次：一是基础型核心资源，如货币及货币资本；二是实体性中间资源，包括金融制度、金融工具、金融组织等金融基础设施；三是高层次金融资源，即金融的整体功能（白钦先 等，1998）。不仅如此，金融资源还是一种能够通过自身配置进而配置其他资源的特殊资源。白钦先学者还将金融看作一种资源的观点，为宏观经济调控的核心是金融调控这一论断提供了理论依据，并揭示了通过提高一国（地区）的金融效率来提升经济效率的政策含义（白钦先，2003）。

金融可持续发展的内涵在于，在遵循金融发展内在客观规律和兼顾未来发展的前提下建立与健全金融体制，发展与完善金融机制，提高和改善金融效率，合理有效地配置金融资源，从而达到质性金融与量性金融的良性协调发展的结果（白钦先 等，1998）。根据白钦先等人的观点，无论金融发展理论如何演变，其不变内容在于资源配置效率。金融可持续发展论以金融资源学说为基础，而金融资源的开发配置、成本收益、后果与影响分析研究的核心问题是金融资源的配置效率（白钦先，2003）。

金融可持续发展论为经济学中的资源配置范式增加了新的约束，该理论要求一定时期内的资源配置必须考虑资源的长期利用和利用效率。因此，金融可持续发展的观点不仅重视以往研究所强调的"量性金融发展"，如金融资产规模的增长、金融工具种类的增多、金融机构的增加等，更加重视"质性金融发展"，表现为金融资源配置效率的提高、金融活动覆盖范围的扩大、金融资产可替代性的增强及金融对经济渗透能力的提升等，推动金融质性发展才是实现金融可持续发展和突破性发展的必要途径。

（六）金融排斥论

20 世纪 90 年代以来，越来越多的研究关注某些特定社会阶层被排斥在金融服务之外的现象，对于"金融排斥"的思考将金融发展的研究从效率视角延伸至公平视角，该观点是对现有金融体系的反思和完善。金融排斥最初为金融地理学的研究议题，Leyshon 和 Thrift（1993）首次提出"金融排斥"概念，认为金融排斥是阻止贫困或弱势群体参与金融体系的过程，银行分支机构的关闭影响了民众金融服务的可得性，体现了金融服务的"地理排斥"。Leyshon 和 Thrift（1993）将金融排斥定义为阻挡特定阶层或群体通过正规渠道获得金融服务的行为和过程。Kempson 和 whyley（1999）拓展了金融排斥的内涵，认为除了地理排斥以外，金融排斥还包括评估排斥、条件排斥、价格排斥、营销排斥和自我排斥。Sinclair（2001）和 Carb ó 等（2005）认为金融排斥意味着一部分社会群体没有能力通过合适的方式获取必需的金融服务。胡国晖和王婧（2015）在《金融排斥与普惠金融体系构建：理论与中国实践》中将金融排斥定义为：处于弱势地位的金融需求者无法以可承受的成本从正规金融体系获得公平且安全的金融产品或服务，因而不得不承受短缺或求助于正规金融体系以外的替代金融渠道的现象或过程。尽管关于金融排斥的定义很多，但其核心特征是社会中的弱势群体在获取金融产品和服务时遭受到了困难或阻碍（孙英杰，2020）。

"金融排斥"的对立面是"金融普惠"。发展普惠金融，让更多居民和企业合理获得所需的金融产品和服务，被认为是解决金融排斥问题、实现包容性增长最重要的机制。因此，普惠金融的发展是建立在金融排斥论上的。普惠金融强调了金融公平的重要性，其发展目标在于减少贫困和收入不平等，实现包容性经济增长，发展途径在于让更多人参与现代化的金融体系的构建（焦瑾璞 等，2009）。虽然各国都在大力推行普惠金融，但目前普惠金融尚未形成完整理论，我国学者星焱（2016）尝试提出了一个基本的理论框架，认为普惠金融论是研究金融发展与金融福祉的经济理论。具体而言，该理论是基于公平合理的金融福祉分配原则，对金融发展的演进路径及其利弊予以分析和评判。为界定普惠金融，他提出"5+1"定义法，认为普惠金融应满足可得性、价格合理性、便利性、安全性、全面性五大核心要素，并且客体为非自愿被正规金融机构所排斥的群体。他同时指出，发展普惠金融实质是在资源稀缺的条件下，通过优化资源配置机制和技术进步，逐步扩大金融部门的生产可能性边界，从而满足各种潜在的有效金融需求，实现社会金融福祉的最大化。

二、长尾理论

（一）长尾理论的提出

"长尾"（The Long Tail）概念由美国《连线》（Wired）杂志原主编Anderson 于 2004 年提出。Anderson 在研究亚马逊（Amazon）、易贝（eBay）、奈飞（Netflix）等互联网零售商的销售数据时发现，需求较小但商品数量众多的尾部所占的份额与需求较大但商品数量较少的头部所占的份额大体相当。Anderson（2006，2009）对传统实体零售商沃尔玛（Walmart）及网络在线音乐零售商 Rhapsody 进行比较，发现沃尔玛由于受到商品运输、仓储、展示、流通等方面成本的限制，只能选择提供畅销产品，而 Rhapsody 出售的是音乐或图片等数字产品，复制和分发的边际成本接近于零，因此产品的提供不受限制。Rhapsody 公司的主要收入来自那些不被看好的"非热门"曲目，虽然每个曲目的下载量很少，但曲目种类的繁多，使众多客户的异质化需求汇总合成所带来的收益远比少数"热门"曲目品种所带来的收益更大。基于此种现象，Anderson 提出了长尾理论：当商品储存、流通、展示的场地和渠道足够宽广，商品的生产成本和销售成本急剧下降时，这些需求和销量不高的产品所占据的市场份额总和可以和主流产品的市场份额相当，甚至比其更大，众多非主流产品汇聚成了能够与主流产品相匹敌的市场能量。

长尾的术语被普遍运用于统计学中，指的是种类（横轴）和数量（纵轴）坐标系上的一条需求曲线，因为消费者的需求各不相同，需求曲线向着横轴右端不断延伸，看上去像一条长长的尾巴，所以被直观地称为"长尾"（见图 2.1）。在产品实际销售中，一些热门产品往往能带来大部分的销量，而大部分冷门产品则市场需求较少，为降低成本，商家往往选择销售少量的热门产品（头部市场）而放弃大量的冷门产品（尾部市场），导致出现头部市场竞争激烈、产品同质化严重现象，而尾部市场却无人问津。但根据长尾理论，长尾末端的需求量虽然极小，但并不为零且具有可延展性，当产品的种类足够丰富时，这部分产品所带来的收益并不亚于竞争激烈的头部市场。

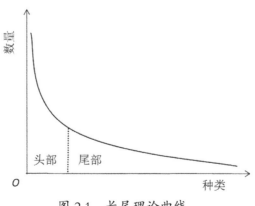

图 2.1   长尾理论曲线

（二）长尾理论与二八定律

二八定律又被称为帕累托法则、关键少数法则、80/20 法则等。意大利经济学家帕累托在研究 19 世纪英国的财富和收入结构时发现，大部分社会财富流入少部分人手中且通过进一步研究发现，在其他国家也存在这种现象。根据对大量统计数据计算得出的相应比率，帕累托（1906）提出了"关键少数法则"，即社会上 20% 的人占据了 80% 的社会财富。哈佛大学语言学家 Zipf（1949）在文字应用领域也观察到了类似现象——自然语言中单词出现的频率为它在频率表里排序的反比，并且他认为社会上许多活动符合这一规律（即齐夫定律）。需要说明的是，二八定律实质上是一种不平衡关系的简称，并非所有结果都是精确的 20% 和 80%。

二八定律如今已成为经济管理领域的重要商业法则。企业通过关注核心客户和主流产品，可以通过规模经济效益降低成本，实现利润最大化。二八定律的基本假设是"资源是稀缺的"，对实体商家而言，场地和资金相对稀缺，产品之间具有"排他性"，商家没有足够的实力为每一位消费者提供每一种所需的产品，也负担不起产品滞销的成本。为实现盈利，企业必须采用标准化服务战略，聚焦主流畅销产品，对有限的种类进行大规模生产和销售，以占领主流市场，实现商品和资金的快速周转。这种基于商家为降低单位成本而实行的规模化销售被称为"供给方规模经济"。通过聚焦 20% 的主流产品，商家虽然能暂时占据头部市场，但是商品种类较少且多数商家采用同样的供给策略，使产品竞争激烈且同质化严重。同时，80% 的消费者对小众产品的特殊需求被忽视，大量消费者的多样化需求难以得到满足，消费者福利难以提升。

长尾理论是对二八定律的颠覆（安德森，2006），二者在基本假设、市场导向、适用场景等方面都有着较大区别。不同于二八定律假设"资源是稀缺的"，长尾理论依托于互联网信息技术，认为"资源是富足的"。在互联网经济时代，商品储存、展示及交易等发生了巨大变化，无限的货架空间决定了商品之间具有"非排他性"，互联网平台通过对产品的数字化使产品的边际销售成本趋近于零，消费者能够以较低的成本获得需求曲线尾部的利基产品。在这种模式下，市场导向根据消费者需求转向"需求方规模经济"，互联网商家可以根据消费者需求提供满足个性化需求的差异化产品。虽然二八定律和长尾理论被很多学者视为一对矛盾体，但前者是传统规模经济下实体企业的商业法则，后者作为互联网时代规模经济的理论基础，二者所适用的场景是截然不同的，不应该被视为矛盾对立的关系，而应将二者看作互补共存的关系（杨晓宏 等，2017）。

（三）长尾理论与数字普惠金融的内在契合

受信息不对称、风险规避和交易成本等因素的制约，传统金融服务符合"二八定律"，专注于服务大企业和高净值客户，中小微企业和低收入人群等"长尾群体"被排斥在主流金融服务之外。由于大企业和高净值客户数量有限，传统金融市场面临着激烈的市场竞争，因此长尾市场成为未来金融发展的"蓝海"市场（王馨，2015）。数字金融利用数字技术优势可以为长尾市场提供低成本、高效率的金融产品和服务，其本质是普惠金融（霍兵 等，2015）。数字金融服务于长尾群体的优势在于以下几个方面。（1）依托于互联网平台和移动通信技术，能够突破时间和空间上的限制，使金融交易双方能够低成本、高效率地实现有效对接。（2）数字金融实现了金融产品数字化和销售方式网络化的商业模式，显著地降低了金融产品和服务的供给成本和交易成本。（3）通过运用大数据、云计算等数字技术可以降低关于长尾群体的信息不对称程度，能够有效地过滤不符合资质的客户，在保障风险可控的前提下提供满足长尾群体的金融服务和产品，拓展金融服务的覆盖范围。虽然中小微企业和低收入人群等弱势群体的单位金融需求相对较小，但数量众多的企业和个体能够为数字金融服务者创造不输于大企业和高净值客户的金融收益。

王馨（2015）分析了数字金融作用于长尾市场的经济效应，认为数字金融将通过外部经济、规模经济和范围经济等效应作用于需求市场。外部经济是指数字金融产品和服务的价值将随着用户数量的增加而提高；规模经济是指由于数字金融产品和服务的可变成本趋近于零，随着业务量的上升，产品和服务的平均成本逐渐下降；范围经济是指数字金融体现了混业经营和金融一体化服务的特性，能够通过提供多种金融产品和服务而带来生产成本降低的协同效应。数字金融在长尾市场所展现出的经济效应为数字金融能够成为未来主流的普惠金融形式提供了现实基础。用户数量、交易意愿、交易风险和大数据应用等是驱动数字金融发展的关键（霍兵 等，2015），这些因素的变动会导致数字金融市场长尾的变动，因此，吸引潜在投资者的长尾延展策略、为客户创造价值的长尾加厚策略、吸引传统金融客户转移的长尾向下策略等均可以有效地拓展数字金融长尾市场的需求。

三、国际投资区位选择理论

投资区位选择是跨国企业国际化过程中面临的重要问题。迄今为止，仍然缺乏能够完整解释 FDI 区位选择的一般理论，但国际直接投资理论基本都包含了区位选择的思想。不同理论根据不同的观点从一个侧面或多个侧面描述了跨国公司所重视的区位选择影响因素。不同时期的理论根据跨国企业的投资动机和所具备的竞争优势的不同在区位选择中的侧重点也存在着明显差异。本书通过回顾和梳理已有理论，对其中所蕴含的区位选择思想进行了概述。

（一）发达国家的经典理论与区位选择

1. 优势论和区位选择

（1）垄断优势论。垄断优势理论由海默在 1960 年首次提出，经 Kindleberger 和 Johnson 等学者补充完善形成，该理论开创性地将产业组织理论中的垄断理论用于分析跨国公司的对外直接投资行为，是国际直接投资理论的先驱。垄断优势理论认为，在东道国竞争不完全的前提下，跨国企业在对外投资中利用自身的垄断优势不仅能够弥补由于远距离的海外生产所产生的成本劣势，还能够克服跨国企业在东道国的外来者劣势，并获得超额利润。Kindleberger 按照东道国市场不完全的类型将垄断优势分为由于产品市场不完全、生产要素市场不完全及规模经济市场不完全所带来的内在垄断优势与由于政府政策所带来的外部垄断优势。跨国企业进行对外直接投资时，内在垄断优势是首要考虑因素，外在垄断优势是次要因素。Johnson 进一步将知识要素引入垄断优势，认为技术、管理、营销等知识资产也是跨国企业垄断优势的重要来源，"知识转移"是跨国企业对外直接投资的关键所在。

　　垄断优势理论虽然没有正面涉及区位选择的问题，但从另一个角度解释了跨国企业进行对外直接投资的区位选择的思想，即跨国企业进行对外直接投资应选择那些能够发挥自身在产品、生产、规模经济方面或者在技术、管理、知识等无形资产方面具有内在垄断优势的国家或地区，或选择东道国有关政策能够为跨国企业带来明显的外在垄断优势的国家和地区，以保证跨国企业能够凭借垄断优势获取超额利润。但该理论并未涉及跨国企业在对外直接投资中的地理布局问题。

　　（2）相对优势理论。产品生命周期理论由美国学者 Vernon（1966）提出。该理论提出，产品生命周期包括创新、成长、标准化三个阶段。跨国企业对外直接投资（Outward Foreign Direct Investment，以下简称 OFDI）的区位选择是产品各个阶段的生产条件、技术条件和市场条件变化所带来的结果。在产品创新阶段，发达国家在研发和技术上具有优势，市场需求较小，生产集中在国内，少量产品进行出口；在产品成长阶段，产量上升，产品竞争加剧，企业可以选择到产品需求较大、技术水平较高的国家进行投资生产；当产品进入标准化阶段，产品技术完全成熟，产品国内需求接近饱和，产品的技术优势被价格优势所取代，为降低生产成本，企业将选择到生产成本更加低廉的国家和地区进行投资生产。

　　在产品生命周期的各个阶段，企业海外直接投资区位选择的过程也是对技术优势和区位优势综合考量的过程。随着技术优势的逐步丧失，投资区位依次从最发达国家向较发达国家、再到欠发达国家进行梯度转移。根据产品生命周期理论，产品的比较优势是动态转移的，因而跨国企业的国际贸易和国际投资区位选择也会根据比较优势的改变进行变化和位移。此后，Bartlett 和 Ghoshal（1989）对生命周期理论进行了拓展，提出了产品创新—接近市场—通过竞争降低成本的对外投资模式，该模式在技术和区位优势的基础上加入了成本优势，形成了三种优势动态转移下的跨国投资模式。

　　（3）比较优势论。20 世纪 60 年代以后，日本经济快速发展，Kojima（1977）根据日本的对外直接投资现象提出了边际产业扩张理论。不同于垄断优势理论等从跨国公司的角度出发研究企业的 OFDI 问题，边际产业扩张理论从国家竞争优势的角度考察了投资国进行对外直接投资的动机。该理论的主要观点是：跨国投资应从本国处于或即将处于比较劣势而东道国仍然具有比较优势或潜在优势的产业依次进行。该理论否定了垄断优势在跨国投资中的决定性作用。Kojima 认为，垄断优势会导致跨国企业的竞争优势外溢，缩小东道国本土企业与跨国企业之间的差距，在一定程度上培养了竞争对手。由于东道国和母国之间在要素禀赋和技术上具有差异，同一产业的生产要素组合也不尽相同，将母国处于比较劣势而东道国处于比较优势的产业进行转移，有利于发挥双方各自的优势，实现收益最大化。根据边际产业扩张理论，东道国在母国处于比较劣势的产业上是否具备比较优势是跨国企业进行投资区位选择时应该重点考量的因素。

2. 成本论和区位选择

英国经济学家 Buckley 和 Casson（1976）在科斯交易成本理论的基础上提出市场内部化理论。该理论从市场不完善的角度出发，认为企业内部化可以降低由于外部市场不完善造成的过高的交易成本，以保障企业实现利润最大化。因此，企业倾向于在内部化成本低于市场交易成本的地区进行投资生产，当内部化跨越国界时，就产生了跨国公司。除了降低交易成本的目的，为保障垄断优势，保护中间产品、知识产权等免于扩散，跨国企业也会采取在各国设立分公司或子公司，从而实现垄断优势内部转移的机制。Rugman（1981）认为，企业通过跨国经营，实现了技术从母公司到子公司的内部转移。

内部化理论将公司、产业、国家及区位视为是影响跨国公司内部化的重要因素。公司因素指的是跨国企业的组织架构、管理能力、控制能力等因素均会对内部化效果产生影响；产业因素是影响跨国企业内部化的关键因素，当产业中存在中间品交易时，内部化可以避免由于外部市场波动和摩擦而产生的交易成本；国家因素是指东道国的政治、经济、制度等因素对跨国企业经营的影响；区位因素是指母国和东道国之间的地理距离、文化距离、心理距离等。因此，跨国公司进行 OFDI 时需要对上述因素进行综合考量，选择可以使内部化效果达到最大的投资区位。

3. 综合论和区位选择

英国经济学家 Dunning（1977）在垄断优势理论、内部化理论等的基础上提出了国际生产折衷理论，认为跨国企业进行 OFDI 是对所有权优势、内部化优势和区位优势进行综合考量的结果。其中，所有权优势是指跨国企业的特有优势，如规模经济优势、技术优势、管理优势、资金优势等；内部化优势是指对跨国企业的资产进行内部化所产生的特定优势；区位优势是指东道国在投资环境方面的优势，包括要素禀赋优势、制度优势、文化优势、政策优势等。所有权、内部化和区位优势的动态组合决定了跨国企业的国际化经营策略。当企业仅拥有所有权优势时，应当采用国际技术转让的方式；当企业同时具备所有权优势和内部化优势时，出口贸易是企业国际化经营的有利选择；只有同时具备三种优势时，OFDI 才是跨国企业国际化经营的最佳选择。

国际生产折衷理论首次强调了区位优势对跨国企业对外直接投资的重要作用。Dunning（1993）将东道国影响跨国企业 OFDI 的区位选择因素拓展归纳为成本优势、市场潜力、贸易壁垒、制度因素等方面。Dunning（1998）又进一步指出，跨国企业对创造性资产的关注度明显上升。企业在东道国进行 OFDI 的过程中，不再仅依赖于所有权优势，而是通过企业并购或与他国企业进行合作的形式来实现自我提升。此时东道国是否拥有跨国企业所需的创造性资产也成了影响跨国企业区位选择的重要因素。

（二）发展中国家的理论与区位选择

发达国家的经典理论强调了跨国公司进行 OFDI 的前提是具有技术优势的，但这无法解释发展中国家的对外直接投资行为。20 世纪以来，发展中国家积极加入跨国投资的行列，使海外投资规模得以快速增长。在此背景下，Wells、Lall、Cantwell、Tolentino 等学者认为，虽然发展中国家的跨国企业不具备发达国家企业的垄断优势，但是具有自身的比较优势，通过运用地理位置、生产要素和技术改造等方面的比较优势，也能够构建不同于发达国家企业的竞争优势，抢占国际市场份额。基于此，这些学者提出了适用于发展中国家 OFDI 活动的对外直接投资理论，但不同理论观点的侧重点的不同，所体现的区位选择思想也不尽相同。

1. 小规模技术理论

小规模技术理论由美国经济学家 Wells（1983）提出。Wells 认为，发展中国家也存在比较优势，主要体现在以下方面：第一，发展中国家具有满足小市场需求的小规模生产技术，可以为需求量有限的小市场提供服务；第二，发展中国家可以通过"民族纽带"选择与母国在地理、制度、文化等方面相近的东道国进行投资；第三，很多发展中国家依靠自然资源和劳动力等有利条件具有生产成本上的优势，可以采取低价营销战略，以此作为区别于发达国家品牌战略的竞争优势，抢占市场份额。因此，发展中国家拥有小规模生产技术的企业可以在收入水平较低且市场容量有限的其他发展中国家进行投资。

小规模技术理论摒弃了垄断优势等理论中认为跨国公司必须具备技术优势才能进行跨国投资的说法，解释了发展中国家越来越活跃的跨国投资活动，指明了发展中国家的跨国企业适宜投资的区位目标。但是，该理论认为发展中国家的小规模技术源于对发达国家技术的继承和调整，无法解释发展中国家高新技术企业的跨国投资行为。

2. 技术地方化理论

英国经济学家 Lall（1983）提出技术地方化理论，认为发展中国家对发达国家先进技术的学习并不是直接进行模仿或复制，而是进行了消化、吸收和改进，通过再创新将技术发展为自身的特定优势。这种特定优势具有以下特点：首先，它与发展中国家的要素价格和质量密切相关，从而能够适应发展中国家的需要；其次，它能够为发展中国家的小规模生产带来经济效益；再次，它使发展中国家有能力生产出满足当地消费者品质需求和购买力的物美价廉的产品。当有民族联系的国家或邻国有相似的市场需求时，发展中国家的跨国企业可以根据当地的市场需求利用特定优势对技术和产品进行改进和创新，从而实现技术和产品的地方化。根据该理论的观点，实行技术地方化的国家主要是在具有相似需求或具有一定民族联系的发展中国家展开直接投资，投资区位具有一定的局限性。

3. 技术创新与产业升级理论

英国学者 Cantwell 和 Tolentino（1990）在上述理论的基础上提出技术

创新与产业升级理论，以解释发展中国家对发达国家进行"逆向投资"的现象。他们认为，发展中国家技术水平的提升不仅是不断进行技术累积的结果，而且能够根据自身的学习和吸收能力对发达国家的先进技术进行再创新。企业的技术能力对企业国际化的进程及模式具有决定性的影响。

在对外直接投资的过程中，发展中国家跨国企业根据东道国与母国的"心理距离"实行"周边国家—其他发展中国家—发达国家"的渐进投资路径，在投资过程中，经验的积累可以逐步克服由"心理距离"所带来的劣势。随着经验和技术的不断累积，发展中国家在跨国投资的过程中能够进一步获取更加先进的技术，并改进原有技术，再由子公司传递回母公司，实现东道国对母国的技术外溢，进而促进母国逐步实现工业化程度提高、产业结构升级和高科技产业发展的目标。

（三）投资动因与区位选择

一些学者为弥补现有理论的局限，从企业投资动机的视角研究跨国企业的 OFDI 行为。根据投资动机的差异，跨国企业倾向于考虑不同的区位优势。Dunning（1993）将企业的跨国投资动机划分为自然资源寻求型、市场寻求型、效率寻求型和战略资产寻求型。自然资源寻求型动机是为了获取东道国丰富的自然资源；市场寻求型动机是为了扩大全球市场份额和发挥规模经济优势；效率寻求型动机是为了获取东道国的廉价劳动力；战略资产寻求型动机是为了获取东道国先进的管理经验、技术装备、分销网络等战略性资产。投资诱发要素组合理论和新型工业化经济体区位模型均体现了根据投资动机选择投资区位的思想。

1. 投资诱发要素组合理论

20 世纪末，一些国际经济学者提出了投资诱发要素组合理论。该理论认为，跨国企业进行 OFDI 是直接诱发要素和间接诱发要素组合作用的结果。直接诱发要素包括技术、劳动力、资本、管理等，间接诱发要素包括政策、法律法规、文化、母国与东道国之间的关系等。这些诱发要素既可以存在于母国，也可以存在于东道国。如果母国拥有这方面的要素优势，投资者在进行跨国投资时可以加以利用；如果东道国拥有这些要素优势，跨国投资者应通过对外直接投资加以获取。根据投资诱发要素组合理论，跨国企业倾向于选择那些在要素组合上拥有比较优势的国家或地区开展直接投资活动。

2. 新型工业化经济体区位模型

Makino 等（2002）在研究亚洲跨国企业对外直接投资动因与区位选择的情况后提出了一个新型工业化经济体区位模型，模型描述了新型工业化经济体在发达国家和发展中国家的投资活动。在该模型中，战略动因、东道国经济发展水平和市场规模是影响投资主体区位选择的三个维度。一般而言，投资主体寻求的是母国所不具备的要素或资源。当新型工业化经济体中的投资主体需要寻求战略性资产时，更倾向于选择在发达国家进行投资；当投资主体需要寻求自然资源或劳动力资源时，更倾向于投资自然资源丰富或劳动力密集的发展中国家；当投资主体寻求市场规模时，更倾向于选择大国而非小国作为投资的目的国。跨国企业最终的实际投资区位还取决于企业自身的能力，企业的能力水平决定了企业投资的动机是否能最终实现，由此形成了"母国要素—企业投资动机／能力—区位选择"的国际投资路径。

第二节　文献综述

一、数字普惠金融相关文献综述

（一）数字普惠金融的经济效应

数字金融是在数字技术应用背景下金融发展理论的深化，其本质仍然是金融。能否更好地服务于实体经济是衡量数字金融发展健康与否的根本标准（滕磊 等，2020）。基于此，一系列研究对数字金融在经济发展中的作用进行了探究。作为一个比较新的研究课题，数字金融的相关研究仍有待丰富，现有关于数字金融经济效应的研究主要从数字金融对经济发展、贫困缓解、创新创业和居民消费等方面的作用展开讨论。

1. 经济发展

部分学者认为，数字金融能够解决传统金融下金融市场发展不平等和不平衡的问题，进而有利于实现包容性经济增长和经济高质量发展。Kapoor（2014）认为，数字普惠金融能够通过提升金融包容度而缓解经济社会中的不平等，促进经济的持续增长。Corrado G 和 Corrado L（2017）提出，普惠金融市场能够为所有家庭和企业，特别是最边缘化的家庭和企业提供负担得起的和公平的金融产品，因此，通过增强人们利用更广泛经济机会的能力，普惠金融可以成为推动经济走上可持续增长轨道的关键工具。Shen 等（2021）通过对全球 105 个国家的数字普惠金融水平和经济增长之间的关系进行分析发现，数字普惠金融不仅能够显著促进本国经济的发展，而且对邻国经济存在着正向溢出效应。在国内研究中，张勋等（2019）利用数字普惠金融指数与中国家庭追踪调查数据估算了数字金融发展对经济包容性增长的影响，发现数字金融的发展带来了创业机会的均等化，通过刺激低收入家庭和低资本家庭创业而提升了低收入群体的家庭收入，从而促进了中国经济的包容性增长。Lu（2018）对英国贷款市场的研究发现，数字金融能够解决中小企业的长期融资困境，弥合中小企业与大企业之间的融资差距。在滕磊和马德功（2020）、成学真和龚沁宜（2020）及钱海章等（2020）的研究中，数字金融影响实体经济发展主要包括如下途径：第一，数字金融发展提升了金融效率，优化了以银行为主导的金融体系格局（Jagtiani et al.，2018）；第二，数字金融能够惠及尾部群体，如低收入人群（黄倩 等，2019；周利 等，2021）、农村居民（张勋 等，2020）、中小微企业（Lu，2018）等，有效地缓解了金融排斥问题；第三，数字金融通过提升支付便利提高了居民的消费水平（易行健 等，2018）；第四，数字金融通过提供资金支持促进了技术创新和区域创业的发展（谢绚丽 等，2018；钱海章 等，2020）。汪亚楠等（2020）、薛莹和胡坚（2020）进一步研究发现，除了通过降低金融服务门槛缓解实体部门的资金约束以外，数字普惠金融的发展还能够引导资金从过度繁荣的金融业和房地产业等领域流出，助力金融业务脱虚向实，优化资本配置方向，从而达到提振实体经济发展的作用。马德功（2020）、姜松和周鑫悦（2021）则认为数字普惠金融的发展兼顾了经济发展中的效率与公平问题，有利于实现经济的高质量发展。首先，数字金融通过对信息的收集和挖掘缓解了金融服务中的信息不对称现象，通过降低市场门槛拓宽了资金来源渠道，通过对数据的挖掘和人工智能分析提升了风险管理能力，金融体系效率的提升为经济高质量发展提供了金融支持。其次，数字金融打破了金融服务长期以来的"二八定律"，使金融服务惠及偏远地区和弱势群体，我国金融发展不平衡的问题在很大程度上得到了解决，为落后地区实现跨越式发展提供了资金支持。最后，数字金融发展依托于信息科技，通过引导资金流向新兴产业和创新型企业，推动产业结构转型，促进了经济结构的合理化发展。

2. 贫困缓解

尽管数字金融被世界银行等组织机构认定为是可以推动普惠金融发展的核心力量，但有一些学者对数字金融是否能够真正实现普惠金融提出了质疑。Ozili（2018）认为，数字金融虽然对实现金融普惠有着积极的影响，但是在具体执行时仍然存在很大的挑战。例如，地区数字基础设施缺乏、贫困地区人群和低收入者不具备应有的金融素养水平或者数字渠道意识较低等，均会导致弱势群体被排斥或自愿被排斥在数字金融体系之外；倘若在此情形下对数字金融进行强制推进，只会实现"金融数据普惠"而非"金融普惠"。Ozili（2020）进一步指出，技术并非对每个人都是中立的。数字金融生态系统存在着欺诈、高使用成本和系统故障等诸多风险，贫困人群往往没有足够的金钱和金融知识来避免这些风险。因此，使用数字金融产品和服务不仅不能减少或消除传统金融造成的不平等，还可能产生新的排斥形式，加剧金融部门现有的不平等，扩大贫富差距。事实上，目前并没有证据表明贫困人群在被引入数字普惠金融后能够获得更便宜的资金或得到"公平交易"，贫困人群往往会以较高的价格获得较低质量的服务（Mader，2018）。

在我国对数字金融减贫效应的研究中，周利等（2020）也曾提出疑问——对于我国存在的城乡收入差距，数字金融是会带来数字红利还是造成数字鸿沟？实证研究发现，数字金融的发展可以通过增加金融可得性和降低门槛显著缩小城乡收入差距，从而带来"数字红利"效应。宋晓玲（2017）、宋科等（2022）的研究同样得出了数字普惠金融的发展能够通过"收入结构优化效应"和"信贷配置优化效应"等机制显著缩小城乡居民收入差距的结论。黄倩等（2019）的研究也证实，相较于富裕群体，数字金融发展能够为我国贫困人群提供更多收益，从而改善居民内部的收入不均等现象。方观富和许嘉怡（2020）从居民就业的角度发现，数字金融的发展显著促进了居民就业率和工作收入水平的提升，并且对女性、教育程度较低的居民和西部地区居民等传统弱势群体的就业影响更为显著。周利等（2021）进一步从微观视角探讨了数字普惠金融发展对居民贫困的影响，发现数字金融主要通过增加信贷可得性、促进收入增长和缩小收入差距的机制缓解居民贫困，其减贫效果表现为先恶化后改善，并且具有明显的时滞性。但与 Ozili（2018）的担忧一致的是，数字金融的减贫效应的发挥需要满足一定条件，地区的基础设施建设和社会文化环境及民众的受教育程度、认知能力等因素均影响了数字普惠金融的减贫效应的发挥（周利 等，2021；Aziz et al.，2021）。于江波等（2022）从我国区域经济不平衡的角度，以胡焕庸线为界对数字金融及其经济产出效应进行了研究，发现数字金融和全要素生产率及经济产出之间具有强烈的空间联动性，因而理论上来说能够带动全要素生产率和经济产出跨越胡焕庸线，但实际效果还需取决于界线西北侧的市场化程度及数字金融与实体经济的融合程度。

3. 创新创业

梁榜、张建华（2019）和徐子尧等（2020）从区域金融发展的角度探讨了数字金融对区域创新的作用。他们认为，我国以间接融资为主导的金融体系和长期以来的金融扭曲现象严重制约了区域创新活动的开展，数字金融通过提高金融机构服务效率和质量、缓解金融排斥进而改善金融资源配置、降低信息不对称，从而筛选出优质企业和项目等作用激励了城市创新创业活动的发生，进而提高了区域创新水平（杨伟中 等，2020）。从微观层面，王小燕等（2019）结合我国 2011—2017 年的上市公司数据，从企业生命周期视角研究数字金融对企业技术创新的影响，发现数字金融对成长期和成熟期的企业具有明显的创新驱动效应，而对衰退期的企业只能促进非实质性创新，产生"创新泡沫"。李春涛等（2020）利用我国新三板上市公司数据，考察了数字金融发展对企业创新的影响，发现金融科技发展能够显著促进企业创新，城市的数字金融发展水平每提高 1%，当地企业专利申请数量平均增加约 0.17 项。他还认为在中国经济高质量发展的背景下，数字金融的发展将为企业发展提供源源不断的活力。Klapper 和 Hamermesh（2023）认为，数字支付系统能够方便且经济地将企业、银行、员工、供应商等主体联系起来，降低企业运营所需的时间成本和经济成本，为企业创新发展提供更多资源。唐松等（2020）认为，传统金融在服务实体经济中出现的属性错配、领域错配和阶段错配等结构性错配问题制约了微观结构主体在创新发展上的潜在驱动力，数字金融能够从"增量补充"和"存量优化"两个方面校正传统金融中存在的结构性错配问题，驱动技术创新。"增量补充"是指数字金融能够有效地吸纳市场中的"多、小、散"的金融资源并转化为有效供给，通过对海量数据的处理为不同类型的企业提供层次丰富的融资渠道和方式；"存量优化"是指数字金融能够对传统金融机构和业务提升质效，倒逼金融部门转型升级，从而打破传统金融的边界约束，改善信贷资源错配。谢雪燕和朱晓阳（2021）的研究发现，数字金融的发展通过促进电子商务发展、拉动消费和改善企业信贷约束和技术溢出等途径促进了中小企业的技术创新，主要表现为数字金融提升了企业的盈利水平、降低了企业的借款成本和优化了企业的借款结构。Lin 和 Ma（2020）以中国地级市为样本研究了数字金融发展对企业绿色创新活动的影响，发现了数字金融能够提高绿色技术创新的数量和质量且已成为推动我国企业绿色创新的重要动力，其主要作用在于通过缓解融资约束间接促进绿色创新。

数字普惠金融的兴起为大量在正规融资中遇阻的小投资者提供了进入创业融资领域的机会（Butticè et al., 2022；Bollaert, 2021）。Beck 等（2018）以肯尼亚为研究对象，以移动支付为例构建了一般均衡模型，发现移动支付能够通过提升居民创业水平来促进经济发展。我国学者尹志超等（2019）同样对移动支付在创业中的作用展开了研究，发现移动支付通过降低创业者成本和缓解信贷约束等渠道不仅提升了企业和家庭进行创业活动的概率，而且提高了创业项目的经营绩效。类似地，Yin 等（2019）利用 2017 年中国家庭金融调查数据研究了移动支付对家庭创业可能性的影响，发现移动支付能够通过提升用户的风险偏好程度、丰富用户的社交网络及为用户提供额外的贷款渠道等途径显著提高家庭进行创业的可能性。谢绚丽等（2018）通过考察新注册企业和数字金融发展的关系发现，在数字金融越发达的地区企业的创业活跃度也越高，数字金融的发展能够弥补传统金融不发达地区的创业、促进中小微企业的创业及通过促进创新带动创业活动的开展，这意味着数字金融推动创业的逻辑在于发挥其普惠价值。钱海章等（2020）认为，数字金融通过缓解金融排斥、提高金融服务可得性、为创新创业的推进提供资金和机遇，有利于"大众创业、万众创新"局面的形成。罗新雨和张林（2021）认为，数字普惠金融对居民创业存在直接和间接两种带动效应。直接效应在于，数字普惠金融能够以合理的价格为创业者提供多层次和多元化的金融服务，直接促进居民创业；间接效应在于，数字普惠金融的发展能在一定程度上解决金融公平与效率的问题，使实体经济发展进入良性循环，从而为创业者提供创业机会和创业环境，间接促进居民创业。Luo 等（2021）从创业企业的视角审视了数字金融对企业的影响，发现创业企业的数字金融能够通过企业的销售、借贷和投资等渠道显著影响企业绩效。考虑到中国人口流动较大，各城市外来人口众多，Li 等（2021）研究了数字金融对城市移民创业活动的影响，发现数字金融能够为移民创造良好的商业环境，不仅能够帮助移民获得更多的就业机会，还能促使他们进行生存导向的创业活动以摆脱低收入，但移民人力资本不足，数字金融对企业家导向的创业活动并未产生影响。

易行健和周利（2018）及邹新月和王旺（2020）、张勋等（2020）、何宗樾和宋旭光（2021）等就数字金融对居民消费的影响进行了探讨，认为数字金融能够通过缓解流动性约束、提高支付便利性和降低未来不确定性等机制释放居民的消费需求，从而增加居民消费。Li 等（2020）和孙玉环等（2021）认为数字普惠金融还可以通过拓宽金融覆盖率和投资渠道、增加可支配收入及增强安全性等途径促进居民消费。邹新月和王旺（2020）从空间视角提出，本地区数字普惠金融的发展也会对周围地区的消费产生促进作用，具有正向溢出效应。其影响机制在于，数字普惠金融能够通过提高收入、增加便利性、减少不确定性和缓解信贷约束从而释放消费需求等机制增加居民消费支出。从区域上看，上述影响在西部地区最大，其次是东部和中部。谢家智和吴静茹（2020）从代际消费的视角提出，数字金融降低了金融服务的成本，使家庭更有机会和能力获得金融借贷，因而缓解了传统金融下的信贷约束问题，促进了家庭消费。异质性研究发现，上述效应在低收入家庭和农村家庭消费会更加明显。但张勋等（2020）对数字普惠金融和城乡消费关系的研究却发现，数字金融虽然提高了农村居民的收入水平，但是无法改善农村居民的消费状况，其对城镇居民消费的提升作用更为显著，因此需要消除城乡分割才能真正提振内需。关键和马超（2020）进一步考虑到，我国数字金融作用的发挥在不同人群中仍存在"数字鸿沟"和"金融鸿沟"，数字金融的作用是否能辐射到中老年人群的消费？通过运用中国健康与养老追踪调查数据，他们发现数字金融的发展主要促进了中老年家庭关于衣食住行的基本生活消费，其次是医疗保健消费，并且这种促进作用在务农家庭和低层级家庭中更为明显，证实了即使对中老年家庭，数字金融在弱势群体中也发挥着更为重要的作用。江红莉和蒋鹏程（2020）认为，数字金融不仅提升了消费水平，还优化了消费结构。在此基础上，何宗樾和宋旭光（2021）将居民消费细分为基础型消费和发展与享受型消费，细化研究了数字金融对两类不同消费的作用，进一步地，他们将居民分为城乡两个样本进行对比。研究发现，数字金融仅带动了城市居民的基础型消费，对农村居民的消费和对两类居民的发展与享受型消费影响并不显著。

（二）数字普惠金融对传统金融的影响

1. 提供的机遇

Srivastava（2014）指出，数字金融是一个新兴的金融领域，能够通过完善金融市场、降低金融交易成本等途径显著改善发展中国家的金融体系，对经济发展发挥了至关重要的作用。孟娜娜等（2020）从空间关联视角得出，数字金融发展带来的产业竞争有助于降低银行集中度，形成区域最优银行结构。封思贤和徐卓（2021）经过理论和实证两方面的论证，发现数字金融的发展显著提升了我国金融体系对实体经济的资本配置效率，但这种提升作用是以金融中介为渠道实现的，并且存在着门槛效应。当金融中介的业务规模或流通速度达不到门槛值时，数字金融对资源配置的提升作用就会较低；当金融中介发展程度较高时，数字金融对资本配置效率的提升作用也会明显增强。可以看出，数字金融对资本的优化作用也有赖于传统金融的发展水平。Jagtiani 和 Lemieux（2018）对美国信贷市场的研究发现，金融科技在塑造金融和银行业格局方面发挥着越来越大的作用。数字金融发展能够拓展消费者的信贷渠道，渗透传统银行可能服务不足的地区，如在高度集中的市场和人均银行分支机构较少的地区，与传统银行的已有格局形成互补。Luo 等（2022）对中国 31 个省份（不含港澳台）的金融市场效率水平进行了估计，数字金融的发展对区域金融市场效率的提高有显著作用，其中数字金融的覆盖广度和采用深度的增加是提高金融市场效率的核心驱动力。

基于数字金融发展的重要意义，一些研究关注了数字金融发展为传统金融机构带来的积极影响，认为数字金融发展通过"技术溢出效应"和"竞争效应"推动了银行效率的提升。Ozili（2018）指出，数字金融创新可以对传统金融机构的绩效产生长期的积极影响。金融科技公司具有个性化的利基服务、数据驱动的解决方案、创新的文化和灵活的组织，其发展虽然对传统金融机构造成了威胁，但也为这些传统金融机构提供了充足的机会来获得比竞争对手更大的竞争优势（Lee et al., 2018），金融机构应该主动"拥抱颠覆"，与金融科技企业相互支持，而不是将其仅看作同一领域的竞争对手（Gomber et al., 2017）。沈悦和郭品（2015）立足技术溢出理论剖析了金融科技对商业银行全要素生产率的影响机制，认为数字金融的技术溢出效应提升了我国商业银行的全要素生产率，但不同类型的商业银行吸收能力具有差异性：股份制商业银行最强，城市商业银行次之，大型商业银行较弱。孟娜娜等（2020）认为，除"技术溢出"的作用外，数字金融还能够通过"产业挤出"促进银行业竞争，迫使商业银行开展金融科技创新。Gao 和 Wang（2023）以中国 287 个地级市为样本的研究发现，数字金融对银行竞争具有显著的促进作用，证实了数字金融具有"鲇鱼效应"，尤其是在传统金融更加发达的城市。董倩（2018）和杨望等（2020）在此基础上对商业银行的数据进行分析表明，金融科技创新能够通过促使商业银行战略转型、改善银行资产端结构、提高商业银行的全要素生产率。宋首文等（2015）从风险管理的角度提出，金融科技对商业银行风险管理的数据源、模型方法体系、风险管理流程等方面进行了深度变革，加强了风险控制，提高了风险管理效率。Bömer 和 Maxin（2018）通过对德国商业银行的金融科技运用情况进行分析发现，金融科技显著提升了商业银行的产品创新能力并增加了银行的利润。Drasch 和 Schweizer（2018）认为，随着金融与科技的深度融合，商业银行与金融科技公司之间从单一竞争关系向跨界竞合发展，通过建立有效合作，金融科技公司能够助力银行在数字化金融服务领域中提高市场占有率。

2. 带来的挑战

数字金融既为银行发展提供了新的机遇，也为传统金融带来了重大挑战（Fung et al., 2020; Bollaert, 2021）。莫易娴（2014）认为，数字金融没有增加金融的基本功能，却通过改变金融服务的提供和获取方式对银行业造成了严重的冲击。Wonglimpiyarat（2017）认为，在商业银行运用金融科技来提升金融服务效率的同时，非银行金融机构也在加快金融科技创新的步伐，与商业银行展开竞争，从而对商业银行的经营造成冲击。部分研究认为，商业银行在利用金融科技武装自己的同时，也面临着数字金融所带来的风险（Gabor et al., 2017）。数字金融会通过影响银行竞争和银行业务对商业银行的风险承担产生挑战。刘忠璐（2016）提出，数字金融既可以通过提升商业银行的风险管理水平及经营效率降低其风险承担，也可能通过蚕食商业银行利润及风险传染增加风险承担。邱晗等（2018）、郭品和沈悦（2019）和杨望等（2020）从风险承担的角度考虑了数字金融对商业银行的影响，认为数字金融的竞争性冲击实质上变相推动了利率市场化，提高了银行资产业务的融资成本，改变了银行的负债端结构，进而提高了银行资产端的风险承担意愿。李向前和贺卓异（2021）通过分析金融科技对我国上市银行的作用，同样发现金融科技的发展加剧了银行和非银行金融机构的竞争，在挤压商业银行利润空间的同时增加了银行的风险承担。

金融科技的发展从根本上改变了我国商业银行现有的业务结构，对我国上市商业银行具有"转型效应"。吴桐桐和王仁曾（2021）以149家中小商业银行2011—2018年的数据为样本研究了数字金融对银行竞争和银行风险承担的影响，发现数字金融发展同样提高了中小商业银行之间的竞争程度，加剧了中小商业银行的风险承担。

随着数字金融发展规模的不断扩大，数字金融是否会影响金融稳定的问题引起了监管部门和行业从业者的担忧。一种说法认为，数字金融会放大金融体系的传染性和脆弱性，从而影响金融稳定。例如，Kirilenko和Lo（2013）的研究认为，算法交易放大了股市负面后果的影响，可能形成金融系统传染性和脆弱性的一个来源。Mild等（2015）认为，由于P2P贷款（Peer-to-Peer lending）机构可能难以有效评估借款人的信用度，也无法准确地为违约风险定价，可能会因为无法承担违约风险而破坏金融稳定。孙国峰（2017）认为，金融科技的发展增强了金融的风险属性。数字金融发展使资金供给能够绕开正规金融体系，完成资金体外循环，使金融交易脱离管制，而数字金融风险具有隐蔽性更强、传播更快、传播范围更大的特点，将增加金融的系统性风险。也有另一种说法认为，数字金融可以通过分散化、多样化、提高透明度、提高效率和增加金融服务的便利性来减轻金融不稳定的风险（Fung et al., 2020）。例如，Zamani和Giaglis（2018）表示，区块链技术可以用于开发去中心化的点对点交易账本系统，抑制由任何单一金融机构带来的金融冲击。此外，数字金融还提供了多元化的融资方式。正如Weller和Zulfiqar（2013）所建议的，更多的金融市场多样性会带来更大的经济稳定。同时，由于数字金融的大数据分析能够提高金融参与各方的透明度，金融稳定性可能会得到增强。Risman等（2021）的研究认为，数字金融能够通过提高银行的融资能力使银行贷款的可用性趋于增长，从而对金融稳定性产生积极影响，但这种积极影响会随着系统性风险的增加而降低。

二、FDI区位选择影响因素相关文献综述

企业跨国投资是经济全球化的重要载体，也是推动投资国和被投资国经济发展的重要驱动力。从FDI的供给方跨国企业的角度，传统国际投资

区位选择理论从要素禀赋、制度环境、人才和技术水平等方面对东道国的区位优势提出要求；从 FDI 的需求方东道国的角度，为吸引 FDI 流入，东道国通过加强基础设施建设、制定招商引资优惠政策、加强制度建设、优化营商环境等方式提升本国的区位竞争优势。为充分了解影响跨国企业区位选择和东道国 FDI 流入的因素，众多学者基于国际投资区位选择理论，结合跨国企业对外直接投资的实际情况及东道国招商引资的已有成果对 FDI 的区位选择影响因素展开了一系列研究。在众多因素中，关于东道国的劳动力禀赋、基础设施、政府政策、市场潜能、对外开放水平等方面的研究最为丰富。近年来，随着全球环境保护意识的上升和可持续发展观念的推广，东道国不仅对 FDI 的质量提出要求，而且对外资企业提出了更加严格的环境规章制度，有关环境规制与 FDI 的流入之间关系的研究也引起了学者重视。

（一）劳动力因素

经典外商直接投资理论认为，降低企业生产成本是跨国企业进行海外投资的重要目标之一，因此劳动力成本越低的地区越容易吸引 FDI 流入。许罗丹和谭卫红（2003）、Kang 和 Lee（2007）的研究均证实东道国的工资水平与 FDI 规模之间呈负相关关系。田素华和杨烨超（2012）的研究也发现，劳动者工资水平的上升导致 FDI 进入中国的规模明显下降，尤其是在我国的东部和西部地区。颜银根（2014）对来自 20 个不同国家（地区）在中国的投资进行研究发现，虽然不同的国家或地区进行跨国投资所考虑的区位因素具有一定差别，但工资水平仍然是大多数国家在华进行投资所关注的一个重要因素。但 Zhao 和 Zhu（2000）的研究发现，工资水平与 FDI 流入规模之间的关系是正向的，而黄肖琦和柴敏（2006）的研究则显示，工资水平和 FDI 流入没有明显关系。研究结论出现差异的原因可能在于，工资水平的上升可能是由于劳动者技能和素质的提升所带来的，劳动者技能的上升能够吸引 FDI 进入我国，从而导致了工资水平和 FDI 流入的负向关系，而当正负两种效应相互抵消时，二者之间也可能呈现不相关关系。杨晔（2007）的研究指出，由于跨国企业通常具有较高的技术水平，如东道国劳动者缺乏必要的技术和管理经验，会导致跨国企业相关资源无法得到有效使用，因此跨国企业比较偏爱技术差距和劳动者素质差异同自身相对较小的地区进行投资。冯伟等（2011）则认为劳动力成本或工资水平对跨国企业区位选择的影响具有门槛效应。如果东道国劳动力成本的高低或涨幅控制在跨国企业可预期或可承受的范围之内，劳动力成本上升反而会激发员工的生产积极性，提升跨国企业的生产效率；如果劳动力成本上升超出了跨国公司的预期，导致跨国公司无利可图甚至陷入困境，那么跨国公司就会不得不选择劳动力成本更低的地区进行直接投资。

（二）基础设施因素

一般认为，区域基础设施建设所产生的正外部性能够降低该地区企业的生产成本（Barro，1990）、促进企业在区域内的市场扩张（张睿 等，2018），从而提高企业的生产效率。因此，区域基础设施建设被认为是影响 FDI 流入的重要因素。Wheeler 和 Mody（1992）采用 42 个国家的面板数据实证分析了包括交通、通信、能源设施在内的基础设施的质量对 FDI 流入的影响，证实基础设施质量对 FDI 流入具有强烈的正效应。Broadman（1997）、Cheng 和 Kwan（2000）研究了跨国企业在中国选择投资地点时考虑的各项因素，发现除低廉的劳动力成本和稳定的经济环境以外，良好的基础设施建设也发挥着重要作用。Pan（1996）的研究也发现，具有良好的投资激励和完善的基础设施的地区更加能够吸引大规模的长期投资项目。Asiedu（2002）以 34 个非洲国家为研究对象，以 1980—2000 年为样本，以每千人拥有的固定电话线的数量来衡量区域基础设施水平，实证检验了基础设施发展与 FDI 流入的关系，发现基础设施发展水平较高的国家可以获取更多的 FDI 流入。Rehman 等（2011）同样以每千人拥有的电话数量作为衡量指标，研究了巴基斯坦的基础设施与 FDI 流入之间的关系，发现无论是短期还是长期，基础设施对 FDI 流入均有着显著的正向影响。Fitriandi 等（2014）使用电力分配、公路密度、人均水储量、人均水分配四个指标衡量印度尼西亚的基础设施发展水平，运用 2000—2009 年的省级面板数据实证研究了基础设施对 FDI 流入区位选择的影响，同样发现提高基础设施水平有助于促进 FDI 的流入。而 Asiedu（2006）、Khadaroo 和 Seetanah（2010）对发展中国家和发达国家进行分析发现，相较于发达国家，发展中国家的基础设施水平的提高对吸引 FDI 有着更好的效果。Behname（2012）则进一步指出，虽然发展中国家的基础设施建设能够吸引更多的 FDI 流入，但边际效率存在递减趋势。在国内研究中，金相郁和朴英姬（2006）利用我国地级市层面数据进行实证研究发现，基础设施条件是跨国企业在我国进行 FDI 区位选择的主要决定因素，尤其对以加工组装为主要业务的跨国企业而言。赵祥（2009）则发现，交通、通信和能源等硬件基础设施建设在吸引 FDI 方面具有重要作用。姜巍和陈万灵（2016）基于 2000—2013 年东盟 7 国面板数据的实证结果表明，基础设施、市场规模或潜力、经济稳定等为影响 FDI 区位选择的主要因素，其中基础设施的有效供给对 FDI 流入的影响最大。

（三）市场因素

市场因素主要包括东道国的市场规模、市场潜力及市场接近度等方面（金相郁 等，2006）。市场因素是跨国企业进行跨国投资区位选择时需要考虑的重要因素，尤其是对市场寻求型 FDI 而言（田素华 等，2012）。Krugman（1980，1991）指出，大规模生产能够发挥规模经济效应，提升企业的生产效率；在贸易成本较高时，在目标市场附近设立工厂可以降低运输成本，因而企业倾向于在市场需求较大的地区进行生产。Coughlin（1991）、Clegg 等（1998）分别对美国的内向 FDI 和日本的外向 FDI 的情况进行了研究，发现市场规模在 FDI 流入中发挥了正向作用。Chadee 等（2003）对智利的外商直接投资情况进行研究发现，市场规模对 FDI 流入存在着积极影响。Boudier-Bensebaa（2005）对匈牙利的研究也发现，匈牙利各个区域的产业需求与 FDI 之间存在着正相关关系。Chidlow 等（2009）通过问卷形式对在波兰进行投资的跨国企业进行调查，发现市场规模是吸引 FDI 流入波兰的主要因素。Amiti 和 Javorcik（2008）基于新经济地理理论考察了贸易成本和市场潜力对跨国企业在中国进行直接投资的影响，认为市场潜力对外资企业进入发挥着重要影响。

我国庞大的国内市场为国内学者研究市场因素与 FDI 之间的关系提供了依据。武超（1991）年通过实地调研指出，市场潜力大、劳动力成本低、政治稳定性高且产业结构完善是我国吸引 FDI 流入的重要因素。马凌（2006）对日本在华投资的决定性影响因素进行了考察，发现我国巨大的市场潜力是日本在华投资的根本动力所在。金相郁和朴英姬（2006）以我国地级市为研究对象，发现市场规模是外商直接投资的主要区位决定因素，尤其是在东部地区，相较于中西部，东部的市场规模对 FDI 的作用弹性更大。黄肖琦和柴敏（2006）根据新经济地理学对 FDI 在我国的区位选择展开研究，发现市场规模在 FDI 的区位选择中发挥了关键作用。冯涛等（2008）以居民消费占 GDP 的比值作为市场规模的衡量指标进行实证研究，发现市场规模是影响我国沿海地区各个阶段区域性 FDI 流入的重要因素。何兴强和王利霞（2008）等基于"第三国效应"的思想，以周边其他城市的市场规模来衡量一个城市的市场潜力，发现在市场潜力越大的地区 FDI 流入量也越大。蒋伟和赖明勇（2009）以城市生产总值作为市场规模的衡量指标，利用空间计量经济学分析了影响跨国企业在华区位决定的主要因素，发现市场规模的扩大对 FDI 流入量有着显著的正向影响。冯伟等（2011）认为，在我国劳动力和资源优势下降之际，市场规模对 FDI 的吸引具有规模报酬递增性，会产生 FDI 乘数效应和数倍于自身的增长效应，是保障 FDI 持续流入的有效路径。从上述研究可以看出，市场规模、市场潜力等市场因素在我国吸引 FDI 流入的过程中持续发挥着积极作用。

（四）政府因素

为吸引 FDI 进入，东道国地方政府往往采取一系列招商引资政策为跨国企业提供外部优势，包括税费优惠政策、土地优惠政策、简化外资企业行政审批流程等，引起了学术界对政府因素与 FDI 之间关系的讨论，也有些研究从东道国的政府治理和财政体制等方面展开，研究地方政府与 FDI 流入的关系。Oman（2000）和 Dent（2008）分别检验了在欧洲和亚洲的部分经济体中地方政府为外资企业提供的土地优惠政策对当地招商引资的影响，证实以土地优惠作为引资手段具有一定的可行性。由于我国地方政府在招商引资这一块尤为注重，国内的相关研究也十分丰富，关于政府优惠政策对 FDI 流入作用的研究，研究结果也不尽相同。殷华方和鲁明泓（2004）选用我国 1979—2000 年的城市面板数据进行实证研究发现，FDI 流入与政府的信贷投放、外资审批和税收优惠等政策呈正向相关关系。赵祥（2009）的研究发现，虽然地方政府之间的引资竞争导致了外资企业的初始地理集聚，但是从长期来看，旨在提高地方政府治理水平的制度优化竞争对 FDI 流入存在着积极作用，而单纯的税费优惠手段对跨国企业的区位选择整体上难以发挥作用。杨晓丽和许垒（2011）的研究也表明，地方政府之间的策略性税收优惠竞争不但不会改变外资企业的选址决策，反而会降低外资企业在华的投资门槛，降低 FDI 的流入质量。田素华和杨烨超（2012）则认为，虽然税收优惠政策对 FDI 的区位选择具有一定的正面效应，但是竞争者之间的政策复制，该效应可能会被抵消，甚至可能因为消耗财政资源而影响本地公共产品的供给，最终不利于 FDI 的流入。张先锋等（2013）的研究则发现，FDI 与税收优惠之间呈倒 U 型非线性关系，这在一定程度上说明税收优惠并非影响跨国企业 FDI 区位选择的主要因素。姚惠泽和石磊（2017）认为，相较于政策优惠，跨国企业更加倾向于选择政府公共服务效率和透明度更高、政府更加廉洁、法律更为规范的区域进行投资。袁晓玲和吕文凯（2019）对中国各省引资情况的研究同样表明，虽然地方政府的行政效率和引资优惠政策均对 FDI 区位选择产生了积极影响，但是行政效率的作用比引资优惠政策要更加有效。

（五）环境因素

近年来，随着全球环保意识的上升，部分国家陆续出台了环境治理方面的政策。对跨国企业而言，环境规制的加强意味着企业需要额外承担一部分环境成本，资本的逐利性使污染产业向环境标准较低的地区流动（Long et al.，1991），这对跨国企业的区位选择造成了一定的影响，鉴于此，越来越多的学者开始研究环境规制与 FDI 区位选择之间的关系。"污染天堂假说"基于企业生产成本视角研究环境规制与 FDI 之间的关系，认为环境管制力度越低的国家越能够吸引 FDI 的流入。对此，一些研究证明了该假设的存在。Dean 等（2009）在研究影响中国外商合资企业区位选择的决定因素时发现，环境规制越低的地区越能吸引中外合资企业落户。Xu 等（2016）在对我国上海市的 FDI 数据进行分析时发现，环境规制无论是在短期还是长期都阻碍了 FDI 的流入。在国内研究中，陈刚（2009）、傅京燕和李丽莎（2010）和史青（2013）等学者利用我国各省份数据进行实证分析后提出，区域环境标准的提高显著地抑制了 FDI 流入该地区。张鹏杨等（2016）引入了环境效率的视角，从理论和实证两方面证明，虽然环境规制降低了东道国的环境成本优势，致使 FDI 外流，但环境效率的提高不仅可以通过降低非期望产出提高外资企业的环境成本优势，还可以通过减少污染物排放降低区域环境的管制强度，间接促进 FDI 流入。

部分研究试图从垄断竞争的视角得出不一致的结论。Dijkstra 等（2011）、Sanna-Randaccio 和 Sestini（2012）及 Elliott 等（2012）人认为，在寡头竞争或垄断竞争市场，如果政府环境标准的提高对国内企业造成了更大的影响，那环境标准的提高反而有利于外资企业获得相对优势。如果东道国具有足够大的市场规模，那么环境标准的提高不但不会引致外资企业的迁出，反而可能会引致 FDI 的流入。唐杰英（2019）进一步通过实证研究发现，在环境执行程度不变时、环境标准的提高或环境标准不变时，执行程度的提高都将引致低效率、高排放的企业退出本国市场和外国高效率企业进入本国市场，提高 FDI 的流入质量。

（六）区域创新因素

在知识经济和互联网时代，传统因素对跨国企业 FDI 区位选择的影响有所减弱，以技术水平或创新能力为代表的新兴因素愈发引起学者重视。Florida（1997）及 Serapio 和 Dalton（1999）对在美国进行投资的 FDI 情况进行研究时发现，跨国企业在美国展开 FDI 的主要目的在于吸收当地的知识和创新能力。Barrell 和 Pain（1999）对美国企业在欧盟的投资情况进行研究发现，东道国的研发水平与当地的 FDI 的流入量呈正向相关关系。Branstetter（2006）利用日本企业在美国的 FDI 数据证实，日本在美直接投资有益于日本企业对美国当地知识的吸收。上述研究表明，获得和吸收东道国的知识、技术和创新能力是跨国企业在发达国家进行 FDI 的一个重要原因。

我国学者也日益重视知识、技术等因素与 FDI 区位选择的关系。冯涛等（2008）以区域研发投入与 GDP 的比值衡量区域创新能力，认为创新能力是吸引创新型 FDI 流入的重要因素。吴晓波等（2009）根据区域的创新水平、经济环境和人力资源三个因子构建了区域创新系统，发现三因子在吸引外资进入方面均发挥了重要作用。陈继勇等（2010）、陈继勇和梁柱（2010）认为，在知识经济时代，传统因素对 FDI 区位选择的影响力被削弱，自主创新能力等新兴因素对 FDI 流入的正向影响作用越来越得到重视。区域创新能力越强，产生潜在知识和技术溢出的可能性也越大，因此就越有可能吸引重视技术和研发的跨国企业进入。据此，曾国军（2005）、黄肖琦和柴敏（2006）、雷欣和陈继勇（2012）等学者利用我国的省级面板数据，从理论和实证两方面探讨了技术水平和研发投入与 FDI 流入之间的关系，结果显示，中国各省份技术水平和研发投入水平的提高吸引了更多 FDI 的进入，区域技术创新能力对 FDI 区位选择的重要影响已经逐步显现出来，在廉价劳动力、基础设施和政策优惠的优势逐渐丧失的情况下，新兴的研发和技术因素正在逐渐取代传统因素成为跨国企业在华 FDI 区位选择的主要决定因素。因此，加大研发投入、促进区域技术创新是实现良性引进外资的重要途径。支宏娟（2019）也认为，相比于传统因素，技术进步因素是未来吸引 FDI 在我国进行区位选择的决定性影响因素。

除上述因素之外，一些学者从东道国的对外开放水平展开研究，认为东道国的对外开放程度反映了政府和居民对待外资的态度， 决定了该地区与国际市场的联系程度，导致了当地经济管理水平和技术水平与国际标准的差异，影响着国际投资者对它的偏好（孙俊，2002；黄肖琦 等，2006）。Chadee 和 Qiu（2001）的研究也认为，FDI 进入中国的区位变动与中国的对外开放政策不断深化有密切关系。此外，还有一些研究考虑了东道国的营商环境（刘军 等，2020）、制度环境（Kobrak et al.，2018）、跨国企业母国与东道国的社会文化差异（Nauro et al.，2008；张宁 等，2017）等因素对 FDI 区位选择的影响，得出了跨国企业的 FDI 区位选择同样受到东道国政治、经济、文化方面的环境所影响的结论。

三、金融发展与 FDI 流入相关文献综述

根据主流经济学的说法，资本应该从发达国家流向发展中国家，但现实是大量资本由发展中国家流入了发达国家，这与主流经济学的理论预期截然相反。对此，学术界的一种解释是发达国家拥有比较完善的金融体系，而大多数的发展中国家普遍存在金融抑制，金融体系比较落后。外商直接投资是国际资本流动的重要形式，因此一些学者从东道国的金融体系出发，研究东道国金融发展与 FDI 流入之间的关系。

国内外关于金融发展与经济增长关系的研究十分丰富，但关于金融发展与 FDI 之间关系的理论与经验研究却相对有限。在现有研究中，多数文献从 FDI 供给方跨国公司的视角展开分析，认为东道国发达的金融体系对企业跨国投资区位选择具有较大的吸引力。Fernández-Arias 和 Hausmann（2001）认为，在投资风险越高且金融市场越不发达的国家或地区，FDI 的流入就越小。Henry（2000）和 Alfaro 等（2008）指出，金融条件的改善能够带来私人投资和 FDI 增长率的提高。大量对发展中国家的研究为该观点提供了佐证。例如，Nasser 和 Soydemir（2011）探讨了拉丁美洲国家的银行业及股票市场的发展与 FDI 流入之间的关系，发现银行业的发展能够吸引 FDI 进入，但这种促进作用是单向的，而股市和 FDI 之间存在着双向互动关系——FDI 流入产生的溢出效应能够带来更多的投资机会，从而促进股市的发展，一个更发达的股市随后可能吸引更多的 FDI 进入。这意味着，除传统因素以外，发达的金融市场也是吸引 FDI 流入东道国的重要条件，尤其是东道国直接融资市场的发展。Soumaré 和 Tchana（2011）考察了 1994—2006 年 29 个新兴市场国家的股市和银行业的发展与 FDI 之间的关系，同样发现股市发展对 FDI 流入存在着积极作用，但银行业和 FDI 之间的关系是模糊不定的。根据他们的研究，FDI 最终流向了风险较低、金融市场发达和制度实力强大的国家。在此基础上，Agbloyor 等（2013）和 Otchere 等（2016）以非洲国家为研究对象，探讨了金融市场发展和 FDI 之间的相互影响：对银行业的研究结果表明，银行业更发达的国家能够吸

引更多的 FDI 进入，这是外国投资者不会用自己的资源来满足他们所有的资本需求，通常需要从东道国当地的金融系统借用资金来补充所需的资源，先进的银行系统能够更加高效地为外国投资者补充所需的金融资源，因而外国投资者容易被拥有更发达银行系统的国家吸引（Agbloyor et al., 2013）。对股市的研究发现，运转良好的金融市场有助于疏导 FDI 更加有效地进入生产性部门，从而为投资者创造更多价值，使得该国对外资企业更加具有吸引力（Otchere et al., 2016）。

近年来，伴随我国金融改革进程的加快和 FDI 与 OFDI 的快速增长，我国部分学者对金融发展和 FDI 的关系问题展开分析，同样得出了类似的结论。赵新泉和刘文革（2016）对 59 个经济体中金融发展对 FDI 和金融资本流向的影响进行考察，发现金融发展水平的提高能够有效改善投资环境，显著吸引 FDI 和金融资本的流入，并且这种效应在发达经济体中表现得更加明显。吕朝凤和黄梅波（2018）从不完全契约的角度探究金融发展与 FDI 区位选择的关系，认为契约密集型行业的跨国公司更加倾向于在金融发达的地区进行投资。对中国分省分行业的研究证实，金融发展是跨国企业 FDI 区位选择的重要决定因素，并且其对 FDI 区位选择的积极影响随着行业契约密集度的上升而增强。刘志东和高洪玮（2019）结合我国在"一带一路"合作伙伴的 OFDI 情况对金融发展的规模和效率维度展开分析，认为在一国经济发展水平较低时，金融规模的扩大能够填补储蓄空缺，促进投资增长；随着经济发展水平的提升，东道国金融深化和金融效率的发展将成为吸引 FDI 的重要因素。实证结果表明，东道国的金融发展水平对我国企业在该国的 OFDI 表现出明显的正向溢出效应，东道国经济发展水平越高，其金融规模的扩张对促进我国在该国投资的影响越弱，而金融发展效率的作用越强。景光正等（2017）及文淑惠和张诣博（2020）也认为，金融发展水平是吸引外商直接投资的重要区位因素，在东道国的外资引进、投资环境优化和资本合理配置进程中均发挥着重要的作用。

但从资金的需求方东道国的视角来看，金融市场发展不完善是东道国引入外资的重要原因。Albuquerque（2003）的研究发现，金融抑制越严重的国家往往倾向于以 FDI 形式借债，弥补国内资金短缺。Guariglia 和

Poncet（2008）在研究中国金融发展和经济增长的关系时指出，尽管中国存在严重的金融扭曲，但仍然维持着惊人的经济增长势头，其中一个重要原因就是受到金融歧视的私营企业利用 FDI 作为资金来源，实现了更高的生产效率和利润增长。Ju 和 Wei（2010）考察了一国金融发展水平对资本流动的影响发现，金融发展水平对 FDI 和金融资本的影响有所不同，金融发展水平较高的国家倾向于出口 FDI、进口金融资本；而金融发展水平较低的国家则倾向于出口金融资本、进口 FDI。基于此，部分国内学者从我国国情出发，从理论和实证两方面对上述现象展开研究。朱彤等（2010）、周申等（2011）及张亮和周申（2012）认为，我国金融体制中金融扭曲的存在致使大量金融资源流入了国有经济部门，非国有经济部门难以从现有的金融体系中获得资金。为满足运营和扩张所需，非国有企业存在着寻求国外投资的强烈动机，此时 FDI 能够替代本国扭曲的金融体系为之提供资金支持。余静文（2013）也指出，在金融抑制政策下，非国有经济部门难以获得运营和投资所需的资金支持，被迫放弃了许多优质的投资项目。因此，难以获得资金却投资效率较高的非国有经济部门有动机向外国资本寻求投资，而较高的投资回报率也构成了国外资本愿意在中国进行直接投资的前提。在我国中西部地区，金融扭曲较为严重，因此金融扭曲导致外资作为不完善金融体系的替代和弥补而流入的效应也更加显著。陈万灵和杨永聪（2013）基于我国的省际面板数据探讨了区域金融发展水平对 FDI 流入规模的影响，发现我国的金融抑制政策迫使许多民营企业因为融资难而寻求与外资进行合作，从而促进了 FDI 的大规模流入，因此金融发展水平与 FDI 流入规模之间呈现显著的负相关关系。

　　根据上述文献，从 FDI 的供给方跨国公司的视角，东道国发达的金融市场和健全的金融体制是吸引 FDI 流入的重要因素；但从 FDI 的需求方东道国的视角，金融抑制政策的实施和金融扭曲现象的存在是东道国引入 FDI 的重要原因。东道国金融发展与 FDI 流入的最终关系究竟如何？据此，一些学者认为，金融发展与 FDI 之间的关系应该是非线性的。Rioja 和 Valev（2004）的研究认为，金融发展水平对 FDI 流入的影响存在双门槛效应。第一阶段，金融发展水平很低，企业受到现金流约束，无法吸引更多的外资流入，此时，金融发展与 FDI 的关系比较模糊，可能存在其他因素导致了 FDI 的流入；第二阶段，在金融发展水平达到第一个门槛后，国内金融市场能够部分满足企业的投资所需并能够促进企业发展，此时，国内资金不足使企业寻求外国投资，金融发展对 FDI 流入有着正向促进作用；第三阶段，第二个金融发展门槛后，金融发展水平达到一定的高度，本国投资有能力支持和促进经济发展，此时，本国企业对外国投资的需求降低，金融发展对 FDI 的流入起负向作用。Dutta 和 Roy（2011）的研究也得出了相似结论，认为在一定的金融发展水平下，东道国的金融水平上升会导致更多的外资流入，但在超过一定的门槛后，金融发展会抑制 FDI 的流入。在国内研究中，李运达和马草原（2010）基于亚洲新兴经济体的数据论证了金融深化对 FDI 引入的激励效应，发现金融深化可以改善跨国公司对东道国投资前景和盈利的预期，对 FDI 流入形成正向激励作用。同时，融资环境的改善也鼓励了本土企业抓住机会抢占市场，削弱了外资企业的融资优势，引致了对 FDI 的负向激励，因此亚洲经济体的金融深化会对 FDI 的流入产生双重作用。张亮和周申（2012）则以我国各省区的数据为样本进行研究，发现金融扭曲差异对 FDI 流入的影响呈 U 型关系，现阶段我国总体上还处于 U 型曲线的左侧区域，因此金融扭曲差异的扩大显著促进了外资流入。

四、简要评述

在文献综述部分，本研究对数字金融的相关文献、FDI 区位选择影响因素的相关文献及金融发展与 FDI 流入关系的相关文献进行了梳理和归纳。可以看出，现有研究中存在着以下问题：

第一，由于数字（普惠）金融是一个相对较新的议题，目前对数字金融的研究仍然有待丰富。现有研究主要聚焦于数字金融发展所产生的经济效应及数字金融对传统金融的影响等方面。数字金融的经济效应首先体现在其对经济发展的总体影响，表现为数字金融的发展有利于促进经济包容性增长和提升经济发展质量。在经济效应的具体内容方面，相关研究主要关注了数字金融在减少贫困、缓解城乡（区域）收入差距、推动创新创业发展和刺激居民消费等方面的作用。数字金融区别于传统金融的作用主要体现在，一方面，数字金融普惠的特点提升了金融的可获得性，能够更好地服务于实体经济的发展，从而产生了传统金融无法实现的经济效应；另一方面，在数字技术驱动下，数字普惠金融的金融创新模式能够服务于经济发展的创新模式。同时，数字金融对传统金融（包括金融机构、金融模式、金融效率、金融稳定等）的影响也迫使传统金融不得不进行数字化转型，进而使一直以来传统金融对实体经济的服务方式发生了改变。但是，金融服务于实体经济的本质并未发生变化。通过对现有文献的梳理可以看出，现有对数字金融的经济效应的研究仍然拘泥于本国的封闭经济中，对数字金融在开放经济中可能产生的经济效应还未有研究。数字金融和金融科技是当前全球金融发展的主流趋势，数字经济也是当前和未来经济发展的重心所在，因此，有必要将视角引入开放经济，对数字金融在国际环境中可能产生的经济效应展开研究。

第二，通过对影响跨国企业 FDI 区位选择影响因素的相关研究进行梳理后发现，虽然自然资源、劳动力成本、基础设施、政策优惠等传统因素在跨国企业 FDI 的区位选择中仍然发挥着重要的影响作用，但是传统因素的作用程度已经逐渐弱化。尤其是对在我国进行直接投资活动的跨国企业来说，随着我国对环境保护的加强、劳动力成本的上升和对外资企业超国民待遇的取消，以往吸引 FDI 流入的传统优势逐步下降，但是我国 FDI 的流入规模非但没有下滑还以更快的速度上升。其原因在于，随着我国技术进步的主要方式由技术引进向自主创新转变及区域营商环境的持续改善，跨国企业在华投资区位选择的影响因素也呈现了新的变化，我国市场化水平的不断提升、市场规模的持续扩张和科技水平及自主创新能力的不断上升构成了我国不断吸引 FDI 涌入的新动力。然而，对现阶段跨国企业在华投资区位选择的影响因素的研究仍然亟待丰富。

第三，虽然东道国的金融发展水平被认为是影响 FDI 区位选择的重要因素之一，但是金融发展水平与 FDI 流入之间的关系仍然存在争议。一个重要原因在于，不同的研究从 FDI 的供给方跨国企业或需求方东道国的视角之一展开，未从两个方面进行综合考虑。而作为一种代表未来金融发展方向的新兴金融模式，数字金融与 FDI 的关系问题则更值得被探究。一方面，虽然数字金融的发展被认为是在金融科技赋能下金融深化的表现，但数字金融与传统金融之间存在着诸多区别，数字金融发展对 FDI 区位选择的影响究竟是与传统金融一致还是会与传统金融有明显不同是一个值得探讨的问题。另一方面，对东道国自身来说，数字金融的发展引发了新的经济效应，这种经济效应是否会影响 FDI 流入东道国，乃至扭转金融发展本身对 FDI 流入的作用呢？这同样是值得探究的问题。造成金融发展水平与 FDI 流入的关系存在差异的另一原因在于，金融发展存在着多层次的含义。金融发展不仅包括金融发展规模的扩大，而且包含金融结构的优化、金融制度的完善和金融效率的提升等方面的内容（王志强 等，2003）。根据白钦先的质性金融发展观，金融规模的扩大、金融机构数量的扩张等方面属于"量性金融发展"，而金融覆盖广度扩张、金融效率提升、金融结构优化等方面属于"质性金融发展"。从量性和质性的不同方面来衡量金融发展水平也可能导致研究结论存在差异。

根据对现有研究中存在的问题进行盘点，本研究认为，有必要结合当前数字金融的发展形势对数字普惠金融与传统金融之间的关系、传统金融发展与 FDI 区位选择的关系、数字普惠金融发展与 FDI 流入的关系进行分析探讨，运用理论和实证相结合的方法对上述关系进行研究。同时，在对文献的梳理中本研究发现，数字金融带来的经济效应，如创新创业发展、居民消费增长等因素同样是学术界认为在当前经济发展阶段中对 FDI 区位选择有着重要影响的新兴因素，这也为本书研究数字普惠金融发展对 FDI 流入的影响机制提供了思路。

第三章 数字普惠金融与传统金融的关系

第一节 引　言

根据第二章中对金融发展与 FDI 流入之间关系的分析可知，金融发展是影响跨国企业 FDI 区位选择的重要因素。但已有研究是针对传统金融与 FDI 流入之间关系的，数字普惠金融作为区别于传统金融的新兴金融模式，传统金融与 FDI 流入的相关结论是否也能够适用于数字普惠金融呢？为回答这一问题，本书首先需要厘清数字普惠金融和传统金融之间的关系。数字普惠金融是不是对传统金融的延续和发展，或者完全区别于传统金融的一种全新的金融形式而难以用传统金融的相关理论来解释呢？基于此，在考察数字普惠金融与 FDI 流入的关系前，有必要对数字金融和传统金融之间的关系进行理论分析和实证检验。

我国的数字普惠金融虽然是信息技术发展到一定阶段的成果，但与国家的大力推动和倡导是分不开的。为推进数字普惠金融的发展，提高金融服务的覆盖率、可得性和满意度，国务院于 2016 年 1 月 15 日印发了《推进普惠金融发展规划（2016—2020 年）的通知》（简称《通知》），首次正式将普惠金融发展纳入国家级战略规划。根据《通知》的要求，传统金融机构应当积极运用大数据、云计算、电子支付等新兴技术和服务手段，发展创新产品和服务，并与普惠金融实践相结合。与此同时，也要积极引导各类普惠金融服务主体的发展，例如，鼓励网络支付机构服务于电子商务发展，发挥网络借贷平台的融资优势，发挥股权众筹融资平台对创新创业的支持作用，等等。同年，在杭州召开的 G20 峰会中，中国代表团提交了《G20 数字普惠金融高级原则》（简称《原则》），提出"利用数字技术降低成本，深化金融服务的渗透率，将是促进普惠金融的关键"，进一步为我国普惠金融的数字化发展指明了方向。自 2016 年《通知》和《原则》颁布以后，相关部门陆续出台了促进数字普惠金融发展的各项举措，如财政部 2016 年牵头制定了《普惠金融发展专项资金管理办法》；为落实《通知》要求，各省先后出台了《推进普惠金融发展实施意见》；2017 年以来，大中型商业银行陆续设立了普惠金融事业部。可以看出，自 2016 年以来，传统金融开始发挥出对数字普惠金融的支持作用，进一步推动了数字普惠金融的蓬勃发展，《中国普惠金融创新报告（2020）》显示，数字普惠金融已经成为当前普惠金融发展的主流形态。

2016 年以来各项政策在全国范围内的颁布与实施为研究数字普惠金融与传统金融的关系提供了契机。需要注意的是，虽然相关政策的主要实施对象是正规金融机构，但传统金融机构完成数字化转型尚需时间，相比之下，金融科技公司在促进数字普惠金融发展方面发挥了先锋作用（吴晓求，2015；谢平 等，2015；Bollaert et al.，2021），因此，这些政策同样为金融科技企业发展数字普惠金融提供了有利的政策环境和市场环境。

本章首先结合现有文献中对数字普惠金融和传统金融之间关系的研究展开理论分析，并提出了研究假设。其次，以 2016 年以来的《通知》和《原则》等数字普惠金融相关政策的颁布为外生事件，运用广义倍差法实证检验了传统金融对数字普惠金融发展的影响。根据该方法的研究思路，本书认为，虽然数字普惠金融相关政策是在全国范围内统一铺开，但各个地区的传统金融发展水平存在一定差距，同一政策的出台和实施在不同地区也会产生政策差异，通过对政策出台前后数字普惠金融发展水平的变化情况进行衡量，可以检验出区域初始的传统金融水平对后续数字普惠金融的发展起到了支持作用还是阻碍作用。为检验实证结果的稳健性，本章中采用了不同的标准衡量传统金融的发展水平，结果均与实证结果相一致。最后，结合理论分析和实证检验，文章对数字普惠金融与传统金融的关系进行了分析与总结。

第二节 理论分析和研究假设

一、文献综述

自数字金融兴起以来，数字普惠金融和传统金融之间的关系引起了学术界的广泛讨论。目前关于二者之间的关系存在"替代论""补缺论"和"互补论"等观点，并未达成共识（郭峰 等，2020）。

在我国，"替代论"的观点主要出现于数字普惠金融发展时期。2013年6月余额宝上线被视为中国的数字普惠金融元年（黄益平，2021）。此后，各类产品层出不穷，导致商业银行出现了"存款搬家"的现象（王国刚 等，2015）。同样，Gopal 和 Schnabl（2022）也发现，金融危机后，美国金融科技企业的贷款量激增，与此同时，银行对小企业的传统信贷减少，两者的信贷变化量几乎抵消，表明数字金融和传统信贷之间存在负相关关系。Wolfe 和 Yoo（2017）的研究结果表明，个人对个人（Peer to Peer，P2P）贷款导致小型商业银行的贷款数量显著减少，尤其是个人贷款。Balyuk 等（2020）则认为，金融科技公司侵蚀的是大型/非上市银行的贷款，而不是小型/上市银行的贷款。利用信息技术和互联网平台，互联网金融可以有效地降低交易成本，提高财务效率，并减轻交易各方之间的信息不对称性（Berg et al.，2020；Li et al.，2021）。互联网平台不仅能够为资金的供需双方提供直接交易的平台，而且可以利用用户闲散资金满足小额资金需求，与银行在"头部客户"中形成竞争的同时，更能够在一直被传统金融所排斥的"长尾群体"中占据绝对优势，给传统金融带来了巨大挑战。"互联网金融"概念的提出者谢平和邹传伟（2012）预计，以互联网为代表的现代信息科技对原有的金融模式产生了颠覆性影响，以互联网平台为依托的新型金融模式将成为未来金融发展的主流模式。谢平（2014）和Bollaert等（2021）认为，互联网拓展了交易的可能性边界，未来互联网无须经过金融中介机构直接发展金融，传统银行和资本市场都将消失，最终趋近于瓦尔拉斯"一般均衡理论"所对应的无金融中介或市场的情形。据此，在"替代论"观点中，数字普惠金融被视为一种无须以银行、证券、保险等机构为金融中介的新型金融业务模式，和传统金融是"竞争"并最终"替代"的此消彼长的关系（谢平 等，2015；Wolfe et al.，2017；Erel et al.，2020）。

"补缺论"的提出者王国刚和张扬（2015）则认为，数字普惠金融的发展得益于互联网企业在中国金融体制既有缺陷和相应监管措施尚未落实情况下进行的监管套利（Buchak et al.，2017；黄益平 等，2018；Cornelli et al.，2020），互联网金融虽然能够在一定程度上弥补正规金融的不足，通过拾零补遗满足更广大的城乡居民和小微企业的金融需求，但随着金融体制改革的不断深化和监管措施的逐步落实到位，数字普惠金融将处境堪忧，难以成为未来主流的金融形式。根据"补缺论"的观点，数字普惠金融发展的主要意义在于弱化由于信息不对称所引发的金融风险和提高金融效率，因此绝无颠覆传统金融的可能。

"替代论"和"补缺论"都存在着较大争议，更多学者倾向于支持"互补论"。"互补论"的主要观点是，数字普惠金融是依托于传统金融而发展的，因而在传统金融供给越充分的地方，数字普惠金融发展越快。数字普惠金融发展是对传统金融在理念和思维上的革新，是传统金融基于数字技术对金融产品、服务和渠道的创新、拓展和完善，其本质仍然是金融，并非对传统金融的"颠覆"或"替代"（郑联盛，2014；程鑫，2015；Jagtiani et al.，2019）。根据Jagtiani 和Lemieux（2018）的观点，金融科技企业的主要作用是增加信贷供应，解决传统金融固有的局限性，特别是在传统金融机构竞争激烈的地区。一些学者对传统金融对数字金融的支持作用进行了更加详细的阐释。姚耀军和施丹燕（2017）指出，数字金融是对传统金融的延续性创新，对传统金融存在着路径依赖性。从金融知识溢出的角度，传统金融为数字金融的发展提供了人才和知识储备，对金融创新形成了有力的支撑。王喆等（2021）认为，传统金融供给从资金支持、金融知识支持、基础设施支持和金融需求提升四个方面为数字普惠金融提供了基础。资金支持是指传统金融为数字普惠金融的发展提供了多样化的融资渠道，并创造了有利的融资环境（Haddad et al., 2019）。作为金融供应的一种创新形式，数字普惠金融不仅需要传统金融提供技术、信息、人才等方面的专业支持，其发展还需要基于银行账户等已有的金融基础设施，因此，对金融科技企业而言，与银行进行业务合作是至关重要的（郭峰 等，2020）。而在拥有强大传统金融体系的地区往往也存在着更大的金融需求，这就为数字普惠金融的发展提供了更加广阔的市场空间（Cornelli et al., 2020），在金融功能上，许月丽等（2022）基于对中国农村金融市场的研究，认为数字普惠金融在缓解农户流动性约束和弱化投资信贷配给的作用上与传统金融形成了有效支撑，二者共同缩小了城乡收入差距（宋科 等，2022），在金融功能上体现出互补作用。

二、理论分析和研究假设

通过对文献的梳理可以看出，"替代论"将数字普惠金融界定为一种显著区别于传统金融的新兴金融模式——传统金融是需要以银行、证券、保险、交易所等中介或市场为媒介的金融模式，数字普惠金融则是可以趋近于"瓦尔拉斯均衡"的无金融中介或市场的金融模式。两种金融模式有着本质区别，在未来发展中传统金融模式将退出市场，被数字普惠金融取代。"补缺论"则从现实基础出发，强调数字普惠金融之所以可以迅速发展，除了能够弥补正规金融的不足以外，更重要的是，由于传统金融处于强监管下，数字金融业务在相对宽松的政策环境下可能存在监管套利的现象。随着金融监管的逐步加强，数字普惠金融发展也将受限，因此其只能发挥对正规金融"拾遗补阙"的功能，无法成为主流金融模式。这两种观点虽然有着截然相反的结论，但是都强调了数字普惠金融和传统金融之间的"割裂感"，忽视了传统金融和数字普惠金融之间的"融合性"。相较于"替代论"和"补缺论"，"互补论"更侧重于强调数字普惠金融和传统金融共同金融本质下的继承与发展的关系。本书认为，"互补论"的观点更加符合当前传统金融和数字普惠金融之间的发展现状和未来趋势，原因有以下几个方面。

第一，传统金融的存在仍然具有必然性。近年来，随着金融工具的不断创新和直接融资市场的逐步完善，"金融脱媒"成了金融发展的重要趋势。在数字金融模式下，金融发展对实体金融机构的依赖性降低，进一步触发了对实体金融机构的"二次脱媒"（吴晓求，2015）。"金融脱媒"和"二次脱媒"是建立在我国资金需求方对间接融资市场依赖性过高、直接融资市场不完善、融资渠道单一的基础上的，是健全我国金融体系，满足各方融资需求的必然要求，其目的是使各种来源的融资占比更加合理，但这并不意味着以银行为主的间接融资失去了存在的必要性。"维护金融稳定，防范金融风险"是我国金融系统存在和发展的首要目标。相较于其他的金融形式，以银行信贷为代表的传统金融面临着最严厉的监管和最全面的考核，而对金融资源分配形成的严格管制在一定程度上影响了金融效率的上升。从风险控制的角度，传统金融机构对风险的严格把控导致其对国有企业和大企业存在偏好。如王国刚和张扬（2015）所言，我国数字普惠金融的快速发展与该领域监管缺位是分不开的。以蚂蚁金服、京东金融为代表的金融科技企业属于不持有金融牌照的类金融机构，并不受金融监管部门的直接监管，其快速发展在某种程度上是"钻政策空子"带来的"野蛮生长"（黄益平 等，2018；Cornelli et al., 2020）。一旦发展到既定规模，"金融安全"就成了更重要的议题，随之而来的必然是监管加强和行业整改，其原有的监管套利优势也会随之消失。自2016年以来，中国政府逐步实施了多项规范数字金融发展的政策，尽管其监管程度仍然远低于传统金融（Bollaert et al., 2017；Zetzsche et al., 2017），但明显可以看出监管部门对加强数字金融监管的决心。

就金融机构的职能而言，我国以银行为代表的传统金融机构主要是中央或地方政府控股的国有企业，政府背书使金融机构的"信用中介"功能得到了最大程度的发挥。而在以金融科技企业为主体、以互联网平台为载体的数字金融业务中，大数据、云计算、区块链等数字技术只是降低了借贷双方的信息不对称程度，并没有增加借贷双方的信任度，甚至可能降低了欺诈的门槛（Bollaert et al.，2017）。因此，金融科技公司只能充当"信息中介"而非"信用中介"（黄益平 等，2019），这也决定了数字普惠金融无法彻底取代传统金融。

第二，数字普惠金融在发展初期就是以传统金融为基础的。首先，数字技术的发展得益于我国传统金融对科技的长期支持。多年以来，我国始终奉行"科学技术是第一生产力"的发展原则，于1995年提出"科教兴国战略"，2006年国务院发布纲领性文件《国家中长期科学和技术发展规划纲要（2006—2020年）》，制定了到2020年进入创新型国家行列的宏伟目标。为实现上述目标，政府部门致力于引导金融机构加大对科技领域的支持，逐步建立了银行业支持科技企业发展的长效机制（Hao，2017）。因此，数字金融的产生和发展可以说是在金融对科技长期支持下，科技对金融"反哺"的结果。其次，数字普惠金融是一种全新的金融模式，市场对新事物的接纳需要一定的前提和基础（Sandhu et al.，2022）。从金融基础设施方面，我国经济的高速增长带来了金融业的蓬勃发展，金融机构物理网点迅速扩张，遍布全国的物理场所不仅增加了居民获得金融服务的机会（Leyshon et al.，1993），而且逐步增强了民众的金融意识，丰富了民众的金融知识储备，培养了民众的金融习惯。这些因素是提高公众对金融创新的接受度和安全感知的关键因素。Moorthy（2020）的研究证实，客户对安全性的感知将影响他们采用移动支付服务的倾向。尹志超和张号栋（2016）的研究也发现，金融知识的增加显著降低了家庭的金融排斥水平。从信息技术发展方面，数字金融诞生于传统金融机构的金融电子化和金融信息化建设已经取得充分成果的基础之上（Shahrokhi，2008；Sandhu et al.，2022）。在以余额宝上线为代表的互联网金融业务诞生前，我国的网上银行、电话银行、手机银行等电子银行业务已经取得长足发展，虽然金融机构电子银行业务的获客渠道仍是来源于线下，其主要诉求在于缓解柜面业务压力而非开展数字化经营，但是电子业务的开展和推广为金融服务从实体渠道的抽离积蓄了一定的能力，为数字金融业务被公众广泛接受并迅速运用奠定了基础。

第三，随着金融和科技的深度融合，金融机构已经普遍意识到数字化转型的重要性，金融机构数字化转型已然成为大势所趋。为了抓住机会获取竞争优势，传统金融机构正在积极拥抱金融科技，利用大数据和数字技术来重塑商业模式（Gomber et al.，2017；Drasch et al.，2018；Jagtiani et al.，2018）。杨兵兵（2020）指出，我国主要的商业银行基本完成了线上服务体系的搭建工作，按照"平台—移动平台—平台生态"的发展逻辑从网上银行到移动银行再到开放银行递进。银行业当前已经实现了承载银行全量金融服务的企业级开放。银行数字化转型包括从局部突破走向全面开展的"全面化转型"及从通用领域走向细分领域的"深入化转型"两个层面。前者是指银行数字化是整个业务形态、管理机制和商业模式的数字化，而不局限于某一业务或板块；后者体现在银行数字化价值领域的变化——服务场景从传统金融场景转向"金融＋生活"场景，服务群体从银行客户群体转向"银行客户＋互联网用户"群体。尽管完成转型仍然需要时间，但传统金融机构在推动数字金融的未来发展方面仍将保持着主导地位（Hao，2017）。《中国金融科技与数字普惠金融发展报告（2020）》指出，我国的数字普惠金融体系建设是以银行类金融机构为中心，以互联网企业为支撑，以非银行金融机构为补充。2022年，中国银行保险监督管理委员会（简称中国银保监会）发布的《关于银行业保险业数字化转型的指导意见》提出了中国各个金融机构数字化转型的原则、操作框架和指导方针，强调了传统金融机构在推动数字普惠金融未来发展的重要作用。"替代论"和"补缺论"的观点将互联网企业和金融科技企业认定为数字普惠金融发展的主导者，认为数字普惠金融和传统金融是"割裂"与"对立"的，忽视了传统金融机构和业务在金融科技赋能下可能的转型与发展，是有失前瞻性的。

无论是"替代论""补缺论"还是"互补论",均承认区域数字普惠金融的发展与传统金融是密切相关的。因此,数字普惠金融相关政策的实施效果也很有可能会根据不同地区传统金融的发展水平表现出区域差异。基于上述分析,本书假设数字普惠金融与传统金融之间存在着"互补关系"。基于此,本章中提出如下假设:

H1:在传统金融供给越充分的地方,数字普惠金融发展越快,数字普惠金融政策的实施效果将越显著。

第三节   研究设计

一、样本选择和数据来源

本章中所使用的城市层面的数据主要来自《中国城市统计年鉴》,省级和国家级层面的数据来自《中国统计年鉴》和司尔亚司数据信息有限公司(CEIC)的中国经济数据库,数字普惠金融指数来自北京大学数字金融研究中心。为保障城市之间的可比性,本研究对直辖市作了删除处理,去除样本缺失值后,共包含279个地级市(包括后来被合并到其他城市和新成立的地级市)。在《中国城市统计年鉴》中包含全市和市区两部分口径的统计数据,本章中选用的是全市数据统计口径。鉴于解释变量数字普惠金融指数始于2011年,样本选取时间为2011—2019年,最后获得2486个城市的年份样本。

二、模型构建和变量选取

(一)模型构建

2016年以来,《通知》和《原则》及一系列普惠金融政策的出台为数字普惠金融的发展创造了良好的政策环境和市场环境,成为推动数字普惠金融迅速发展的重要外部力量。上述政策在全国统一铺开，无法明确区分实验组和控制组，但由于各地区传统金融发展水平具有一定的差异性，同一政策的实施对各个地区的影响程度也有所差别。本书参考 Greenland 等（2019）、蒋敏等（2020）和李青原等（2022）的政策效应研究方法，利用广义倍差法（DID）考察相关政策出台对传统金融发展水平不同地区的数字金融发展所带来的影响。基于此，本章中设置计量模型为

$$\text{digital\_fin}_{it}= \sigma\text{Post} \times \text{loan\_m}_i + \lambda\text{Post} \times X_i^{2011}+\varphi_i+\varphi_t+\delta_{it} \tag{3.1}$$

式（3.1）中，digital_fin 为数字普惠金融发展水平；Post × loan_m 为交叉项，衡量的是数字普惠金融相关政策在不同传统金融发展水平下对各个城市所产生的政策效应；X 为控制变量。通过控制城市层面和时间层面的固定效应，可以控制城市间的固定差异及政策出台前后由其他宏观因素所导致的变化。

（二）变量选取

1. 被解释变量

数字普惠金融是一个多维度的概念，其内容难以通过某一具体方面呈现。受限于数据的可得性，区域数字金融发展程度的指标体系难以建立，多数文献主要通过构建相应的指数来衡量数字金融的整体水平，如世界银行基于问卷或现场调查的方法对各个经济体中居民的金融交易行为进行调查获得数据构建的全球金融包容性指数（Global Findex）数据库，通过文本分析法获得关键词信息构建的北京大学互联网金融情绪指数，以及运用底层交易数据编制的数字金融普惠指数、互联网金融发展指数等。其中，数字普惠金融指数是由北京大学数字金融研究中心基于蚂蚁金服的交易数据所编制，从覆盖广度（用 coverage 表示）、使用深度（用 usage 表示）和数字化程度（用 digitization 表示）三个维度建立数字普惠金融指标体系，覆盖了中国 31 个省、市、自治区（不含港澳台地区）、337 个城市和 1754 个县，为数字金融相关的研究提供了可供参考的基础数据，被广泛地应用于数字金融的实证研究中。表 3.1 和表 3.2 分别为数字普惠金融各个维度具体指标的构成和权重占比。

表 3.1　数字普惠金融指标体系

一级指标	二级指标		具体指标内容
覆盖广度	指标覆盖率		每万人拥有支付宝账号数量
			支付宝绑卡用户比例
			平均每个支付宝账号绑定的银行卡数量
使用深度	支付业务		人均支付笔数
			人均支付金额
			高频度（年活跃 50 次及以上）活跃用户数占年活跃 1 次及以上
	货币基金业务		人均购买余额宝笔数
			人均购买余额宝金额
			每万名支付宝用户中购买余额宝的人数
	信贷业务	个人消费贷	每万名支付宝成年用户中有互联网消费贷的用户人数
			人均贷款笔数
			人均贷款金额
		小微经营者	每万名支付宝成年用户中有互联网小微经营贷的用户人数
			小微经营者平均贷款笔数
			小微经营者平均贷款金额
	保险业务		每万名支付宝用户中被保险用户人数
			人均保险笔数
			人均保险金额
	投资业务		每万名支付宝用户中参与互联网投资理财人数
			人均投资笔数
			人均投资金额
	信用业务		自然人信用人均调用次数
			每万名支付宝用户中使用基于信用的服务用户人数（包括金融、住宿、出行、社交等）
数字化程度	移动化		移动支付笔数占比
			移动支付金额占比
	实惠化		小微经营者平均贷款利率
			个人平均贷款利率
	信用化		花呗支付笔数占比
			花呗支付金额占比
			芝麻信用免押笔数占比（较全部需要押金情形）
			芝麻信用免押金额占比（较全部需要押金情形）
	便利化		用户二维码支付的笔数占比
			用户二维码支付的金额占比

表3.2　数字普惠金融体系各维度的权重　　　　单位：%

一级指标	权重占比	二级指标	权重占比
覆盖广度	54.00		
使用深度	29.70	支付	4.30
		货币基金	6.40
		信用	10.00
		保险	16.00
		投资	25.00
		信贷	38.30
数字化程度	16.30	信用化	9.50
		便利化	16.00
		实惠化	24.80
		移动化	49.70

尽管受限于数据的可获得性和不同机构数据的可匹配性等障碍，该指数仅以一家代表性的金融科技机构为数据来源，无法反映出数字普惠金融发展的完整图景，但是该数据依然能代表各地区之间的发展趋势和地区差异（北京大学数字金融研究中心课题组，2021）。于本小节而言，由于式（3.1）衡量的是数字普惠金融与传统金融之间的发展关系，以金融科技公司的数字金融发展状况来代表数字普惠金融发展水平能够与传统金融机构的数字普惠金融发展状况构成有效区分，更加具有合理性。

2. 解释变量

在式（3.1）中，解释变量为交叉项 post × loan_m，该变量通过以下三个步骤获得：首先，考虑到我国的以银行信贷为主导的金融结构，以"城市金融机构年末贷款余额与国内生产总值（Gross Domestic Product，GDP）的比值"表示各地的传统金融发展水平，并计算出政策出台前（2011—2015年）各地传统金融发展水平的平均值（loan_m），loan_m 为截面数据，其值越高，则表示政策出台前当地的传统金融发展水平越高；其次，以2016年为分水岭，设置变量 post 来表示事件的发生，样本期间处于2016年以前令 post=0，处于2016年及以后令 post=1；再次，设置交叉项 post × loan_m 衡量政策出台前后传统金融发展水平不同的地区数字普惠金融发展所面临的环境变化情况。需要说明的是，尽管我国金融结构以银行信贷为主导，但近年来直接融资市场也取得了快速发展，银行信贷并不能完整代表我国传统金融的发展。由于我国的股票市场、债券市场等无法从地区层面进行合理切割（李青原 等，2013），因此在衡量我国城市层面的传统金融发展水平时，依然选择以银行信贷水平作为代理指标。

3. 控制变量

X 为一系列控制变量，为消除政策变化给控制变量带来的影响，本章中对控制变量赋予期初值（2011年）。控制变量包括：（1）经济发展水平（用lngdp 表示），根据金融服务实体经济的原则，经济发展水平越高的地区往往金融需求越强烈，该变量以城市的实际 GDP（以 GDP 平减指数消除通货膨胀因素）取对数来表示。（2）产业结构（用 structure 表示），该变量以第三产业生产总值占城市生产总值的比重来表示。（3）对外开放水平（用open 表示），地区的对外开放程度会对当地的金融需求和金融发展造成影响，由于城市层面进出口数据的缺失，该变量以城市所在省份的进出口总额与本省生产总值的比值来衡量。（4）政府干预程度（用 fiscal 表示），政府支持是影响数字金融发展的重要因素，该变量以预算内财政支出占 GDP 的比重来表示。（5）电信服务水平（用 tele 表示），该变量以电信业务收入占 GDP 的比重来表示。（6）移动支付水平（用 mobile 表示），该变量以地区年末人均拥有的移动电话数量来表示。

三、描述性统计

表3.3为主要变量的描述性统计结果。数字普惠金融变量 digital_fin 在样本期间内的平均值为165.2668，最小值和最大值分别为17.02和321.6457，可以看出，由于地域和时间上的差异性，样本之间存在着较大的差异性。其中，数字普惠金融指数的子维度 coverage、usage 和 digitization 的平均值分别为155.5299、163.0097和201.5243，标准差分别为63.2801、67.8348和81.9537，与总指数一致，样本之间均存在着很大差异。对政策出台前后进行对比可以发现：政策出台前，数字普惠金融指数及其子维度均值分别为118.0597、113.3403、110.8546和146.7338，标准差分别为45.7667、48.2156、38.5476和70.5681；政策出台后，数字普惠金融指数及其子维度均值上升至224.1483、208.1531、228.0628和269.8646，标准差

下降为 26.9638、33.3091、29.3415 和 21.5986。这一定程度上表明，相关政策出台以后，数字普惠金融总指数及其各个维度均得到了快速发展，但各样本之间的发展差距似乎有所下降。传统金融变量 loan 在样本期间内的均值为 1.3173，最小值为 0.3711，最大值为 9.6221，说明不同样本间传统金融的发展存在较大差异，不同区域间的传统金融发展差异或许会对数字普惠金融政策的实施效果产生影响。

在控制变量中，第三产业占比变量 structure 的均值为 51.6368，表明样本中第三产业平均占比约为 51.64%；标准差为 12.7056，最小值和最大值分别为 15.39 和 94.82，说明样本间差异度较高。电信服务水平变量 tele 和移动支付水平变量 mobile 的均值分别为 2.1541 和 1.0556，标准差分别为 1.6974 和 0.7840，互联网普及度的最小值和最大值分别为 0.0242 和 18.9149，移动支付水平的最小值和最大值分别为 0.0161 和 10.1656，上述指标反映出各个样本在互联网普及度和移动支付水平上均存在较大的差距。

表 3.3　各变量的描述性统计

变量	观测值	均值	标准差	最小值	最大值
digital_fin	2499	165.2668	65.3169	17.0200	321.6457
coverage	2499	155.5299	63.2801	1.8800	310.9118
usage	2499	163.0097	67.8348	4.2900	331.9577
digitization	2499	201.5243	81.9537	2.7000	581.2300
loan	2492	1.3173	0.5957	0.3711	9.6221
lngdp	2494	16.1449	0.8864	13.3744	18.9859
fiscal	2491	0.1089	0.0916	0.0092	1.2659
structure	2496	51.6368	12.7056	15.3900	94.8200
open	2497	0.2347	0.2368	0.0127	1.1088
tele	2446	2.1541	1.6974	0.0242	18.9149
mobile	2490	1.0556	0.7840	0.0161	10.1656
post=0					
digital fin	1387	118.0597	45.7667	17.0200	231.1300
coverage	1387	113.3403	48.2156	1.8800	242.8900
usage	1387	110.8546	38.5476	4.2900	223.2800
digitization	1387	146.7338	70.5681	2.7000	581.2300

续表

变量	观测值	均值	标准差	最小值	最大值
post=1					
digital fin	1112	224.1483	26.9638	159.4883	321.6457
coverage	1112	208.1531	33.3091	131.5942	310.9118
usage	1112	228.0628	29.3415	160.2153	331.9577
digitization	1112	269.8646	21.5986	190.5684	437.9068

第四节　实证检验和结果分析

一、实证结果与分析

（一）实证结果

表 3.4 显示了政策效应下数字普惠金融的发展为式（3.1）的具体回归结果。列（1）展示了政策出台前后，传统金融发展水平不同地区的数字普惠金融的发展变化情况。参考冯丽艳等（2016）的处理手法，为消除变量间的数量级差异，将交叉项乘以 100 以便更好地展示回归结果。可以看出，在控制住其他变量以后，交叉项 post×loan_m 系数为正（系数值为 1.1899），并且在 1% 的置信水平上显著，说明随着 2016 年以来政策和市场环境的改善，数字普惠金融实现了蓬勃发展，在原本正规信贷水平越高的地区，数字普惠金融的发展也越迅速，这意味着城市原本的正规信贷水平为数字金融的发展提供了良好的基础，促进了数字普惠金融的快速发展。在控制变量中，初始的经济发展水平（lngdp）和对外开放水平（open）均对数字普惠金融的发展起到了显著的正向促进作用，说明数字普惠金融的发展与区域的经济发展水平与对外开放程度密切相关。

表内列（2）、列（3）、列（4）分别为核心解释变量和控制变量对数字普惠金融的各个维度的回归结果。列（2）是以数字普惠金融覆盖广度为被解释变量的回归结果，交叉项 post×loan_m 系数值为 1.3544，在 1% 的置信水平上显著为正。这说明数字金融发展环境的改善显著地扩大了数字金融的覆盖广度，且在传统金融越发达的城市，数字普惠金融的覆盖广度拓展得越快。同理，列（3）是对数字金融使用深度的回归结果，该列中 post × loan_m 系数在 1% 的置信水平显著为正（系数值为 1.5531），意味着自 2016 年以后，在传统金融发展水平越高的城市，数字普惠金融的使用深度渗透越快。但在列（4）中，交叉项对数字普惠金融数字化程度的发展并不显著（系数值为 –0.0132），这意味着在 2016 年以后，各地区数字普惠金融数字化水平的发展并没有因为各地传统金融发展水平的不同而有所区别。

表 3.4　政策效应下数字普惠金融的发展

变量	(1) digital_fin [2]	(2) coverage [3]	(3) usage [4]	(4) digitization [5]
post × loan_m	1.1899*** (0.0932)	1.3544*** (0.1945)	1.5531*** (0.1227)	–0.0132 (0.5079)
post × lngdp	2.5244*** (0.7093)	0.5252 (1.4230)	–0.9716 (0.9450)	15.4811*** (3.7481)
post × fiscal	–3.9875 (12.0428)	–8.7566 (20.0099)	–8.0199 (14.7676)	19.0897 (42.4420)
post × strcture	0.0174 (0.0298)	0.0543 (0.0596)	–0.0299 (0.0412)	–0.0185 (0.1505)
post × open	2.5521* (1.3079)	1.9590 (1.8386)	4.6740*** (1.5149)	0.6543 (3.3165)
post × tele	9.10e–07 (1.57e–06)	1.71e–06 (2.24e–06)	2.48e–06 (2.20e–06)	–4.58e–06 (5.07e–06)
post × mobile	–0.5449 (0.7205)	0.3232 (1.1077)	1.7675* (0.9545)	–7.6125** (3.4025)
城市固定效应	控制	控制	控制	控制
时间固定效应	控制	控制	控制	控制
常数项	59.8042*** (0.5260)	65.9944*** (0.8588)	59.8474*** (0.7903)	39.2879*** (3.0243)
观测数	2486	2486	2486	2486
R^2	0.995	0.995	0.988	0.945

注：① ***、**、* 分别表示在 1%、5% 和 10% 水平上显著；括号内数值为聚类到地级市层面的标准差。

②表头中 digital_fin 表示数字普惠金融水平。其后表格不再赘述。

③表头中 coverage 表示数字普惠金融的子维度，即数字普惠金融的覆盖广度。其后表格不再赘述。

④表头中 usage 表示数字普惠金融的子维度，即数字普惠金融的使用深度。其后表格不再赘述。

⑤表头中 digitization 表示数字普惠金融的子维度，即数字普惠金融的数字化程度。其后表格不再赘述。

（二）结果分析

数字普惠金融的覆盖广度主要是指数字普惠金融指数的指标覆盖率，包括每个城市中"每万人拥有支付宝账号数量""支付宝绑卡用户比例"和"平均每个支付宝账号绑定银行卡数"三个指标，从指标构成可以看出，由于金融科技公司并不直接具备吸收储蓄和大额转账等功能，支付宝账户覆盖率的增加需要以拥有银行账户为基础，数字普惠金融产品和创新服务的提供需要在银行已有客户群体之中开展，属于对银行原有客户进行的挖掘与渗透。很显然，这需要建立在金融科技公司与银行展开业务合作的基础上，依赖于传统金融原本的发展水平。

数字普惠金融的使用深度主要是指对数字普惠金融各项业务的使用频率，包括支付业务、货币基金业务、信贷业务、保险业务、投资业务和信用业务。用户对这些业务的使用不仅需要具备一定的经济条件，而且需要具备相应的金融知识和金融习惯。根据 2014 年世界银行的调查，78% 的受访者认为家庭获取金融账户的主要障碍在于金融知识的缺乏。张号栋和尹志超（2016）与 Moorthy（2020）的研究也表明，由金融知识和金融安全感知所造成的自我排斥也是影响客户获取金融服务的重要原因。在传统金融业务发达的地区，用户不仅可以拥有更多的金融账户，能够接触到更多的金融业务，并且更容易学习到丰富的金融知识并逐渐培养出各种金融习惯，进而，当金融机构和金融科技公司等基于数字化技术推出各种创新产品和金融服务时，也更容易被当地用户所接纳和使用。

数字普惠金融的数字化程度是指金融的移动化、实惠化、信用化和便利化，主要衡量了金融服务对数字化技术的依赖程度。该维度并不显著，意味着数字普惠金融数字化程度的发展并不依赖于传统信贷的发展水平。尽管传统金融能为数字技术发展提供一定的资金支持，但是数字普惠金融的数字化程度并不必然受制于传统信贷的发展水平，而是更加依赖于当地数字技术的发展水平及科技与金融的融合程度。事实上，在一些传统金融发达而数字科技发展水平有限的地区，传统金融的固有影响力较大，数字普惠金融机构的成长和银行的数字化转型反而会面临更大的阻碍。

从上述研究可以看出，数字普惠金融的发展与当地传统金融的发展水平是正相关的，在传统金融供给越充分的地区，在政策推动下数字普惠金融的发展越快，该结论支持了"互补论"的观点，假设 H1 得到支持。

二、政策效应的环境异质性分析

基准回归的结果表明，数字普惠金融的政策效应呈现显著的地区差异性：在原本传统金融发展水平越高的地区，数字普惠金融的发展速度越快。这表明数字普惠金融依赖于传统金融而发展，二者之间存在互补关系。为进一步了解上述政策效应在不同地区的实施效果，本小节引入了区域环境变量，同时也可以考察区域环境在传统金融对数字普惠金融支持作用中所发挥的调节效应。考虑到数字普惠金融同时具有金融属性和科技属性，本小节还考察了区域的金融环境和科技环境对数字普惠金融政策效应的影响。基于此，本小节在基准模型的基础上建立的模型为

$$\text{digital\_fin}_{it} = \sigma\text{Post} \times \text{loan\_m}_i \times \text{envir}_{it} + \alpha\text{Post} \times \text{loan\_m}_i +$$
$$\beta\text{loan\_m}_i \times \text{envir}_{it} + \lambda\text{Post} \times X_i^{2011} + \varphi_i + \varphi_t + \delta_{it} \tag{3.2}$$

式（3.2）中，envir 为地级市的数字普惠金融发展环境，包括金融环境和科技环境，其中金融环境包括社会信用水平（用 trust 表示）、市场化水平（用 market 表示）和银行业竞争程度（用 compete 表示），科技环境包括科技创新水平（用 innovate 表示）、互联网普及率（用 netuser 表示）以及移动支付水平（用 mobile 表示），具体变量的定义如表 3.5 所示。

表 3.5　环境变量说明

类型	变量名称	变量符号	变量说明
金融环境	社会信用水平	trust	以《CEI[①]蓝皮书：中国城市商业信用环境指数》中历年公布的信用环境指数衡量
	市场化水平	market	以地级市所处省份的市场化指数表示
	银行业竞争程度	compete	以地级市银行业的赫芬达尔指数（HHI）表示，HHI 越高意味着银行业竞争程度越低
科技环境	科技创新水平	innovate	以地级市发明专利总量的对数值表示
	互联网普及率	netuser	以地级市互联网宽带接入用户数与总人口的比重表示
	移动支付水平	mobile	以地级市移动电话用户数与总人口的比重表示

注：① CEI 是 China City Commercial Credit Environment Index 的缩写，意为中国城市商业信用环境指数。

（一）金融环境

首先，信用是一切契约执行的前提，金融的发展离不开信用的驱动，尤其是普惠金融（陈颐，2017）。相较于传统金融，数字金融蕴含着更大的金融风险，其监管难度也远高于传统金融，因此区域数字普惠金融的发展对当地的信用环境水平更为敏感。其次，区域的市场化水平将影响传统金融对数字普惠金融的支持程度，进而会影响数字普惠金融政策的实施效果。金融演化服务于经济发展，市场化水平较高的区域对金融服务也提出了更高的要求，因而有利于培养创新型金融中介（乔海曙 等，2019）。此外，市场化程度高的地区通常还具有更加透明开放的市场机制，有助于数字普惠金融的发展（王喆 等，2021）。最后，区域原有的银行业竞争程度也可能会影响数字普惠金融的发展。一方面，银行业竞争程度越高，表明地区具备良好的金融基础和相对合理的金融市场结构，能够为金融创新发展提供更大的空间（宋科 等，2022）；另一方面，商业银行的竞争程度越高，也可能意味着传统金融发展越充分，垄断力量越强，不利于金融创新模式的生存和发展（汪洋 等，2020）。因此，银行业竞争程度对数字普惠金融发展可能存在着积极和消极两种效应。

表 3.6 展示了区域金融环境对政策效应的影响。根据列（1）的回归结果，交互项 post × loan_m × trust 的系数值为 0.6177，在 1% 的置信水平上显著为正。这意味着在社会信用水平越高的地区，数字普惠金融发展越快，数字普惠金融政策的实施效果越好。列（2）的实证结果显示，交互项 post × loan_m × market 的系数值为正（系数值为 1.5173）且在 1% 的置信水平显著，说明区域的市场化水平越高，传统金融对数字普惠金融的支持力度越强，政策效应也越明显。根据列（3）的实证结果，post × loan_m × compete 系数为正（系数值为 2.2204），意味着在银行竞争越弱的区域，传统金融对数字金融的支持力度越大，但该结果并不显著。这可能是银行竞争带来的双重作用相互抵消的结果。综合来看，社会信用水平和市场化水平越高的区域金融环境更加有利于数字普惠金融政策的实施，传统金融对数字金融发挥的支持作用也越明显。

表 3.6　区域金融环境对政策效应的影响

变量	(1) digital_fin[①]	(2) digital_fin	(3) digital_fin
post × loan_m × trust	0.6177*** (0.1193)		
loan_m × trust	0.2610** (0.1070)		
post × loan_m × market		1.5173*** (0.3133)	
loan_m × market		−0.4694 (0.4461)	
post × loan_m × compete			2.2204 (5.2200)
loan_m × compete			−13.5792 (9.5215)
post × loan_m	0.9424*** (0.0849)	1.1730*** (0.0700)	1.1487*** (0.0828)
控制变量	控制	控制	控制
城市固定效应	控制	控制	控制
时间固定效应	控制	控制	控制
常数项	33.2275*** (10.3850)	63.4930*** (3.0591)	62.0815*** (1.7934)
观测数	2440	2441	2441
R^2	0.995	0.995	0.995

注：①表头中 digital_fin 是因变量符号，由于因变量中文名称过长，在实证中通常以变量符号代替变量中文名称，且计量模型中以及表格中的自变量和控制变量均使用的是变量符号而非中文名称，故此处不用中文名词。其后表格不再赘述。

②***、**、* 分别表示在 1%、5% 和 10% 水平上显著；括号内数值为聚类到地级市层面的标准差。

③空白项说明该列中不含表内变量。其后表格不再赘述。

（二）科技环境

数字普惠金融是数字技术驱动的金融模式，具有突出的"科技属性"。

金融创新理论认为，技术进步能够通过降低金融交易成本推动金融创新的发展（Niehans，1983；Hannon et al.，1984）。大数据信息及相关分析技术不仅能够明显降低金融服务的信息成本和交易成本，而且能够通过对互联网平台的运用使金融服务突破地理位置和时间上的限制。尤其是智能手机的发展，使金融服务主体能够接触到前所未有的客户量，使金融服务功能能够随时运用到多样化的应用场景中，极大地拓展了金融可能性边界。移动支付更是成为我国最突出的数字金融业务（黄益平 等，2019）。基于此，本小节考察了地区的科技创新水平（invent）、互联网普及率（netuser）和移动支付水平（mobile）对于数字普惠金融政策效应的影响。

根据表 3.7 的实证结果，在列（1）中，交互项 post × loan_m × invent 的系数值为 1.3376，在 1% 的置信水平上显著为正，表明区域的科技创新水平越高，传统金融对数字普惠金融的支持力度越大，数字普惠金融政策的实施效果越好。同样的，在列（2）中，post × loan_m × netuser 系数值（系数值为 0.7696）在 1% 的置信水平上显著为正，意味着数字普惠金融政策在互联网普及率较高的地区实施效果更好，传统金融对数字普惠金融的支持作用也更强。在列（3）中，交互项 post × loan_m × mobile 在 10% 的水平上显著为正（系数值为 0.7804），说明在移动支付水平更高的地区，数字普惠金融政策依然取得了更好的实施效果，传统金融对数字普惠金融也发挥了更大的支持作用。上述结果表明，区域良好的科技环境能够正向影响数字普惠金融政策的实施效果，有助于更大程度地发挥传统金融对于数字普惠金融的支持作用。

表 3.7 科技环境对政策效应的影响

变量	(1) digital_fin	(2) digital_fin	(3) digital_fin
post × loan_m × invent	1.3376*** (0.1492)		
loan_m × invent	0.2241 (0.2908)		
post × loan_m × netuser		0.7696*** (0.2386)	

续表

变量	(1) digital_fin	(2) digital_fin	(3) digital_fin
loan_m × netuser		0.1775 (0.2275)	
post × loan_m × mobile			0.7804* (0.4223)
loan_m × mobile			0.0258 (0.3622)
post × loan_m	1.4312*** (0.0178)	1.4818*** (0.0181)	1.5118*** (0.0156)
控制变量	控制	控制	控制
城市固定效应	控制	控制	控制
时间固定效应	控制	控制	控制
常数项	189.1755*** (9.8960)	138.4918*** (7.0260)	149.0969*** (6.2975)
观测数	2483	2444	2486
R^2	0.995	0.995	0.995

注：***、**、*分别表示在1%、5%和10%水平上显著；括号内数值为聚类到地级市层面的标准差。

三、稳健性检验

在实证部分，本章中采用了"金融机构信贷余额与 GDP 的比值"这一指标来衡量当地传统金融的发展水平。在稳健性检验中，本章进一步采用"金融相关率"和"非国有经济部门信贷比例"两个指标从不同的角度测度我国传统金融的发展水平，通过替换解释变量的方式考察回归结果的稳健性。

表 3.8 展示了以交叉项 post × fin_m 为解释变量的回归结果，其中，fin_m 是各个地级市 2016 年之前（2011—2015 年）金融相关率变量的均值，该变量以"金融机构年末存贷款总额与 GDP 的比值"表示，交叉项 post × fin_m 体现了 2016 年政策出台前后金融相关率不同的地区政策环境和市场环境的变化情况。根据列（1）至列（4）中数字普惠金融及其维度的回归结果可知，交叉项 post × fin_m 对于数字普惠金融总指数及其覆盖广度（coverage）和使用深度（usage）两个维度均有显著的积极作用，这说明在金融相关率越高的地区，政策出台后，数字普惠金融得到了更快速的发展，

其中，数字普惠金融的覆盖广度拓展越快，使用深度渗透越深入，而数字普惠金融的数字化程度与金融相关率并没有显著关系。这与前文的实证结果是一致的。

表 3.8　使用金融相关率的交叉项

变量	(1) digital_fin	(2) coverage	(3) usage	(4) digitization
post × fin_m	1.0190*** (0.3698)	1.0243** (0.5086)	1.3130*** (0.5009)	0.4673 (1.4595)
post × lngdp	2.5250*** (0.6945)	0.5634 (1.3965)	−1.0576 (0.9257)	15.5147*** (3.7692)
post × fiscal	−13.9985 (12.2527)	−17.8956 (21.5355)	−23.1269 (14.5924)	15.4603 (46.2565)
post × strcture	0.0147 (0.0299)	0.0505 (0.0602)	−0.0288 (0.0412)	−0.0246 (0.1535)
post × open	2.8648** (1.3202)	2.3077 (1.8381)	4.9698*** (1.5128)	0.8785 (3.4059)
pos × tele	−3.16e−07 (1.51e−06)	5.56e−07 (2.12e−06)	7.02e−07 (2.13e−06)	−5.05e−06 (5.28e−06)
post × mobile	−0.4838 (0.7182)	0.2646 (1.0955)	2.1632** (0.8610)	−7.7645** (3.4809)
城市固定效应	控制	控制	控制	控制
时间固定效应	控制	控制	控制	控制
常数项	59.7594*** (0.5092)	65.9337*** (0.8355)	59.8207*** (0.7706)	39.2622*** (3.0024)
观测数	2475	2475	2475	2475
R^2	0.995	0.995	0.989	0.945

注：***、**、*分别表示在1%、5%和10%水平上显著；括号内数值为聚类到地级市层面的标准差。

在表 3.9 的稳健性检验结果中，本章使用了"非国有经济部门的信贷占 GDP 的比重"来衡量传统金融的发展水平。参考 Aziz 和 Duenwald（2002）、李青原等（2010）的研究方法，假设银行信贷发放给国有经济和非国有经济两个部门，信贷对产出的贡献率在两部门中相同，根据银行信贷和国有企业资产占比之间的关系可以估算出分配给两个部门的信贷比例。解释变量为"国有经济部门的资产占比"，考虑到数据的可获得性，以 2010—

2019 年地级市所在省份的"国有及控股工业企业资产占工业企业总资产的比例"作为城市层面的代理变量，以地级市相应年份的"银行信贷余额与 GDP 的比值"为被解释变量，同时控制城市固定效应，考虑到样本期内实施了多项"金融去杠杆"政策导致银行信贷水平出现波动，本章在模型中还进一步控制了时间固定效应。估算方程如公式（3.3）所示，公式中采用误差项一阶自回归调整序列相关问题。

$$\text{fin}_{it} = \alpha + \beta \text{soe}_{it} + \theta_i + \delta_t + \mu_{it}, \text{ 其中 } \mu_{it} = \rho \mu_{it-1} + \varphi_{it}, \ |p| < 1 \quad (3.3)$$

式（3.3）通过 βsoe_{it} 能够度量出分配到国有经济部门的信贷与 GDP 的比值，分配到非国有经济部门的信贷与 GDP 的比值为变量 ploan，由常数项、地区和时间虚拟变量以及误差项构成。

表 3.9 展示了以交叉项 post × ploan_m 为核心解释变量的模型回归结果，ploan_m 是各个地区 2016 年之前（2011—2015 年）非国有经济部门信贷比重的均值，交叉项表示了政策出台前后非国有经济部门信贷比重不同的地区政策环境和市场环境的变化情况。从表 3.9 中的结果可知，2016 年政策变化前后，非国有经济部门信贷比重不同的地区的数字普惠金融总指数及其三个维度的发展均呈现了显著差异性。与前文回归结果不同的是，非国有经济部门信贷比重更高的地区不仅数字普惠金融的覆盖广度和使用深度出现了更快速的发展，数字化程度也得到了更快速的提升。可能的原因在于，数字化程度的发展更加依赖于信息科技的发展，非国有经济部门信贷比重的提升对民营企业尤其是其中的金融科技企业的信息技术发展发挥了明显的金融支撑作用。该结果虽然与前文的实证结果有所差别，但同样支持了数字普惠金融依赖于传统金融而发展的结论。

表 3.9　使用非国有经济部门信贷比例的交叉项

变量	(1) digital_fin	(2) coverage	(3) usage	(4) digitization
post × ploan_m	3.5326*** (0.8226)	2.7072*** (1.0342)	1.9511* (1.1037)	9.1305*** (2.5471)
post × lngdp	1.8781*** (0.6955)	0.1599 (1.4308)	−1.5224* (0.9089)	13.7330*** (3.6983)
post × fiscal	−23.9060** (11.7971)	−21.1264 (20.0095)	−23.9551* (14.4449)	−32.9858 (40.1664)

续表

变量	(1) digital_fin	(2) coverage	(3) usage	(4) digitization
post × strcture	0.0035 (0.0290)	0.0459 (0.0585)	−0.0320 (0.0416)	−0.0721 (0.1472)
post × open	0.2382 (1.3084)	0.4161 (1.9735)	3.1221** (1.4993)	−5.5890* (3.0676)
post × tele	−0.0000 (0.0000)	0.0000 (0.0000)	0.0000 (0.0000)	−0.0000 (0.0000)
post × mobile	−0.4756 (0.6996)	0.3543 (1.1388)	2.2469*** (0.8636)	−8.1623** (3.5343)
城市固定效应	控制	控制	控制	控制
时间固定效应	控制	控制	控制	控制
观测度	2457	2457	2457	2457
R^2	0.995	0.995	0.989	0.946

注：***、**、* 分别表示在 1%、5% 和 10% 水平上显著；括号内数值为聚类到地级市层面的标准差。

第五节　本章小结

数字普惠金融和传统金融的关系是当前备受关注的热点问题，在学术领域，对于二者关系的探讨仍然以理论分析为主，实证研究有待丰富。2016 年以来，《通知》和《原则》的出台使数字普惠金融的发展被纳入国家级战略规划，政策和市场环境的变化为本章考察数字普惠金融与传统金融的关系提供了良好的契机。本书借鉴 Greenland 等（2019）、蒋敏等（2020）和李青原等（2022）的政策效应研究方法，利用 2016 年前后政策环境的变化，检验在不同的传统金融发展水平下，各地数字普惠金融发展水平的变化情况。根据实证结果，本章得出如下结论：

第一，随着 2016 年以来政策和市场环境的改善，原本正规信贷越发达的地区，数字普惠金融的发展也越快。根据"互补论"的观点，数字普惠金融依托于传统金融而发展，在传统金融供给越充分的地方，数字普惠金融发展越快。本章的结果证明了传统金融对数字普惠金融的支持作用，证明了"互补论"的观点，研究假设成立。

第二，从数字普惠金融的各个维度来看，传统金融越发达，数字普惠金融的覆盖广度拓展越快，使用程度渗透越深，但是数字化程度的发展与以正规信贷为代表的传统金融没有显著关系。这是由于数字普惠金融的覆盖广度和使用深度建立在用户具有银行账户和具备金融知识与金融素养的基础之上，因此这两个维度的发展依赖于传统金融的发展水平，但是数字普惠金融的数字化程度更加依赖于当地的金融科技发展水平及科技与金融的融合程度，与传统金融自身的关联较小。在稳健性检验中，本书发现非国有经济部门的信贷水平对数字普惠金融的数字化程度也有着明显的提升作用，这可能与非国有经济部门的信贷对金融科技企业等发挥金融支持作用有关。

第三，区域数字普惠金融政策的实施效果受到当地金融环境和科技环境的影响。在金融环境和科技环境良好的地区，数字普惠金融政策的实施效果也越好，传统金融对数字普惠金融发挥了更大的支持作用。

本章中的结论为"互补论"的观点提供了实证支持，同时为另外一个问题提供了部分佐证。《中国普惠金融创新报告（2020）》显示，银行类金融机构是未来发展数字普惠金融的主导性力量，那么基于金融科技公司底层交易数据所构建的数字普惠金融指数究竟是否能够代表各地区的数字普惠金融发展水平？北京大学数字金融研究中心课题组（2021）指出，数字普惠金融指数虽然不能完整地反映各地区数字普惠金融的发展图景，但当研究限定于发展趋势、地区差距等问题时，尚且具有一定的代表性。本章的研究结果证明，数字普惠金融和传统金融之间是协同发展的"互补关系"，因此，金融科技公司的数字普惠金融发展水平应当与金融机构的数字普惠金融发展水平具有共同的发展趋势，可以认为数字普惠金融指数能够在很大程度上反映当地的数字普惠金融水平。

第四章 数字普惠金融对FDI流入的影响

第一节 引 言

在第三章的研究基础上，本章将对本书的核心问题"数字普惠金融的发展对FDI流入会产生促进作用还是抑制作用"进行分析和验证。根据第二章中对相关文献的梳理可知，金融发展与FDI流入之间呈现不同的关系。导致结果迥异有以下两方面原因。一是由于研究主体和研究视角的不同。基于FDI区位选择的相关理论，从跨国公司区位选择的视角，东道国发达的金融体系有助于吸引跨国企业的进入；而根据金融发展理论，从东道国的视角，金融发展将降低东道国对FDI的需求，阻碍FDI的进入。二是由于不同的研究对金融发展的理解有所不同。金融发展包含金融规模扩大、金融结构优化和金融效率提升等多个维度（王志强 等，2003），根据白钦先和丁志杰（1998）、白钦先（2003）的观点，金融资产规模的增长属于"量性金融发展"，而金融效率的提高和金融结构的优化则属于"质性金融发展"，对金融发展采用不同的衡量标准也会导致研究结果出现差异。

数字普惠金融对FDI流入的作用同样受到了两方面因素的影响。一方面，根据第三章的研究结果可知，数字普惠金融是对传统金融的补充与发展，其本质仍是金融，因此数字普惠金融与FDI流入之间的关系并不能脱离金融发展对 FDI 的影响机理。另一方面，数字普惠金融具有"数字化"和"普惠性"等传统金融所不具备的特征，金融形态的创新与变革使其与 FDI 流入之间的关系也将产生变化。在我国银行主导的金融结构下，传统金融（尤其是银行信贷）的发展虽然扩大了金融规模，提高了金融对经济的深化程度，但是无法从根本上消除我国金融体系中长期存在的金融扭曲现象，我国的金融结构和金融效率也难以真正得到优化和提升。因此，传统金融对 FDI 流入的影响主要表现为金融规模的扩大对 FDI 流入的作用。数字普惠金融不仅能够缓解金融排斥和扩展金融发展的广度，而且能够冲击以银行为主导的金融机构，推动"金融脱媒"的发展，从而优化金融结构，有效提升金融市场的资源配置效率。同时，数字普惠金融发展所带来的经济效应，如创新创业发展、居民消费增长等因素同样是学术界认为的对 FDI 区位选择有着重要影响的因素。因此，数字普惠金融发展对 FDI 流入的影响是多方面的，与传统金融和 FDI 流入之间的关系存在区别。

为厘清数字普惠金融对 FDI 流入的影响，本章首先对二者之间可能存在的关系展开了理论分析，结合理论分析内容对数字普惠金融发展对 FDI 流入可能带来的影响提出研究假设，再通过实证研究检验二者之间的关系，得出最终结论。为考察数字普惠金融与传统金融对 FDI 流入的作用是否存在差异，本章中还进一步对以银行信贷为代表的传统金融与 FDI 流入之间的关系进行了实证检验。本章中还进行了区域异质性检验，探讨数字普惠金融对 FDI 流入的影响在我国东部、中部和西部地区之间是否存在异质性。

第二节　理论分析和研究假设

一、金融发展与 FDI 流入

东道国的金融发展水平被认为是影响 FDI 区位选择的重要因素。在以往的研究中，传统金融与 FDI 流入之间的关系存在着"正向关系"和"负向关系"两种对立结论。

"正向关系"的倡导者基于国际区位投资理论提出，东道国的金融发展水平是影响 FDI 区位选择的重要因素，跨国企业倾向于在金融体系发达的地区进行投资。东道国的金融发展不仅有助于跨国企业以较低的融资成本在东道国获取资金 (Desbordes et al., 2017; Munemo, 2017)，一国发达的金融体系还能够从以下方面吸引 FDI 的流入：第一，在发达的金融体系中，资本流动更加顺畅，有助于减少金融摩擦，降低流动性风险；第二，在发达的金融体系中，信息交流更加便捷，有助于减少噪音，降低信息不对称性，增强契约的执行能力；第三，发达的金融体系能够提升东道国的经济活力，为跨国企业提供更多的投资机会（Agbloyor et al., 2013; Otchere et al., 2016; 吕朝凤 等，2018）。东道国的金融发展不仅为外资企业提供了良好的金融支持，还能够通过提升金融效率，合理配置资源，降低外资企业的投资风险，对 FDI 流入形成正向激励（Wurgler, 2000; 冼国明 等，2016; Marconi et al., 2017）。这种由于东道国金融发展带来的 FDI 流入也被称为国内资本和 FDI 之间的"互补效应"。

"负向关系"观点的持有者基于金融发展理论提出，由于东道国金融体系中金融抑制和金融扭曲的存在，国内资金难以从储蓄转换为投资，"投资－储蓄"缺口的存在是东道国亟须通过各种引资手段引入 FDI 的根本原因。作为国际资本流动的基本形式之一，FDI 无须经过东道国的金融中介系统即可进入东道国境内，尤其在东道国金融体系扭曲和低效的情况下，FDI 的流入产生了对东道国滞后的金融体系的"替代效应"（Fernández–Arias et al., 2001; Galina et al., 2007; 冼国明 等，2016）。该观点受到我国诸多学者的认可。我国的金融体制的缺陷可以归结为金融体制的计划特征和国内金融市场不发达两个方面。上述缺陷一方面导致国有银行垄断全国金融体制，无法形成合理的间接融资市场；另一方面，在我国金融市场上，由于金融工具发展滞后，经济发展所需的融资安排也难以通过直接融资市场实现（胡立法，2013）。朱彤等（2010）、周申等（2011）及张亮和周申（2012）认为，在我国金融体系中，由于政治性主从次序、地区信贷配额制度和利率管制等金融扭曲形式的存在，大量金融资源流入国有经济部门，非国有经济部门难以从正规金融体系中获得资金，存在寻求国外投资的强烈动机，此时 FDI 能够替代本国扭曲的金融体系为非国有经济部门提供资金支持（Huang，2003；Guariglia et al.，2008）。由于 FDI 流入不仅缓解了非国有企业的融资约束，还能带来先进的技术、制度和管理经验，并为当地居民提供了丰富的就业机会，促进了当地经济的发展，因此吸引 FDI 也受到政府的大力支持（冼国明 等，2016）。因此，FDI 大量流入了那些金融市场更不发达的国家和地区（Hausmann et al.，2001；Nasser et al.，2009）。

为何会产生两种截然相反的结论？部分学者认为，这是由于金融发展与 FDI 流入之间的关系是"非线性"的，在金融发展水平的不同阶段，二者关系呈现不同的状态（Rioja et al.，2004；Nabamita et al.，2011；文淑惠 等，2020）。朱彤等（2010）、周申等（2011）及张亮和周申（2012）等人则认为，两种结论存在矛盾的原因在于，"互补论"是从 FDI 的供给方跨国公司的视角来研究分析跨国公司选择某一国家或地区进行投资的原因，而"替代论"是从 FDI 的需求方东道国的视角考察东道国对 FDI 存在特殊需求的原因，从不同的立场出发，得到了截然不同的结论。如果抛开所持立场客观而论，金融发展水平的提升对 FDI 流入的最终作用将是促进还是抑制？李运达和马草原（2010）、陈万灵和杨永聪（2013）及冼国明和冷艳丽（2016）认为，金融发展会对 FDI 的流入同时产生双重作用，金融发展一方面可以改善跨国公司在东道国的投资前景和盈利预期，对 FDI 流入形成促进作用，但与此同时，金融体系的完善和效率的提升不仅削弱了 FDI 对国内金融的替代作用，而且融资环境的改善鼓励了本土企业抓住机会抢占市场，削弱了外资企业的融资优势，引致了对 FDI 的抑制作用。

通过对文献的详细梳理，可以发现金融发展与 FDI 流入之间的关系存在对立结论另一重要原因在于，不同的研究对金融发展的理解颇有差别。金融发展存在着多层次的含义，不仅包括金融发展规模的扩大、金融机构数量的增长，还包含金融结构的优化、金融制度的完善和金融效率的提升等方面的内容（王志强 等，2003）。根据质性金融发展观，金融规模的扩大、金融工具和金融机构的增加等属于"量性金融发展"，而金融覆盖广度扩张、金融效率提升、金融结构优化等方面属于"质性金融发展"（白钦先 等，1998；白钦先，2003）。从量性和质性的不同层面衡量金融发展水平，可能会导致研究结论存在差异。尤其是在国内学者对我国金融发展与 FDI 流入关系的研究中，考虑到我国以银行信贷为主导的金融结构，以及直接融资市场难以在区域层面进行合理分割的现状，往往采用银行信贷规模等量性指标来衡量我国金融市场的发展水平，对金融效率、金融结构方面的质性发展缺乏关注，这可能导致研究结果产生偏差。

二、数字普惠金融与 FDI 流入

从第三章中的对数字金融和传统金融之间关系的分析结果可知，数字普惠金融是对传统金融的补充与延伸，是金融发展理论在数字技术应用背景下的深化，其本质仍然是金融，而非对传统金融的"颠覆"（滕磊 等，2020）。因此可以沿用前人关于金融发展与 FDI 内在关系的研究，在已有成果的基础上对数字普惠金融与 FDI 流入的关系展开分析。

在金融科技赋能下，数字普惠金融能够实现金融在深度、宽度和广度上的协同发展。现有研究认为，金融发展可以区分为金融深化和金融宽化两类不同的模式（邵宜航 等，2015），金融深化主要是指金融资产数量的增加（Shaw，1973），金融宽化主要是指金融服务获得渠道的完善（Beck et al.，2007）。胡宗义等（2013）在"金融深度"和"金融宽度"的基础上又引入了"金融广度"的概念，用以衡量金融服务对象的范围尺度。金融广度概念契合了普惠金融的发展要求，拓展金融广度已经成了金融发展的重要方面。

从 FDI 的供给方视角，作为金融发展的创新形态，数字金融能够对 FDI 产生传统金融所不具备的影响。金融深化和宽化能够带来促进资本流动、减少信息不对称、降低跨国企业的融资成本并刺激投资需求等优势，在降低跨国公司的交易成本和投资风险的同时，还能为之提供更多的投资机会，是影响 FDI 区位选择的重要影响因素。数字普惠金融不仅拓展了金融发展的宽度和广度，而且带来了新兴的金融模式，能够对 FDI 产生传统金融所不具备的影响。从金融宽度上，互联网、移动支付、人工智能等技术的发展使金融服务突破了时间和空间的限制，使民众能够通过各种电子化渠道享受金融产品和服务；数字普惠金融的发展还推动了对金融中介的"金融脱媒"，带来了金融工具和金融产品的多样化，极大地提升了金融服务的可得性（吴晓求，2015；谢平 等，2015）。从金融广度上，数字金融能够通过惠及"长尾群体"使被正规金融所排斥的群体参与金融体系，极大地拓展了金融的服务范围（张勋 等，2019；Luo et al.，2022）。因此，数字普惠金融在金融宽度和广度上的发展对优化金融结构、提升金融效率和实现金融公平有着重要作用，有利于发挥出发达的金融市场对 FDI 流入的吸引作用。同时，数字金融模式对传统金融的颠覆式创新必将带来产品创新、服务创新和商业模式创新，为外资企业提供更加丰富的投资机会和更高的盈利预期（谢平 等，2012；Gomber et al.，2018）。

但从 FDI 的需求方视角，金融抑制导致的"投资－储蓄"缺口是我国引进 FDI 的重要原因。数字普惠金融的发展能够通过降低"投资－储蓄"缺口抑制 FDI 流入。首先，数字普惠金融可以通过互联网平台对居民的零散闲置资金进行汇集并使之用于满足小额的资金需求，尽可能地提高我国的"储蓄－投资"转换率。其次，数字普惠金融的发展能够减轻我国金融体系对非国有经济部门的金融排斥，降低非国有经济部门的融资约束，缓解金融扭曲（谢绚丽 等，2018；钱海章 等，2020）。此外，数字普惠金融能够引导资金进入效率更高的行业或部门，提升我国金融市场的资源配置效率，提高对金融资源的利用率（Marconi et al.，2017；Luo et al.，2022）。因此，数字普惠金融的发展能够降低东道国经济建设中对外国资本的资金需求，阻碍 FDI 进入。

根据上述分析，数字普惠金融的发展对 FDI 流入存在着促进和抑制两种可能的效应。综合来说，虽然数字普惠金融的发展能够缓解金融抑制，一定程度上降低我国经济建设尤其是非国有经济部门对 FDI 的资金需求，但就目前而言，数字普惠金融的发展仍处于起步阶段，规模相对较小，对我国规模庞大的 FDI 所产生的"替代效应"也相对有限。不过，数字普惠金融在金融科技的赋能下对传统金融所产生的冲击和渗透及对实体经济发展所产生的提振和革新作用却是显而易见的。因此，本书认为，在当前发展阶段，相较于数字普惠金融对 FDI 的"替代效应"，数字普惠金融与

FDI 流入之间的"互补效应"更加突出，数字普惠金融发展对 FDI 流入产生的净效应应该是正向的。据此，本书提出假设如下：

H1：数字普惠金融的发展促进了 FDI 的流入。

第三节　研究设计

一、样本选择和数据来源

本章节中被解释变量和控制变量的数据主要来源于《中国城市统计年鉴》、《中国统计年鉴》和司尔亚司数据信息有限公司（CEIC）的中国经济数据库，数字普惠金融指数来自北京大学数字金融研究中心。为保障城市之间的可比性，本书对直辖市作了删除处理，去除样本缺失值后，共包含 279 个地级市（包括后来被合并到其他城市和新成立的地级市）。《中国城市统计年鉴》中包含"全市"和"市区"两部分口径的统计数据，本章主要选用的是"全市"数据统计口径，在进行部分指标计算时（如"城镇化率"指标），根据需要选用了"市区"口径的统计数据。鉴于解释变量数字普惠金融指数始于 2011 年，本章节中的样本选取时间为 2011—2019 年。

二、模型构建和变量选取

（一）模型构建

为实证检验数字普惠金融与 FDI 之间的关系，本书构建计量模型如下：

$$\ln \mathrm{fdi}_{it} = \alpha_0 + \alpha_1 \mathrm{digital\_fin}_{it-1} + \beta X_{it-1} + \gamma_i + \gamma_t + \mu_{it} \qquad (4.1)$$

式（4.1）中，i 为城市；t 为年份；γ_i 为城市固定效应，表示城市层面不随时间变化的影响因素；γ_t 为时间固定效应，代表随时间变化的宏观要素的变动；μ_{it} 为模型误差项；lnfdi 为 FDI 流入水平；digital_fin 为城市数字普惠金融发展水平；X 为一系列控制变量。

由于 FDI 属于来自境外的资金流入，FDI 的进入显然会影响国内金融市场的资金供求，这主要体现在两方面：一方面，跨国企业母国无法为跨国子公司提供全部所需的资金，因此跨国企业需要在东道国进行资金融通，这也是跨国企业需要关注东道国金融发展水平的原因之一；另一方面，跨国企业在东道国的 FDI 投资也为当地的投资项目增加了资金供给，从而降低了地方的资金需求。同时，FDI 带来了国外先进的金融制度和模式，刺激了金融创新，促进了东道国的金融发展。因此，FDI 流入和数字普惠金融发展之间存在着反向因果关系。为尽可能地降低反向因果带来的内生性问题，本章中对解释变量和控制变量进行滞后一期取值处理。在稳健性检验中，本章中使用了工具变量法对式（4.1）进行估算，以进一步降低内生性问题带来的影响。

（二）变量选取

1. 被解释变量

式（4.1）中的被解释变量（lnfdi）为 FDI 流入水平。在《中国城市统计年鉴》中，FDI 流入包括合同利用外资额和实际利用外资额两个指标，一般认为，合同利用外资额存在不能落实到位的风险，因此本书采用的是实际利用外资额。在指标的具体计算上，主要有直接对实际利用外资额取对数、对考虑人口规模的人均实际利用外资额取对数和考虑经济规模的实际利用外资额与 GDP 的比值三种度量方式（吕朝凤 等，2018；吕朝凤 等，2020；文淑惠 等，2020）。本书选用的是实际利用外资额的人均指标，采用地级市人均实际利用外资额的对数值来衡量 FDI 的流入情况，由于该数据以当年美元价格计算，本书先依据当年美元兑人民币的年平均汇率换算为人民币，再进一步利用消费者价格指数（CPI）消除通货膨胀因素。在稳健性检验中，本书将被解释变量替换为"FDI 实际利用额与 GDP 的比值"对回归结果进行验证。

2. 解释变量

解释变量为数字金融的发展水平（digital_fin），与第三章中一致，以北京大学数字金融研究中心的数字普惠金融指数表示，包含覆盖广度（coverage）、使用深度（usage）和数字化程度（digitization）三个维度。本书还进一步考察了支付业务（payment）、保险业务（insurance）、货币基金业务（mfund）、投资业务（investment）、信贷业务（credit）及征信业务（cinvest）等数字金融业务的使用深度对 FDI 流入的影响。

3. 控制变量

X 为控制变量，参考吕朝凤和毛霞（2020）等人的研究并结合本书的研究实际，选取控制变量如下：（1）资本密度（finten），地区的资本密度会影响当地的资本需求，进而影响到 FDI 的流入情况，该变量以城市资本存量与 GDP 的比值表示。资本存量以 2000 年为基期，运用永续盘存法根据各地级市的固定资产总额计算得出。参考王雨飞和倪鹏飞（2016）的研究，固定资产折旧率设定为 10.96%。（2）基础设施水平（facility），基础设施影响着城市对外资企业的吸引力，参考吕朝凤和毛霞（2020）的衡量方法，以城市每百人拥有的医院、卫生院床位数表示。（3）工资水平（wage），劳动力成本是影响跨国企业区位选择的重要因素，用城市平均工资与当年所有城市平均工资的比值来表示。（4）货运水平（freight），反映了当地的货物运输水平，用城市货运总量与当年所有城市合计的货运总量的比值表示。（5）政府干预程度（fiscal），当地的政府干预情况会影响 FDI 流入，用预算内财政支出占城市生产总值的比值来表示。（6）产业结构（structure），一国的产业结构反映了该国的经济效率、比较优势和服务水平，对 FDI 区位选择有着决定性的影响，本书以第三产业占 GDP 的比值来表示。（7）城镇化水平（urbanization），一般认为，高城镇化率意味着更高的城镇消费需求量，有助于吸引外资企业进入，该变量以《中国城市统计年鉴》中市辖区人口占全市人口的比值来计算。（8）对外开放水平（open），区域的开放水平反映了城市与国际市场的联系程度及对外资企业的接纳程度，由于地级市层面进出口数据存在缺失，以城市所在省份的进出口总额与本省生产总值的比值作为代理变量。

三、描述性统计和相关系数检验

（一）描述性统计

表 4.1 为对本章中各个变量的描述性统计结果。从表 4.1 中可以看出，数字普惠金融总指数变量 digital_fin 的最小值为 17.02，最大值为

321.6457，均值为 165.2668，标准差为 65.3167，表明不同样本之间存在着较大差距。从数字普惠金融的各个维度看，样本间差异由大到小依次是数字化水平 digitization（标准差为 81.9537，均值为 201.5243，最小值为 2.70，最大值为 581.23）、使用深度 usage（标准差为 67.8348，均值为 163.0097，最小值为 4.29，最大值为 331.9577）和覆盖广度 coverage（标准差为 63.2801，均值为 155.5299，最小值为 1.88，最大值为 310.9118）。各城市间人均 FDI 实际利用额的对数值均值为 5.6356，标准差为 1.6961，最小值为 −2.1178，最大值为 9.4461，说明各个样本之间外资的实际利用情况尚且存在一定的差异，但是总体利用水平较高。从控制变量的情况看，各样本之间的货运水平 freight（标准差为 0.0927，均值为 0.0267）、对外开放程度 open（标准差为 0.2368，均值为 0.2347）、资本密度 finten（标准差为 3.5480，均值为 3.9621）和政府干预程度 fiscal（标准差为 0.0916，均值为 0.1089）等方面均存在着较大的差异。

表 4.1　各变量的描述性统计

变量	观测值个数	均值	标准差	最小值	最大值
digital_fin	2499	165.2668	65.3167	17.0200	321.6457
coverage	2499	155.5299	63.2801	1.8800	310.9118
usage	2499	163.0097	67.8348	4.2900	331.9577
digitization	2499	201.5243	81.9537	2.7000	581.2300
lnfdi	2342	5.6356	1.6961	−2.1178	9.4461
finten	2495	3.9621	3.5480	0.4342	42.5588
facility	2489	0.4583	0.1839	0.0098	2.0228
wage	2483	1.0310	0.2525	0.0955	9.2591
freight	2485	0.0267	0.0927	0	1
fiscal	2491	0.1089	0.0916	0.0092	1.2659
structure	2496	51.6368	12.7056	15.3900	94.8200
urbanization	2494	0.3579	0.2317	0	1
open	2497	0.2347	0.2368	0.0127	1.1089

（二）相关系数检验

表 4.2 中的结果是对各个变量的皮尔逊（pearson）相关系数检验。可以看出，被解释变量 FDI 流入水平（lnfdi）与解释变量数字普惠金融发展水平（digital_fin）及全部控制变量均有着显著的相关关系。digital_fin 与 lnfdi 呈现显著的正相关关系，表明区域的数字普惠金融发展水平越高，该地区对 FDI 的人均利用额越大，数字普惠金融发展对 FDI 流入可能存在着促进作用。在控制变量中，基础设施水平（facility）的发展、工资水平（wage）的提高、货运水平（freight）的增加、城镇化水平（urbanization）和对外开放程度（open）的上升可能在一定程度上刺激 FDI 的流入，资本密度（finten）的上升、政府干预程度（fiscal）的增加、产业结构（structure）的优化则对 FDI 流入可能存在抑制作用。工资水平与 FDI 的流入呈正向相关，可能的原因在于虽然工资水平影响着企业的用人成本，但工资水平的高低反映了人才素质的好坏，与工资水平相匹配的人才素质的提高能够吸引 FDI 的流入。资本密度、财政干预程度和产业结构水平与 FDI 流入呈负向相关，表明跨国企业可能更倾向于在资本密度更低、市场化程度更高和服务业发展水平较低的地区进行投资。

从解释变量 digital_fin 与其他各变量的相关性来看，除 freight 和 open 之外，digital_fin 与其他的控制变量均显著相关，其中，财政干预程度相关系数较高，为 0.4023，这可能和近年来地方政府大力支持数字普惠金融的发展有关，但该系数绝对值在 0.6 以下，且在不考虑固定效应的情况下，基本模型 VIF 的均值为 1.35，可见各变量间不存在严重的多重共线性。

表 4.2 皮尔逊相关系数检验

	lnfdi	digital_fin	finten	facility	wage	freight	fiscal	structure	urbanization	open
lnfdi	1									
digital_fin	0.1066***	1								
finten	-0.0638**	0.2563***	1							
facility	0.3377***	0.2959***	-0.1121***	1						
wage	0.2847***	0.0899***	-0.0944***	0.2760***	1					
freight	0.0430*	0.0258	-0.0026	0.0616**	0.0220	1				
fiscal	-0.1613***	0.4023***	-0.007	0.0774***	-0.0548**	0.0646**	1			
structure	-0.3557***	-0.0741***	0.150***	-0.1603***	-0.0571**	0.0033	0.0992***	1		
urbanization	0.3210***	0.1962***	-0.125***	0.5504***	0.2845***	0.0908***	0.1679***	-0.2080***	1	
open	0.2120***	0.0253	-0.197***	-0.0217	0.1970***	0.0441*	-0.0982***	-0.2773***	0.1583***	1

注：***、**、* 分别表示结果在1%、5%和10%的水平上显著。

第四节　实证检验和结果分析

一、实证结果与分析

（一）数字普惠金融对 FDI 流入的实证结果

表 4.3 展示了以外商直接投资为被解释变量、以数字普惠金融指数及其维度为解释变量所得到的估计结果。列（1）展示了各个地级市数字普惠金融水平（digital_ fin）对 FDI 流入水平（lnfdi）影响的回归结果。从列（1）可以看出，数字普惠金融水平（digital_ fin）的系数值为 0.0183，并在 1% 的置信水平上显著为正，这意味着各地数字普惠金融的发展显著刺激了当地 FDI 的流入，促进了人均 FDI 利用水平的上升。这与理论分析中认为数字普惠金融发展能够增加金融市场和实体经济对 FDI 的投资吸引力的结论是一致的，假设 H1 得到验证。

列（2）至列（4），进一步分析了数字普惠金融的覆盖广度（coverage）、使用深度（usage）和数字化程度（digitalization）三个维度对 FDI 流入的影响。从各个维度的实证结果来看，在列（2）中，覆盖广度的系数值为 0.0250，并且在 1% 的置信水平上显著为正；而在列（3）和列（4）中，使用深度和数字化程度的系数值分别为 0.0018 和 0.0014，虽然均为正，但是并不显著。该结果表明，数字普惠金融的使用深度和数字化程度对 FDI 流入并未产生显著的影响，数字普惠金融对 FDI 流入的促进作用主要体现在覆盖广度的扩张上。

数字普惠金融的覆盖广度是指数字金融的指标覆盖率，包括金融科技机构的账户数量、账户对银行卡的绑定情况及所绑定的银行卡的数量，该指标在数字普惠金融指数中所占的权重为 54%，是数字普惠金融指数权重占比最大的维度，也是最能体现出数字金融的"普惠"特征的维度；而使用深度和数字化水平则权重较小，分别为 29.7% 和 16.3%。表 4.3 的结果说明，数字普惠金融的发展之所以能够促进 FDI 流入，主要是由于数字金融的发展提升了金融的覆盖率，增加了居民的金融可得性，因此使更多居民参与金融体系。数字金融覆盖率的上升为居民获取更多的金融产品和服务奠定了基础。

表4.3 数字普惠金融及其维度对 FDI 的影响

变量	(1) lnfdi	(2) lnfdi	(3) lnfdi	(4) lnfdi
L.digital_fin	0.0183*** (0.0048)			
L.coverage		0.0250*** (0.0068)		
L.usage			0.0018 (0.0033)	
L.digitization				0.0014 (0.0013)
L.finten	0.0172 (0.0112)	0.0156 (0.0112)	0.0185 (0.0113)	0.0186* (0.0112)
L.facility	−0.3454** (0.1716)	−0.3068* (0.1712)	−0.3621** (0.1751)	−0.3701** (0.1766)
L.wage	0.0526 (0.1195)	0.0358 (0.1054)	0.0480 (0.1201)	0.0528 (0.1201)
L.freight	3.0637*** (1.1229)	2.8547** (1.1283)	3.0250*** (1.0886)	3.0353*** (1.0581)
L.fiscal	−0.1648 (0.6455)	−0.3945 (0.6976)	−0.4433 (0.7047)	−0.3999 (0.6978)
L.structure	−0.0174*** (0.0052)	−0.0145*** (0.0053)	−0.0183*** (0.0053)	−0.0184*** (0.0052)
L.urbanization	0.2080 (0.1792)	0.1912 (0.1830)	0.2857 (0.1865)	0.2888 (0.1874)
L.open	1.6406*** (0.4629)	1.7075*** (0.4488)	1.4943*** (0.4750)	1.4540*** (0.4686)
城市固定效应	控制	控制	控制	控制
时间固定效应	控制	控制	控制	控制
常数项	6.1347*** (0.5200)	5.4016*** (0.6483)	7.2250*** (0.4460)	7.2698*** (0.4116)
观测数	2030	2030	2030	2030
R^2	0.803	0.804	0.801	0.801

注：***、**、* 分别表示在1%、5% 和10% 水平上显著；括号内数值为聚类到地级市层面的标准差。

　　虽然数字普惠金融的使用深度这一维度对 FDI 流入总体未产生显著影响，但是数字金融不同类型业务的发展依然可能对 FDI 流入产生不同的影响，因此本章中进一步考察了各地用户在支付业务（payment）、保险业务（insurance）、货币基金业务（mfund）、投资业务（investment）、信贷业务（credit）及征信业务（cinvest）上的使用深度对 FDI 流入的作用。实证结果表明，尽管使用深度整体上对 FDI 流入的作用有限，但是居民在数字支付业务、数字信贷业务和数字征信业务上的深入使用会显著影响 FDI 的流入。表 4.4 中的实证结果表明，数字支付业务和数字征信业务对城市人均 FDI 的提升有着显著的正向影响，数字信贷业务对 FDI 流入有着显著的负向影响，数字保险业务、货币基金业务对 FDI 流入的作用并不显著。

　　根据表 4.4 中各项数字金融业务的使用深度对 FDI 流入的估计结果及结合表 4.3 中覆盖广度对 FDI 流入的正向作用可以推断，数字金融发展带来的金融账户覆盖率的增加和征信体系的完善极大地简化了各类金融交易的发生过程，促进了金融交易的便利，并且降低了金融交易成本和交易双方的信息不对称程度，这对 FDI 的流入至少有着以下方面的作用。第一，有助于降低外资企业在我国的金融交易成本，减少金融摩擦，进一步完善我国的金融体系，增加我国金融板块对外资的吸引力。第二，数字金融账户给居民支付带来的实惠和便利增加了居民的交易规模，进一步刺激了我国潜在的市场需求。我国庞大的消费市场一直是跨国企业较青睐的目标之一，市场需求的增加无疑会吸引 FDI 进一步流入，尤其是市场寻求型 FDI。第三，数字金融业务利用大数据技术和人工智能算法，依托于大数据征信体系，通过完善社会征信体系在一定程度上降低了资金供给部门对"长尾群体"的信息不对称程度，增加了金融服务的可及性，同时社会征信体系的完善不仅有利于提高契约的执行度，而且有利于外资企业进行信用风险控制，降低了外资企业的投资风险。

　　由表 4.4 中列（5）的结果可知，数字信贷业务的发展对 FDI 流入产生了显著的负向影响。前文理论的分析认为，对非国有经济部门信贷投入的增加将缓解民营企业的融资约束，降低非国有经济部门对外资的需求。根据表 4.4 的实证结果推测，由于金融科技机构的信贷业务主要服务对象为中小微企业和个人消费者，因此数字信贷业务的发展确实能够通过降低对民营企业和弱势群体的金融排斥缓解金融扭曲，并对 FDI 流入产生抑制作用。

表 4.4　使用深度各维度对 FDI 的影响

变量	(1) lnfdi	(2) lnfdi	(3) lnfdi	(4) lnfdi	(5) lnfdi	(6) lnfdi
L.payment	0.0125*** (0.0028)					
L.insurance		0.0016 (0.0010)				
L.mfund			0.0060 (0.0046)			
L.investment				0.0049 (0.0052)		
L.credit					−0.0124*** (0.0040)	
L.cinvest						0.0039** (0.0017)
控制变量	是	是	是	是	是	是
城市固定效应	是	是	是	是	是	是
时间固定效应	是	是	是	是	是	是
常数项	6.3671*** (0.4153)	7.2342*** (0.3964)	6.4199*** (0.8237)	5.8721*** (0.9965)	7.9425*** (0.4593)	5.9032*** (1.0595)
观测数	2030	2030	1508	1248	2029	990
R^2	0.806	0.801	0.812	0.828	0.803	0.847

注：***、**、* 分别表示在 1%、5% 和 10% 水平上显著；括号内数值为聚类到地级市层面的标准差。

（二）传统金融对 FDI 流入的实证结果

为厘清数字普惠金融与 FDI 流入之间的作用关系，本章进一步对样本期间内我国各地级市传统金融发展水平与 FDI 流入之间的作用关系进行了实证研究，表 4.5 展示了实证结果。考虑到我国以银行信贷为主导的金融结构，以及我国股票和债券市场难以在区域层面进行合理分割的现状（李青原 等，2013），本研究舍弃了股票和债券市场指标，选取了信贷规模（loan）、信贷转化率（loan_eff）和非国有经济部门信贷（ploan）等信贷指标，从不同方面衡量了我国各地区传统金融的发展水平。与第三章的测量方法一致,loan 以"金融机构贷款余额与 GDP 比值"表示,ploan 以"非国有经济部门信贷与 GDP 的比值"来表示;参考蒋冠宏和张馨月(2016)的研究,loan_eff 以"金融机构贷款余额占存款余额的比值"来表示。

从表 4.5 的回归结果可知,列(1)中信贷规模指标 loan 的系数值为 −0.5333,在 5% 的置信水平上显著为负,列(2)中信贷转化率指标 loan_eff 的系数值为 −0.2036,在 10% 的置信水平上显著;列(3)中非国有经济部门信贷指标 ploan 的系数值为 −0.5079,在 5% 的置信水平上显著。回归结果表明,无论是信贷规模、信贷转化率还是非国有部门信贷水平的发展,均显著抑制了区域内 FDI 的流入,该结果与"负向关系"观点持有者的结论是一致的,在一定程度上证明,我国传统金融的发展增加了金融市场对经济发展的金融供给,降低了对 FDI 的资金需求(尤其是非国有经济部门对外资的需求),从而抑制了 FDI 流入。该结论与表 4.4 中数字信贷业务的发展对 FDI 流入产生负向影响的结果也是一致的,进一步证实了金融发展对 FDI 流入的抑制作用是存在的。

表 4.5　传统金融对 FDI 的影响

变量	(1) lnfdi	(2) lnfdi	(3) lnfdi
L.loan	−0.5333** (0.2066)		
L.loan_eff		−0.2036* (0.1077)	
L.ploan			−0.5079** (0.2026)
控制变量	控制	控制	控制
城市固定效应	控制	控制	控制
时间固定效应	控制	控制	控制
常数项	7.9532*** (0.4800)	7.4690*** (0.4131)	7.5867*** (0.4273)
观测数	2028	2028	1974
R^2	0.804	0.801	0.806

注:***、**、* 分别表示在 1%、5% 和 10% 水平上显著;括号内数值为聚类到地级市层面的标准差。

（三）数字普惠金融和传统金融对 FDI 流入的差异分析

为何数字普惠金融与传统金融对 FDI 流入呈现相反的作用呢？这可能与我国数字普惠金融和传统金融所体现的金融发展方向及二者所处的金融发展阶段有关。

第一，传统金融主要推动了金融的"量性"发展，难以发挥出金融发展对 FDI 的吸引作用。金融发展不仅包括金融规模的扩大，而且包括金融结构优化和金融效率提升等方面（王志强 等，2003）。质性金融发展观认为，金融规模的扩大、金融工具和金融机构的增加等方面属于"量性金融发展"，金融效率的提高和金融覆盖范围的扩大等方面才属于"质性金融发展"（白钦先 等，1998；白钦先，2003）。传统信贷的发展很大程度上扩大了信贷规模，增加了金融机构数量，从而提高了金融对经济发展的渗透程度，但未必能改善金融结构和提高金融效率。在我国以银行为主导的传统金融结构中，尽管各地的经济发展水平存在着较大差异，但银行信贷受到政府部门的统一管理，在政府干预下存在着地区信贷配给、利率管制、所有权歧视等金融扭曲的现象（刘文革 等，2014；Littlefield，2014；Duanmu，2015）。在此背景下，银行信贷规模的扩张不但难以缓解金融扭曲，反而可能产生加剧作用（李青原 等，2010）。例如，在人民银行的利率管制下，贷款基准利率被人为压低，信贷资金价格存在着严重的负向扭曲（Brandt，2013；罗知 等，2018），此时，随着信贷规模的扩大，资本价格被扭曲的范围也越广。从区域差异上看，存在较高的边际资本产出的地区（如东部地区），信贷资金价格被扭曲的程度也越高。与此同时，尽管我国的民营企业对经济发展作出了巨大贡献，但是在传统的金融体制下，这部分民营经济却难以获得与之相匹配的信贷支持（Song et al.，2011；杨伟中 等，2020），导致出现民营经济贡献度越高的地区正规金融渗透水平反而越低的现象。虽然在信贷规模的扩张下，金融供给增加，非国有经济部门能够通过相应途径（如影子银行体系）获取资金（Allen et al.，2019；蒋敏 等，2020），降低对外资的资金需求，但并未改变金融扭曲的本质。对非国有经济部门的信贷比重的提升虽然能够在一定程度上缓解金融排斥，但是在传统授信模式下，银行信贷一般流入拥有重资产的大型企业，具有成长性和创新性的中小型企业及轻资产企业依然难以获取正规的信贷支持（杜思正 等，2016；徐忠，2018；习明明 等，2019）。简而言之，传统信贷的发展难以带来金融结构的改善及金融效率的实际提升，即传统金融带来的是金融的"量性"发展而非"质性"发展，难以发挥出东道国良好的金融体制对 FDI 的吸引作用。

第二，数字普惠金融能够推动金融的"质性"发展，能发挥出传统金融所不具备的效应。一方面，数字普惠金融的发展依托于数字技术和互联网平台，能够降低企业融资对银行等金融中介的依赖性，加速"金融脱媒"，促进直接融资市场的发展（谢平 等 2015；吴晓求，2015）。因此，金融科技的发展对拓展多样化的投融资渠道、优化金融结构、提高金融效率有着显著作用，能够发挥出高效的金融体系对 FDI 的吸引力。另一方面，数字普惠金融利用互联网平台和大数据风控技术能够惠及"长尾群体"，使金融资源能够配置到具有更高成长性和发展潜力的中小民营企业和具有更大资金需求的弱势群体，能够从促进经济包容性增长的角度吸引 FDI 流入（Ozili，2018；张勋，2019）。

第三，我国的数字普惠金融尚处于发展初期，对 FDI 的"替代效应"尚不明显。当前，我国以银行传统信贷为主体的金融结构并未得到改变，数字普惠金融发展尚处于起步阶段，从发展规模上来看，还难以发挥出对外资的资金替代作用，但是金融科技发展对金融系统带来的改善作用已经凸显（孟娜娜 等，2020；封思贤 等，2021；Luo et al.，2022）。因此，在当前发展阶段，相较于"替代效应"，数字普惠金融对 FDI 流入的"互补效应"更加明显。

二、区域异质性分析

FDI 在我国各省市的分布呈现极大的不平衡性。《中国外商投资报告2019》指出，中国吸引的外商直接投资主要集中在东部地区。2018 年，东部地区实际使用外资金额为 1153.7 亿美元，占全国比重的 85.5%，中部地区和西部地区占比相同，均为 7.3%。东部地区由于经济发达、基础设施完善且劳动力水平较高，一直是吸引外资最为丰富的地区；中部地区在资源、能源、制造业、劳动力等方面具有比较优势，是东部和国际制造业转移的重要承接地，近年来利用外资的金额有所增长；西部地区虽然在经济上发展比较落后，但在西部大开发战略的引领和各项政策的推动下，西部地区利用外资金额的增长速度已经超越了东部和中部地区。

数字普惠金融的发展也存在着一定的区域异质性。向洁等（2021）研究发现，数字普惠金融发展水平呈现由东向西依次递减的趋势，但是从增长速度上，西部最高、中部次之、东部最低。因此，中国各地区的数字普惠金融的发展也存在着非常明显的收敛趋势（郭峰 等，2020）。数字普惠金融的区域发展及趋势变化对不同地区 FDI 的流入是否也会存在不同影响呢？本书认为，有必要对不同区域中数字普惠金融与 FDI 流入的关系进行更进一步的说明。

本研究参照《中国外商投资报告 2019》中中华人民共和国商务部对国内区域的划分标准，根据地级市所处的省份将样本划分为东部地区、中部地区和西部地区进行分样本回归。其中，东部地区包括北京市、天津市、河北省、辽宁省、上海市、江苏省、浙江省、福建省、山东省、广东省、海南省等 11 个省市；中部地区包括山西省、吉林省、黑龙江省、安徽省、江西省、河南省、湖北省、湖南省等 8 个省，西部地区包括内蒙古自治区、广西壮族自治区、四川省、重庆市、贵州省、云南省、陕西省、甘肃省、青海省、宁夏回族自治区、新疆维吾尔自治区、西藏自治区等 12 个省区市。[①]与前文一致，为保障样本的可比性，对直辖市作了删除处理。

在表 4.6 中，列（1）至列（3）分别展示了东部、中部和西部地区数字普惠金融发展对 FDI 流入作用的回归结果。从列（1）结果可以看出，在东部地区，控制住其他因素后，digital_ fin 的系数估计值为 0.0138，该结果在 10% 的水平上通过了显著性检验。列（2）中，在中部地区，digital_ fin 的系数值为 0.0276，该值在 1% 的置信水平上显著为正。列（3）为西部地区的回归结果，digital_ fin 变量的系数值为 0.0084，但是该结果并不显著。从表 4.6 的结果可以看出，数字普惠金融发展对 FDI 流入的积极作用主要集

---

① 资料来源：中华人民共和国商务部《中国外商投资报告 2019》。

中在东部和中部地区，并没有对西部地区的 FDI 流入产生显著影响。

表 4.6　数字普惠金融对 FDI 影响的区域异质性检验

变量	（1）东部地区 lnfdi	（2）中部地区 lnfdi	（3）西部地区 lnfdi
digital_fin	0.0138* (0.0077)	0.0276*** (0.0096)	0.0084 (0.0096)
控制变量	是	是	是
城市固定效应	是	是	是
时间固定效应	是	是	是
常数项	5.6757*** (0.7286)	5.0156*** (0.9123)	7.9107*** (1.8132)
观测数	775	739	523
R^2	0.808	0.758	0.709

注：***、**、* 分别表示在 1%、5% 和 10% 水平上显著；括号内数值为聚类到地级市层面的标准差。

　　从前文的分析可知，东部地区拥有经济、交通、基础设施、人才等方面的优势，是一直以来跨国企业在我国投资的首要选择区域。在已有优势的基础上，数字普惠金融的发展一方面为跨国企业的直接投资提供了金融便利，降低了跨国企业的金融摩擦和交易成本；另一方面，数字普惠金融对尾部群体的惠及缓解了中小微企业、低收入群体等弱势群体的融资约束，进一步激发了东部地区潜在的市场需求。因此，数字普惠金融的发展不仅能够凸显出东部地区原有的对外来投资的优势，而且能够进一步激发新的需求和机遇，从而更加吸引 FDI 的流入。同理，中部地区也有着能源、土地、劳动力等方面的优势，并且近年来，在中部崛起战略的推动下，中部地区已经成为东部和国际制造业转移的重要承接地，对外资的吸引力逐渐增大。在此背景下，数字普惠金融的发展无疑能够为中部地区 FDI 的流入提供相应的金融支持。特别地，相较于东部地区，中部地区正规金融的发展水平相对较低，数字普惠金融的发展能够在一定程度上弥补正规金融的不足，不仅能够缓解跨国企业在中部的金融摩擦和资金约束，而且能够促进金融创新，进而促进区域创新和刺激当地市场需求的扩张，从而加速了 FDI 的流入。同时，由于中部地区有着更大的金融发展潜力，数字普惠金融的发展速度也高于东部，因此，在中部地区数字普惠金融对 FDI 流入的作用也更加显著。虽然西部地区数字普惠金融的发展速度是最快的，但是在西部地区数字普惠金融对 FDI 的流入未产生显著影响。这可能因为西部地区对 FDI 的吸引力主要源自国家政策的支持，相较于东部和中部，西部地区的发展并不具有明显的引资优势。数字普惠金融的发展并不会增加对 FDI 的政策支持力度，因此金融发展带来的促进作用也是十分有限的。

通过对东部、中部、西部子样本的异质性分析可知，数字普惠金融对 FDI 流入的激励作用需要建立在区域本身的固有优势上。金融的主要功能在于服务实体经济的发展，当经济体对 FDI 不具有充分的吸引力时，跨国企业的投资收益就难以得到保障，此时金融发展也难以吸引 FDI 的流入；而当经济体存在优势时，金融发展便能够为跨国企业提供更好的金融服务和更加丰富的金融产品，从而使其能够进一步降低投资成本、增加投资收益，此时，金融发展会进一步刺激 FDI 的流入。

三、稳健性检验

（一）解决内生性问题

除了反向因果问题，式（4.1）中还可能存在测量误差、遗漏变量等内生性问题，本书尝试通过选取合适的工具变量来克服模型的内生性。现有研究中，通常选择互联网普及率作为数字金融的工具变量（谢绚丽 等，2018；唐松 等，2020），但互联网普及是地方基础设施建设的重要内容，东道国的基础设施情况是跨国企业在东道国投资需要考虑的重要方面，因此于本研究而言，互联网普及率并不是一个足够外生的工具变量。郭峰等（2017）指出，由于数字普惠金融指数源自蚂蚁金服提供的交易数据，其发展程度受到地理空间的影响，呈现离杭州距离越远则推广难度越大的特点。同时，杭州仅为中国经济发展水平较高的城市之一，与杭州距离越近并不意味着经济发展水平或外商投资水平越高，外生性近似满足（张勋 等，2020）。基于此，一些研究选用"地级市离杭州的距离"（distance）为数字金融的工具变量（傅秋子 等，2018）。考虑到地理距离是不随时间变化的截面数据，Nunn 和 Qian（2014）、赵涛等（2020）等认为，可以选用一个随时间变化的变量构造面板工具变量。本研究选用城市距离（distance）和全国互联网普及率（net）的乘积项（distance×net）来构建面板工具变量：一方面，根据前文所述，各地级市与杭州的距离和全国互联网普及率的乘积与数字普惠金融有着密切关联；另一方面，各地级市与杭州的地理距离及全国的互联网普及率外生与我国某一地级市的 FDI 状况。因此，可以认为乘积项 distance×net 是一个有效的工具变量，能够较好地解决模型的内生性问题。

运用两阶段最小二乘法可以得到工具变量法的回归结果（见表4.7）。列（1）为第一阶段的实证结果，可以看出，交叉项 distance×net 系数值为 −0.3022 且在 1% 的置信水平上显著，交叉项与数字金融水平之间有着显著的负相关关系。根据前文的论述可知，"各地级市离杭州的距离"（distance）与数字金融发展水平负向相关，离杭州越远，数字金融发展水平越低；互联网是数字金融得以发展的基础，互联网普及率越高，越有利于数字普惠金融的发展，"全国互联网普及率"（net）与城市层面的数字金融发展水平是正向相关的。因此，交叉项 distance×net 与数字普惠金融发展水平之间的系数值预期为负，表 4.7 中一阶段的回归结果是符合预期的。列（2）中是二阶段的回归结果，在控制住控制变量及城市和时间层面的固定效应以后，数字金融发展水平 digital_fin 与 FDI 流入水平 lnfdi 之间的系数值为0.1448，在 1% 的置信水平上呈现显著的正相关关系。可以看出，工具变量法得出的结果与前文的实证结果是一致的，表明在解决内生性问题以后，实证结果依然十分稳健。

表 4.7　两阶段最小二乘法回归结果

变量	(1) 一阶段 digital_fin	(2) 二阶段 lnfdi
distance × net	−0.3022*** (0.0369)	
digital_fin		0.1448*** (0.0283)
控制变量	是	是
城市固定效应	是	是
时间固定效应	是	是
常数项	139.3834*** (9.9297)	−2.0706 (1.8216)
观测数	2,427	2,015
R^2	0.996	0.707

注：***、**、*分别表示在 1%、5% 和 10% 水平上显著；括号内数值为聚类到地级市层面的标准差。

（二）替换估计模型

本章中还通过更换估计模型对结果进行比较的方式来进一步检验实证结果的可靠性。在表 4.8 中，除前文所采用的最小二乘虚拟变量法（LSDV）和两阶段最小二乘法（TSLS）回归的结果以外，列（3）至列（5）还分别展示了利用有限信息最大似然法（LIML）、广义矩估计法（GMM）及迭代广义矩估计法（IGMM）等方法得到的估计结果。从表 4.8 中所展示的不同方法下 digital_fin 的系数值可以看出，无论如何变换估计方法，数字金融与 FDI 流入之间始终保持着显著的正相关关系，并且该正向关系在 1% 置信水平上保持显著。可以看出，本研究的实证结果是非常稳健的。

表 4.8   使用不同模型的结果比较

变量	(1) OLS lnfdi	(2) TSLS lnfdi	(3) LIML lnfdi	(4) GMM lnfdi	(5) IGMM lnfdi
digital_fin	0.0183^{***} (0.0048)	0.1448^{***} (0.0283)	0.1448^{***} (0.0283)	0.0488^{***} (0.0073)	0.0353^{***} (0.0020)
控制变量	是	是	是	是	是
城市固定效应	是	是	是	是	是
时间固定效应	是	是	是	是	是
常数项	6.1347^{***} (0.5200)	-2.0706 (1.8216)	-28.8346^{***} (7.0043)	0.3683^{***} (0.1277)	0.0000 (0.0000)
观测数	2030	2015	2015	2015	2015
R^2	0.803	0.707	0.707	0.431	0.768

注：***、**、* 分别表示在 1%、5% 和 10% 水平上显著；括号内数值为聚类到地级市层面的标准差。

（三）替换被解释变量

在前文的实证研究中，本小节参考吕朝凤和毛霞（2020）的做法，以地级市层面人均实际利用外资额的对数值作为 FDI 流入水平的测量指标。因此，在稳健性检验中，本研究将被解释变量的度量方法更换成"地级市实际利用外资额与 GDP 的比值"（fdi_gdp）来验证数字金融发展水平对城市 FDI 流入的影响。考虑到量纲问题，该部分将数字普惠金融指数及其维度除以 100 以保持和解释变量及控制变量的一致性，实证结果如表 4.9 所示。

表 4.9   更换因变量回归结果

变量	(1) fdi_gdp	(2) fdi_gdp	(3) fdi_gdp	(4) fdi_gdp
L.digital	0.0085^{*} (0.0051)			
L.coverage		0.0184^{**} (0.0081)		
L.usage			-0.0007 (0.0035)	
L.digitization				-0.0003 (0.0010)
控制变量	控制	控制	控制	控制

续表

变量	(1) fdi_gdp	(2) fdi_gdp	(3) fdi_gdp	(4) fdi_gdp
城市固定效应	控制	控制	控制	控制
时间固定效应	控制	控制	控制	控制
常数项	0.0159*** (0.0054)	0.0069 (0.0067)	0.0219*** (0.0058)	0.0216*** (0.0054)
观测数	2048	2048	2048	2048
R^2	0.708	0.709	0.707	0.707

注：***、**、*分别表示在1%、5%和10%水平上显著；括号内数值为聚类到地级市层面的标准差。

根据表4.9的回归结果，列（1）中数字普惠金融水平digital_fin的系数值为0.0085，系数估计值在10%的置信水平上显著。列（2）中，覆盖广度变量coverage系数值为0.0184，该结果在5%的置信水平上显著为正。列（3）中使用深度变量usage和列（4）中数字化水平变量digitization的系数估计值分别为–0.007和–0.0003，并且依然不显著。可以看出，在改变被解释变量的度量方法后，依然得出了和前文中一致的实证结果，进一步证明了实证结果的稳健性。

第五节　本章小结

在数字普惠金融是对传统金融的发展创新这一结论的基础上，本章对本书的核心问题"数字普惠金融的发展对FDI流入会产生促进作用还是抑制作用"进行了分析和验证。根据理论分析，金融发展对FDI流入可能存在着双重影响。从FDI的供给方跨国公司的视角，金融发展有助于吸引跨国企业进入东道国进行投资，但是从需求方东道国的视角，金融发展将降低东道国对FDI的资金需求。数字普惠金融具有传统金融所不具备的"数字化"和"普惠性"等特点，对金融体系和经济发展的作用也有别于传统金融。据此，本书认为数字普惠金融对FDI流入的正向激励作用将大于负向抑制作用，并提出理论假设。通过实证分析，本书得到如下结论。

第一，区域数字普惠金融的发展对该地区 FDI 的流入有着显著的促进作用。通过使用工具变量、更换估计模型、更换解释变量等方法进行检验后，该结果依旧十分稳健，文章理论假设得到验证。

第二，数字普惠金融发展对 FDI 流入的积极作用主要体现在数字普惠金融覆盖广度的扩展及居民对数字支付业务和数字征信业务使用深度的增加上。这说明数字普惠金融对 FDI 流入的促进作用可能是由于金融覆盖广度的扩张和由此导致的市场交易规模的上升。大数据风控技术带来的征信系统的完善能够降低金融交易双方的信息不对称程度，由此可能从金融层面和经济层面对 FDI 的进一步流入产生积极影响。

第三，从区域的异质性来看，数字普惠金融对 FDI 流入的刺激作用主要发生在东部和中部地区，该作用在西部地区并不显著。结合东部、中部和西部地区各自对 FDI 的吸引力条件来看，数字普惠金融发展对 FDI 流入的激励作用需要建立在区域具有固有优势的基础之上。

从实证结果来看，数字普惠金融的发展对 FDI 流入的效应为正，但与此同时，本书发现以银行信贷为代表的正规金融的发展对 FDI 流入的影响却是负向的，这说明金融发展对 FDI 流入的消极影响是存在的。由于传统金融近年来加大了信贷供给和对非国有经济部门的贷款投向，非国有经济部门的融资困境在一定程度上得到了缓和，因而减少了非国有经济部门寻求外国投资的动机，抑制了 FDI 的流入。但传统金融的发展主要表现为信贷资产规模的扩张，即金融的"量性"发展，并未从根本上改变我国金融资源分配不均的现象，也无法消除当前金融体制中的金融扭曲现象，以银行为主导的金融结构依然难以改变，金融效率难以得到实际提升。因此，传统金融主要发挥的是对 FDI 的"替代效应"而非"互补效应"。数字普惠金融作为一种新兴金融模式，其数字技术驱动与普惠性的特点所带来的效应能够加剧"金融脱媒"，优化金融结构和提升金融效率，带来金融的"质性"发展，吸引外资企业进入。同时，数字普惠金融还能够通过扩大金融覆盖率实现金融普惠，推动经济包容性发展，从而对 FDI 产生新的经济吸引力。从金融发展阶段来看，数字普惠金融尚处于发展初期，尚且难以对规模庞大的 FDI 发挥"替代效应"，因此数字普惠金融对 FDI 流入主要发挥了"互补效应"而非"替代效应"。

第五章　数字普惠金融对FDI流入的影响机制

第一节　引　言

　　金融市场最核心的职能在于实现金融资源的优化配置（张勋 等，2019），一国金融市场的发展程度可以通过考察该国资本配置效率的高低来衡量（Wurgler，2000；潘文卿 等，2003）。数字普惠金融作为一种新兴的金融模式，其本质仍然是金融，无论金融形态如何演变，提高金融市场的资本配置效率依然是金融发展最重要的使命（白钦先，2003；封思贤 等，2021）。根据第三章的研究，数字普惠金融是对传统信贷的延伸和补充。依靠信息科技和大数据风控技术，数字普惠金融的发展不仅能够改善传统金融的业务模式，提升经营效率，而且能够覆盖到更加广阔的服务群体，引导资金流入更具回报率的行业和部门，改善资源分配不均的现象（徐盈之 等，2019；Luo et al., 2022）。因此，相较于传统金融，数字普惠金融能够更加有效地配置金融资源，提高金融市场效率，改善我国一直以来存在的金融扭曲现象（薛莹 等，2020）。这将对FDI流入产生促进和抑制两方面的作用：一方面，金融市场效率的提升能够降低跨国企业的交易成本和融资成本，提高跨国公司的资源利用率，有助于吸引FDI流入；另一方面，金融效率上升能够缓解我国的金融抑制，降低非国有经济部门对外资需求。因此，数字普惠金融发展对金融市场配置效率的提升最终将对 FDI 流入产生何种影响是值得关注的问题。

与传统金融不同的是，数字普惠金融的发展除了能够通过作用于金融体系影响 FDI 流入，还能够通过金融创新带来实体经济的新发展，进而发挥经济发展对 FDI 流入的作用。为对上述两种效应作出区分，本书中将数字普惠金融通过作用于金融体系对 FDI 流入产生的影响称为"金融效应"，将其通过作用于实体经济发展对 FDI 流入产生的影响称为"经济效应"。数字普惠金融对 FDI 流入的最终效应是"金融效应"和"经济效应"综合作用的结果。根据第二章中对数字普惠金融的经济作用及跨国企业 FDI 区位选择影响因素的相关文献的整理和分析，数字普惠金融对 FDI 流入可能产生的经济效应主要体现在数字普惠金融对区域创新创业能力和居民消费水平的影响上。

自 2014 年 9 月时任国务院总理李克强在达沃斯论坛上提出"大众创业、万众创新"的口号以来，我国自 2015 年起先后出台了《国务院办公厅关于发展众创空间推进大众创新创业的指导意见》和《国务院关于大力推进大众创业万众创新若干政策措施的意见》等政策以鼓励创新创业的发展，"双创"成了新时代的代表性关键词（谢绚丽 等，2018）。创新创业的政策推进离不开恰当的资金支持。自 2016 年以来，我国出台的多项政策大力推进了数字普惠金融的发展。数字普惠金融与创新创业政策的推进相得益彰，为"大众创业、万众创新"带来了创业均等和机会均等（钱海章 等，2020），颠覆式金融创新也释放了大量的新商业空间，催生了多样化的新商业模式，为创新创业的发展提供了机遇（Gomber，2018；谢绚丽，2018；唐松 等，2020）。FDI 区位影响因素的相关研究认为，随着我国劳动力成本的上升、对环境保护的加强和对外资企业取消超国民待遇，以往吸引 FDI 流入的传统优势已经逐渐削弱，科技水平和区域自主创新能力等新兴因素成为吸引 FDI 涌入我国的新动力（Serapio et al.，1999；Branstetter，2006）。《中国外商投资报告 2019》显示，2018 年，我国高技术领域实际使用外资占全国实际使用外资的 23.7%，高技术领域对 FDI 展现出越来越强的吸引力。创新创业的发展也为跨国企业在我国投资提供了更多的机遇。基于此，本书认为，数字普惠金融的发展能够通过提升区域的创新创业能力而吸引 FDI 的流入。

我国的居民消费率在世界范围内一直处于严重偏低的水平（Aziz et al., 2007；陈斌开 等，2014）。早期研究认为，金融市场不发达是消费低迷的重要原因（Qi et al., 2009）。近年来，我国金融规模迅速扩张、金融创新层出不穷，却并未改变我国消费率低下这一现实。究其原因，传统金融的发展注重的是金融发展深度，并未从根本上改变我国金融资源分配不均的现状（张栋浩 等，2020）。因此，推进金融普惠、缓解金融排斥，为社会各阶层和群体提供适当有效的金融服务才是解决中国消费不足等问题的有效举措。信息技术的发展催生了多样化平台交易模式，不仅降低了交易成本，拓展了交易的空间与时间，而且影响着中国居民的消费行为（张李义 等，2017）。2010 年以来，伴随数字普惠金融的兴起和蓬勃发展，我国居民消费率也在短暂的下跌后起底回升，与数字普惠金融的发展保持了时间上的同步性（张勋，2020），引起了学术界的关注。我国庞大的国内市场一直是影响跨国企业在华投资的主导性因素（李运达 等，2010），居民消费的回升对外资企业在我国的投资也具有重要影响。因此，数字普惠金融发展如能打破我国"消费低迷"的魔咒，释放居民潜在的消费能力，扩张我国的市场潜能，将对 FDI 的流入产生更大的吸引力。

基于上述原因，本书认为，数字普惠金融发展所产生的金融效应和经济效应是影响 FDI 流入的作用机制。在本章的研究中，文章首先结合已有研究对数字普惠金融与金融市场的资本配置效率、区域的创新创业能力和居民消费水平等渠道因素及上述渠道因素与 FDI 流入之间的关系展开文献综述和理论分析。其次，在理论分析的基础上，对数字普惠金融在上述渠道因素的作用进行实证检验，设置数字普惠金融与渠道因素的交叉项，研究交叉项对 FDI 流入的作用，考察数字普惠金融对 FDI 流入是否存在上述影响机制。为研究这些机制是否为数字普惠金融所特有，本书同样设置了传统金融与渠道因素的交叉项，研究传统金融是否能够通过上述渠道影响 FDI 的流入，并将传统金融的影响机制与数字普惠金融进行分析对比。最后，对本章的研究结果进行分析和总结。

第二节 文献综述和理论分析

一、影响渠道之资本配置效率

（一）数字普惠金融与资本配置效率

Schumpeter（1912）认识到，金融部门能够引导资金流向具有更高回报率的用途。沿着这一思想，越来越多的学者对金融发展与金融市场资本配置效率的关系展开研究。完善的金融体系不仅可以缓解信息不对称、筛选优质项目、降低道德风险、确保资金用于生产目的（Greenwood et al.，1990），而且能够降低企业的外部融资成本，使企业能够及时抓住投资机会（Pang et al.，2009），从而优化一国的资本配置。白钦先（2003）将金融资源的配置效率看作金融发展最核心的问题，认为相较于金融规模的增长和金融机构数量的增加等"量性金融发展"，金融效率上升和金融覆盖面扩大等方面的"质性金融发展"才能实现金融的可持续发展。Wurgler（2000）以 65 个国家的面板数据为研究样本，首次对资本在行业中的配置情况进行了实证研究，证实发达的金融市场能够引导资本从利润低的行业或地区流向利润高的行业或地区。他指出，金融对资本配置的改善作用主要体现在三个方面：一是发达的股票市场能够提供更丰富、透明的企业信息，引导投资者将资金投向更加优质的企业；二是在国有经济占比较高的国家，资源分配受到政治动机的影响，实行金融市场化有助于提高资源的分配效率。三是发达的金融市场有助于保护少数投资者权利，限制资金流入衰退行业。基于 Wurgler 的测算方法，越来越多的学者证实了金融发展对资本配置效率的正向提升作用（Beck et al.，2002；Pang et al.，2009；李青原 等，2010）。

根据 Wurgler（2000）的研究结果，发展中国家的资本配置效率要远低于发达国家。基于此，一些学者从金融抑制的角度考虑了发展中国家资本配置效率低下的原因。一方面，发展中国家直接融资市场不完善，金融工具和金融机构相对稀少，金融创新相对不足，资金难以向高生产率的部门实现有效转移，大量储蓄资源被迫闲置，导致资本利用处于低效状态（胡立法，2007；陆桂贤 等，2016）。另一方面，在金融抑制的国家，政府对利率和汇率进行管制，金融部门为保障资本收益实行歧视性资金供给政策，金融排斥普遍存在。银行主导型金融结构的一大弊端在于其"重资产、重抵押、高杠杆"的特征（习明明 等，2019），为了规避风险，即使中小企业在生产效率和资本回报率方面远高于大型企业，银行也更加愿意贷款给那些"重资产"的大中型企业，而不愿意贷款给那些"轻资产"的民营中小企业（杜思正 等，2016）。同时，在政治动机的驱使下，商业银行在资金配给中按照政治主从次序进行，有效率的非国有企业无法获取充裕的资源，而国有企业却可以得到大部分的资金和人才支持（赵奇伟，2010）。据此，部分学者认为，金融抑制政策下以银行为主导的金融结构是导致我国资本配置效率低下的主要原因（李青原 等，2010）。

近年来，利率市场化和金融创新催生了资本市场的快速发展，开启了我国"金融脱媒"的进程；数字普惠金融的发展则依托于互联网平台和金融科技，触发了从传统金融中介机构的"二次脱媒"。"金融脱媒"的发展，使银行金融中介的部分职能被金融市场所取代（徐奕晗，2012）。直接融资市场的发展带来了金融资源的自由流动和市场化配置，而"二次脱媒"主要解决的是金融效率和金融服务的结构性匹配问题（吴晓求，2015）。谢平和邹传伟（2012）认为，信息是金融的核心，是构成金融资源配置的基础。通过运用网络平台和数字技术，数字金融能够对信息进行快速搜索、计算和整合，有效地缓解了信息的不对称性，这不仅有助于对优质的投资项目进行筛选，而且使以往需要通过金融中介才能完成的项目如今能够比较容易地找到可匹配的交易对象，降低了交易成本，减少了投资向资本转换过程中的损耗。数字金融还推动了金融的包容性发展。利用大数据风控技术，数字金融对基于交易主体行为轨迹形成的云数据进行挖掘、整理并形成信用观测记录（Berg et al.，2020；黄益平 等，2021），能够更加客观、准确、全面地评估用户的履约状况和信用水平（曹光宇 等，2022），从而摆脱了传统金融的"重资产"授信模式，使资金能够进入更具成长性的中小企业和惠及更加亟须资金的弱势群体，改善了资本分配不均的现象，推动了资本配置效率的提升（徐盈之 等，2019）。而金融脱媒的发展又倒逼银行进行数字化转型，提升经营效率和投资效率，从而推动资本配置效率的整体性上升。

（二）数字普惠金融、资本配置效率和 FDI 流入

与第四章中金融发展水平与 FDI 流入的内在关系一致，数字普惠金融发展带来的金融市场资本配置效率的提高对 FDI 流入也存在着促进和抑制的双重作用。

从跨国公司的角度，企业在进行区位选择时，更加倾向于选择金融资源优化配置能力更强的区域。首先，对具有垄断优势或相对优势的外资企业而言，其在经营效率、技术效率和投资效率方面相较于本土企业通常更具优势，有效的金融系统能够引导更多资金配置到更具竞争优势的企业中，使跨国企业能够获取更多的金融资源。其次，对东道国所积极引进的 FDI 大多属于符合东道国转型和发展方向的产业，往往具有较高的成长性，具有较强资源配置能力的金融市场能够将资源引导至国家鼓励和支持的产业中，推动产业中外资企业和本土企业的共同发展。再次，外资企业在东道国通常面临着"外来者劣势"，在资本配置效率较低的区域，这种劣势会加剧企业所面临的金融摩擦，外资企业为获取所需资源可能需要支付一定的"寻租成本"。数字普惠金融的发展则有助于发挥市场机制在资源配置中的作用，缓解外资企业所面临的"外来者劣势"。

从东道国资金需求的角度，我国金融市场中普遍存在的所有制歧视使金融资源更多地流向了国有企业，民营企业相对难以获得融资，因而不得不向外国投资者寻求资金，而民营企业相对较高的资本回报率也吸引着 FDI 的流入（Huang，2003）。当东道国的金融资源配置缺乏效率时，外国投资者更加倾向于以 FDI 的形式进入市场，缓解东道国金融体系中由于资源配置效率低下导致的资金供给不足（Galina et al.，2006；李青原 等，2010）。因此，数字普惠金融发展带来金融市场对金融资源配置能力的提升，使非国有经济部门也能够凭借自身的优势获取丰富的金融资源，从而降低了对外国资本的金融需求。与此同时，本土企业生产效率的进一步提升削

弱了外资企业的相对竞争优势，根据国际区位投资理论，这将削弱跨国企业对我国的投资动机。

二、影响渠道之创新创业

（一）数字普惠金融与创新发展

中国技术创新活动中存在着"量大质低"和"政策性迎合"等特征，导致我国企业创新在全球技术链中长期处于"低端锁定"的困境。金融是微观主体技术创新环境的一个核心组成部分，高效低价的金融支持方式是企业技术创新得以提质增效的核心要素，中国企业技术创新方面的短板，与我国金融体系发展不充分、不平衡存在着密切关联（唐松 等，2020；杨伟中 等，2020）。

从企业创新的固有特点来看，企业创新具有高度的不确定性（刘波 等，2021）。一是结果的不确定性，企业创新失败的概率要远大于其他投资，需要更大的失败容忍度（周铭山 等，2016）。二是信息的不确定性，由于企业对自身的创新活动和创新结果具有一定的保密性，因而企业创新投资比其他的投资活动存在更大的信息不对称性，也更易引发道德风险（李春涛 等，2020）。三是市场效益的不确定性，尽管企业创新耗费了巨大的成本，但创新产出是否能够转化为企业利润仍然有待市场检验，创新投资的收益难以得到保障。加之企业创新的资金需求较大，需要进行长期持续的投入，这进一步增加了创新投资所带来的风险。在我国银行主导型金融体系中，直接融资规模相对较小并且存在着监管和法律体系不健全等问题，容易引发道德风险和"搭便车"现象，致使投融资双方对直接融资较为谨慎；间接融资市场虽然规模较大，但在金融抑制的体系下，贷款利率受到限制，收益与风险不成正比，也使银行等间接融资机构不愿意将资金用于支持企业创新这种风险较高的活动。企业创新的固有风险及我国金融体系的不完善不健全，使大量创新型企业融资长期受阻（王小燕 等，2019）。

发展数字普惠金融被认为是缓解企业融资约束，促进企业创新的有效途径。首先，数字普惠金融的发展有助于缓解金融机构等资金供给方与创新企业之间的信息不对称。在传统金融模式下，银行等金融中介机构无法准确度量企业的信用状况，只能依靠财务数据和抵押资产等硬性指标来判断，或者根据产权性质来衡量企业的风险承受能力，有些创新能力强且成长空间大的企业难以被有效识别。数字金融运用大数据、云计算、人工智能、区块链等技术，能够通过审查传统信息以外的指标来考察企业信用。例如，Huang 等（2018）发现，阿里巴巴旗下的金融科技公司蚂蚁金服在对借款企业的进行审批时，除了关注企业的传统财务信息以外，还会考察企业的销售数据等非财务信息；Lin 等（2013）还发现，美国 Prosper 借贷平台将借款人的社会网络用于借款审核，以充分了解借款人的资信状况；Dorfleitner 等（2016）、Gao 等（2018）和陈霄等（2018）对借款人在个人对个人（peer to peer，P2P）贷款平台的申请文本进行研究发现，借款文本的可读性、正确性、文本长度等反映出来的软信息能够用来判断借款人的信用状况。其次，数字金融的发展使外部融资普惠化，降低了金融市场的融资门槛。通过运用金融科技，金融中介机构能够对非结构化数据进行搜集、分析和决策，从而更加全面、客观地了解融资方。在信息充分的情况下，金融中介机构也十分愿意为创新能力强、发展空间大的高质量企业提供金融支持（李春涛 等，2020）。通过利用海量替代性数据和借助先进的算法改变金融中介对融资企业的资信审核标准，企业融资不再完全依赖于财务指标、股东背景和抵押资产等硬性指标，企业自身的软实力更加受到重视（胡倩倩 等，2022）。再次，数字金融的发展使金融活动不再受到时间和空间限制，极大地促进了跨地区、跨行业的信息交流，金融中介机构对企业信息的筛查及企业的跨时空投融资活动变得更加便捷和高效，不仅拓宽了企业的资金来源、丰富了企业的融资渠道，还促进了金融资源在时间和空间上的优化配置，推动了企业创新活动的开展。最后，数字金融的发展还加快了信贷审批的程序，缓解了企业资金需求的紧迫性并降低了金融摩擦，这主要体现在两方面。一方面，数字金融基于云计算、人工智能等数字技术进行的信贷审批具有十分高效的审批效率。传统金融机构在贷款发放前需要对企业资信进行调查及层层审核，贷款发放时间较长，而依托金融科技手段，贷款从审核到发放最快时仅用几秒钟，审批效率得到了极大的提升（Huang et al.，2018）。另一方面，依托于信息技术和大数据的信用审查方式也降低了人为干预，能够减少贷款审批过程中的寻租空间和操作风险（李春涛 等，2020）。

（二）数字普惠金融与创业发展

Bianchi（2010）认为，金融发展能够通过合理有效地分配金融资源缓解潜在创业者的流动性约束，促进创业活动开展。数字普惠金融对创业的影响与对创新的作用具有相似之处。传统金融机构对创业者和创业企业同样存在着信息不对称、信贷歧视等问题，创业企业难以获取创业启动资金。数字普惠金融的兴起为大量在正规融资中遇阻的小投资者提供了进入创业融资领域的机会，尤其是对金融不发达的地区而言（Butticè et al.，2022；Bollaert，2021；谢绚丽 等，2017）。首先，通过运用互联网、大数据和数字技术，金融中介机构能够尽可能多地获取创业者和创业企业的多维信息，有效降低了金融中介和创业企业之间的信息不对称程度。例如，蚂蚁金服旗下的芝麻信用通过对用户的信用历史、行为偏好、履约能力、身份特质、人脉等五个维度的信息数据进行综合处理，可以对用户的还款意愿及还款能力做出评估，提供快速授信和小额贷款服务。孙光林等（2021）利用芝麻信用分考察了数字信用与农户违约的关系，发现对数字信用的使用不仅能够抑制农户信贷违约，而且能够有效降低信息获取成本和风控难度。其次，数字金融通过降低获客成本、信息搜寻成本、交易成本和监督成本有效降低了金融服务门槛，拓展了金融服务范围，使更多创业群体能够以可负担的成本获取金融服务（罗新雨 等，2021）。最后，数字金融业务的多维度发展为创业融资提供了多样化的融资工具和多元化的服务内容，提升了创业者的创业效率。

Timmons（1999）提出，创业是商业机会、创业者和资源三个要素共同作用的结果。数字普惠金融对地区创业的另一大促进作用在于创造了新的商业机会。一般来说，常规创新是指在现有的商业模式中利用现有的技术能力进行的创新；一项彻底的创新是允许公司继续使用现有的商业模式的，但同时必须拥有创造新技术的能力；而颠覆性的创新是公司能够继续使用现有的技术能力，但必须改弦易辙来创造一个新的商业模式（Gomber et al.，2018）。数字普惠金融作为金融科技赋能下对传统金融模式的"颠覆式创新"（谢平 等，2012），不仅缓解了创业者的流动性约束，而且释放了大量的新商业空间，为新的商业模式提供了机会。例如，移动支付的发展为随时随地进行线上交易提供了可能，极大地促进了电子商务的发展，并催生了线下扫码支付、网约车、共享单车、外卖平台、线上线下结合（O2O）的新零售模式等大量新业态和新兴商业模式的出现（谢绚丽 等，2018；尹志超 等，2019）。通过颠覆旧的商业模式、催生新的产业或商业模式，数字金融的发展为创业发展提供了更大的空间（詹晓宁 等，2018）。

（三）数字普惠金融、创新创业和 FDI 流入

越来越多的研究认为，自然资源、基础设施、政策优惠和劳动力成本等传统因素对外资企业在华直接投资的吸引力正在逐渐下降，而知识、技术、研发等自主创新相关因素的对 FDI 区位选择的重要性正在日益凸显（Serapio et al.，1999；黄肖琦 等，2006；雷欣 等，2012；支宏娟，2019）。陈继勇（2010）认为，在知识经济时代，对外资形成吸引力的最重要的新兴因素之一就是知识和区域创新能力。因此，在其他条件相似的情况下，具有丰富知识存量和技术积累的地区对 FDI 有着更大的吸引力。区域自主创新能力综合反映了区域的知识、技术水平和研发投入水平等内容，成为受学者关注的核心指标。区域创新能力影响 FDI 流入的机制在于以下几个方面。一是区域创新能力的提升意味着该区域具有较高的知识、技术水平及人才储备，当被投资国与投资国之间的知识和技术差距较小时，跨国企业能够与投资所在地在知识、技术和人员上实现有效衔接，使跨国企业的资源能够得到更大程度的发挥，从而降低跨国企业的运营成本，并有利于其更好地实现经营战略。二是区域创新氛围的改善不仅有助于提升被投资国的知识技术水平，还能够革新当地的思维理念，优化当地的制度环境，改善跨国企业的经营环境。三是区域自主创新能力的提高能够对跨国企业在知识和技术上产生"逆向溢出效应"，有助于跨国企业获得自身所需的新知识和技术资产，不断更新其知识存量和技术水平，提高企业的生产效率，从而形成长

期稳定的盈利预期。部分学者通过理论和实证分析，验证了创新能力对 FDI 吸引作用的存在，认为相比于传统因素，创新能力是未来吸引 FDI 在我国进行区位选择的决定性影响因素（支宏娟，2019），并由此提出通过加大研发投入、培养区域自主创新能力来吸引更多外商直接投资的倡议（Barrell et al.，1999；黄肖琦 等，2006；雷欣 等，2012）。

数字普惠金融作为一种由数字技术和金融耦合而成的金融模式，不仅带来了金融效率的提升，缓解了中小微企业的融资约束，更带来了新的商业模式和创新创业方向，为跨国公司在东道国创造了良好的投资环境和更加丰富的投资机会（李运达 等，2010；江小娟，2002）。李运达和马草原（2010）曾指出，新兴市场国家很多处于推进城市化和工业化进程的关键时期，更加鼓励在基础设施行业或基础原材料行业进行投资，但这些行业投资周期较长且投资回报率较低，难以激起跨国企业的投资热情，而高技术领域研发投入大、创新能力强的企业越来越能够吸引外资股东入股加盟（韩旺红 等，2013）。詹晓宁和欧阳永福（2018）也认为，在全球 FDI 陷入"低增长"并伴随大幅波动的形势下，企业价值来源发生了结构性转变，资产重心由固定、有形的资产转向无形、流动的资产，知识和高新技术（尤其是数字技术）成为国际投资流动日益重要的区位决定因素。我国历年来的《中国外商投资报告》显示，近年来，外资对我国高技术产业的投资热情高涨，高技术领域在外资利用上的规模和质量齐升，成为促进外资增长和优化外资结构的重要驱动力。根据《2023 年世界投资报告》，2022 年流入中国的外国直接投资主要集中在制造业和高科技行业，投资主体大多来自欧洲的跨国企业。

三、影响渠道之居民消费

（一）数字普惠金融与居民消费

金融发展能够刺激居民消费，这已经得到了广泛的论证（Qi et al.，2009）。金融发展通过合理有效地分配金融资源，使那些受到流动性约束的消费者能够方便地利用金融市场实现消费的跨期平滑，释放被压抑的消费需求（Levchenko，2005；易行健 等，2018）。据此，为了刺激消费需求，发挥消费对经济发展的引擎作用，一些国家提出了消费金融，以区别服务于生产性投资的生产金融。Tufano（2009）认为，消费金融具有支付、风险管理、信贷、储蓄和投资四项基本功能。在此基础上，我国学者凌炼和龙海明（2016）根据消费金融的功能提出了消费金融对居民消费的平滑机制、保障机制和增值机制三大影响机制。消费金融对居民消费的平滑机制包括支付平滑和预算平滑。支付平滑是指银行卡的电子支付功能替代了传统的现金支付方式，增加了消费的便利性；预算平滑是指居民能够通过消费信贷实现当期和跨期的消费平滑，缓解居民的流动性约束和预算约束。消费金融对居民消费的保障机制是指通过储蓄和保险两大消费金融工具实现自我保障和商业保障。消费金融对居民消费的增值机制是指居民通过金融投资能够实现财富增值。中国人口基数大，消费人群广阔，尽管居民消费需求实现了快速升级，但是总体消费率偏低，不过庞大的消费群体依然能为消费金融市场的发展奠定坚实的基础。目前，我国已经形成了包含住房按揭贷款、信用卡贷款、汽车消费贷款、综合消费贷款等消费金融业务在内的多品种消费金融体系，但其中住房按揭贷款的比例占七成以上，非住房类消费金融仍然具有巨大的增长潜力（孙国峰，2018）。

与传统消费金融相比，数字普惠金融通过对数字技术和大数据的运用使消费金融的功能得到了更大程度的发挥（张勋 等，2020）。首先是平滑机制，分为支付平滑和预算平滑。在支付平滑方面，相较于银行卡等传统支付工具，以支付宝和微信为代表的第三方支付平台能够满足居民线上和线下支付的多种应用场景，不仅使商品交易变得更加便捷高效，而且降低了交易成本，节省了居民的购物时间，从而提升了居民的消费者效用，刺激了居民的消费欲望（江红莉 等，2020）。在移动互联、大数据、人工智能等科技的加持下，网络借贷的发展为居民消费提供了更多的可用资金，越来越丰富的借贷渠道使预算约束和流动性约束对居民消费的限制也越发薄弱，极大地释放了居民的消费空间，起到了预算平滑的作用。其次，消费金融通过储蓄和保险功能为居民消费提供了保障机制。根据跨期消费理论，消费者为防范因未来的不确定性导致的消费水平下降，会进行预防性储蓄，这属于消费者的自我保障机制，预防性储蓄过高也是我国消费率长期低迷的重要原因（陈斌开 等，2014）。居民通过购买保险可以为未来可能发生的不确定性提供风险保障机制，稳定对未来消费的预期，降低预防性储蓄，提升当期消费。数字普惠金融的发展为居民提供了更加可靠的数字化保险业务：一是基于高级分析、机器学习、虚拟现实等科技，数字化保险机构能够结合居民自身特点对未来风险进行更加准确的评估，提供更加符合居民需要的保险，最大限度地提供风险保障；二是互联网、智能手机等平台大大地提升了保险的可获得性，推动了保险普及；三是为促进电子商务的发展，我国积极进行了消费保险创新，从退货险起步，消费保险逐渐覆盖至商品价格、质量、物流和售后等各个环节，极大地改善了消费者的网络购物体验，刺激了线上消费的发展。最后，通过金融投资，消费金融对居民消费具有增值机制。数字金融的发展为居民提供了大量的互联网和手机理财服务，有利于居民对个人收入进行财富管理，从而实现财富增值。财富的增值一方面增加了可用于消费的开支，另一方面增加了居民的心理账户价值，扩大了居民的预算约束。代表性产品如支付宝推出的"余额宝"功能，同时兼具储蓄和投资功能，而且可以随时用于消费，实现理财消费两不误。

数字金融的"普惠"特征也使消费金融的使用人群变得更加广泛。传统消费金融主要是以商业银行为主导，其服务人群依然集中在低风险和高净值的客户人群，服务重心难以下移（丁杰，2015）。根据消费者理论，边际消费倾向存在着递减效应，因此，相较于仅对高净值客户加大消费刺激力度，缓解金融排斥、扩展消费群体显然是缓解我国消费低迷现状的更优举措。然而，传统消费金融对用户偿还能力的评估标准较为单一，认为低收入人群和弱势群体缺乏足够的资本实力、稳定的收入来源或可靠的抵押品，具有较大的信用风险，因而将这部分群体排斥在正规金融之外，而受到金融机构物理网点的限制，农村居民和偏远地区的居民也难以享受到充分的消费金融服务。数字普惠金融运用数字科技手段，能够根据用户的身份特质、人脉、行为习惯和交易往来等信息对用户信用进行评估，以大数据风控为基础，采用"数据＋风控＋算法"的思想对用户进行信用评估和风险管理，能够为不同用户提供相匹配的消费金融服务；同时，移动互联科技的运用使消费金融突破了时间和空间限制，使偏远地区和农村居民也能够享受到相应的服务，实现了对"长尾"群体的全面覆盖，有效弥补了传统金融的不足（邹新月 等，2020；谢家智 等，2020；关键 等，2020）。Li 等（2019）指出，数字普惠金融对家庭消费的刺激作用对那些资产少，收入低，金融素养低，处于第三、第四线的家庭更加有效。谢家智和吴静茹（2020）的研究也发现，数字金融对家庭消费的促进效应在低收入家庭和农村家庭会更加明显。数字金融在家庭消费中的作用体现了金融"普惠"的应有之义。

（二）数字普惠金融、居民消费和 FDI 流入

周犀行和欧阳溥蔓（2013）的研究认为，跨国企业在我国投资的主要目的在于以下两点，一是为了获取我国廉价的自然资源和劳动力资源，二是着眼于我国庞大的国内市场。然而，随着我国劳动力成本的不断上升及周边国家低劳动力成本的挑战，依靠廉价劳动力维持优势的引资方式难以为继；与此同时，我国对环境保护和能源节约的日益重视也决定了我国必须走出依靠牺牲资源来换取外资的道路。李运达和马草原（2010）认为，随着国际经济形势和 FDI 全球流动趋势的变化，FDI 的区位决定因素也发生了变化，但是市场因素在 FDI 区位选择中的主导地位并未改变。在成本和资源优势日渐丧失的情况下，作为一个发展中的大国，市场规模的不断扩大为我国继续吸引外商投资提供了有力支撑（冯伟 等，2011；桑百川，2019）。一方面，根据"本地市场效应"，大规模的市场需求必然带来大规模的生产，大规模生产能够充分发挥生产要素和生产技术的作用，产生规模经济效应，因而企业倾向于在市场需求较大的地区进行生产（Krugman，1980；田素华 等，2012；姜巍 等，2016）。另一方面，跨国企业在市场需求大的地区进行投资生产不仅能够更好地接近消费者，及时了解消费需求的变化，而且可以规避贸易壁垒、降低运输成本，因此，FDI 在选择区位时通常考虑接近市场（Krugman，1991；金相郁 等，2006；颜银根，2014）。除已有的市场规模以外，体现出市场需求未来增长趋势的市场潜能也是吸引 FDI 流入的重要因素，跨国企业为了在未来巨大的市场中占得

先机，倾向于在市场潜能较大的区域进行直接投资。冯伟等（2011）对我国 FDI 流入情况进行分析后指出，我国具有世界上最大且最具成长性的内需市场，持续扩大的市场规模是我国吸引 FDI 流入的"向心力"，市场规模对 FDI 的吸引存在着规模报酬递增性，不断扩增的市场规模能够引致 FDI 的乘数效应，成为保障 FDI 可持续性引进的有效路径。因此，在对外直接投资的区位研究中一直十分强调市场规模及其增长潜力对外资企业投资区位选择的影响，而在市场规模与市场潜力之间，陈继勇等（2010）认为，市场潜力对跨国企业更具吸引力。

东道国的金融发展在激活本国内部金融资源、提高金融体系运作效率的同时，也激发了东道国的市场活力，刺激了市场交易的进一步扩张（李运达 等，2010）。数字普惠金融对居民消费的刺激作用不仅促进了我国市场交易规模的扩大，而且通过带动电子商务、线上线下结合（O2O）等多种市场交易模式的发展促进了低收入人群及农村居民等"长尾用户"的消费，极大地激发了我国的消费市场潜力。国家金融与发展实验室发布的《中国消费金融创新报告 2017》指出，互联网消费金融让广大低收入民众得到了使用金融手段提升消费水平的机会，更多居民潜在的需求空间和消费能力得到释放，有力地促进了消费数量的上升和消费结构的优化。根据《中国消费金融创新报告 2019》的预测结果，我国消费金融行业至少还有 5 年的高速成长期，这也意味着我国市场需求仍有非常大的增长空间。在学术领域，多位学者认为数字普惠金融的发展为我国破解"消费低迷"难题提供了重要契机（张李义 等，2017；易行健 等，2018；谢家智 等，2020）。而《中国消费金融公司发展报告（2023）》指出，截至 2022 年末，消费金融公司服务客户人数达 3.38 亿人次，同比增长 18.4%；资产规模及贷款余额分别达到 8844 亿元和 8349 亿元，同比增长均为 17.5%，高于经济和消费增速，为恢复和扩大消费需求作出了积极贡献。我国庞大的市场规模和巨大的市场成长空间能够为跨国企业在华发展创造更大的利润前景：一方面，市场规模的扩大有助于进一步发挥跨国企业生产的规模经济优势；另一方面，我国消费结构的优化与升级加强了我国消费者对享受型消费的偏好，优质产品和名牌产品等中高端消费品越来越受到市场青睐，而相较于本土企业，发达国家的跨国企业在品牌和质量上更具竞争优势，为借助"品牌效应"快速抢占市场，跨国企业更加倾向于在我国进行直接投资。因此，数字普惠金融的发展通过刺激居民消费扩大了我国的市场规模，提升了我国的市场潜力。作为影响跨国企业区位选择的决定性因素，我国市场交易的不断扩张将吸引 FDI 持续流入。

第三节　研究设计

一、样本选择和数据来源

除区域创新创业指数和数字普惠金融指数以外，本章中所使用的数据主要来源于《中国城市统计年鉴》、《中国统计年鉴》和国泰安（CSMAR）数据库。为保障城市之间的可比性，对直辖市作了删除处理，去除样本缺失值后，共包含 279 个地级市（包括后来被合并到其他城市和新成立的地级市）。在《中国城市统计年鉴》中包含"全市"和"市区"两部分口径的统计数据，本章中主要选用的是"全市"数据统计口径，在进行部分指标计算时（如城镇化率指标），根据需要选用了"市区"口径的统计数据。与前文一致，本章中样本选取时间为 2011—2019 年。

二、模型构建和变量选取

在实证检验部分，本书对数字普惠金融的影响机制分为两步展开研究。首先，对数字普惠金融可能的渠道因素作用进行检验。在理论分析中，本书结合已有文献认为，数字普惠金融的发展可能对金融市场的资本配置效率、区域的创新创业能力及当地的居民消费水平产生影响，进而通过这些渠道影响 FDI 的流入。在实证研究中，本书利用地级市层面的数据对数字普惠金融的渠道因素作用展开了实证分析，以了解数字普惠金融是否会对上述渠道因素产生显著的影响。其次，在了解数字普惠金融作用的基础上，通过设置数字普惠金融与上述渠道因素的交叉项，检验数字普惠金融是否会通过上述渠道因素影响 FDI 的流入。

（一）数字普惠金融的作用

1. 模型构建

首先，为检验数字普惠金融对于金融市场资本配置效率、区域创新创业能力和居民消费水平等渠道因素的影响作用，本研究构建计量模型如下：

$$\text{influ\_factor}_{it} = \alpha_0 + \alpha_1 \text{digital\_fin}_{it} + \beta X_{it} + \gamma_i + \gamma_t + \mu_{it} \qquad （5.1）$$

式（5.1）中，i 为城市；t 为年份；γ_i、γ_t 和 ε_{it} 分别为城市固定效应、时间固定效应和随机扰动项；influ_factor 为可能受到数字普惠金融影响的一系列因素，包括金融市场的资本配置效率、区域创新创业能力和居民消费水平；digital_fin 为数字普惠金融的发展水平；X 为与被解释变量所对应的一系列控制变量。本书采用最小二乘虚拟变量法和工具变量法分别对模型进行估计，以消除可能存在的内生性问题。与第四章一致，本章中采用"各城市距离杭州的地理距离"（distance）和"全国互联网普及率"（net）的乘积项distance×net 作为数字普惠金融的工具变量，如第四章中所述，各城市离杭州的地理距离与全国层面的互联网普及率的乘积和当地的数字普惠金融发展水平显著相关，但外生于城市层面的资本配置效率、创新创业能力和居民消费水平，因此可以认为该乘积项是有效的工具变量。

2. 变量选取

（1）资本配置效率（distor）。在以往对我国金融市场抑制（扭曲）程度或金融效率的衡量中，一般采用银行信贷的相关数据来构建相应的评价指标，如银行信贷规模、非国有部门的信贷比重、银行资金利用效率等（朱彤 等，2010；张亮 等，2012；吕冰洋 等，2013；王彦超，2014；李晓龙 等，2018），但这类指标显然没有把数字普惠金融的发展状况涵盖在内，不适用于本书中对金融市场发展程度的测度，而银行信贷规模的发展是否一定会带来金融市场效率的有效提升？这本身就是值得商榷的。无论是传统金融还是数字金融，其本质都是金融，金融发展的使命和目的均在于提升金融市场对资源的配置能力，服务于实体经济的发展。据此，本书基于金融市场对资本要素配置的基本职能和使命，从金融市场资本配置效率的角度来衡量我国的金融市场效率。在金融抑制（扭曲）越严重的地区，金融市场越难发挥出对金融资源的配置作用，资本配置效率越低；金融抑制（扭曲）程度越低的地区，金融市场对金融资源的配置也更加有效，资本配置效率越高（张兴龙 等，2016；李晓龙 等，2018）。

对资本配置效率的衡量，经典方法是采用 Wurgler（2000）的资本配置效率测算方法，该方法刻画了资本在区域和行业中的配置情况。但是由于对城市层面行业数据的缺乏，杜思正等（2016）、李晓龙和冉光和（2018）及韩瑞栋和薄凡（2020）采用资本价格扭曲度来反映城市资本配置效率，认为资本价格扭曲越严重意味着资本配置效率越低。吕冰洋和毛捷（2013）认为，金融抑制在我国最直接的表现是利率受到压抑，低于市场均衡利率，利率压抑的理论本质是资本配置效率降低。本书参照 Hsieh 和 Klenow（2009）、杜思正等（2016）、李晓龙和冉光和（2018）等人的研究，采用生产函数法测度资本价格扭曲程度。常用的生产函数包括 C–D 函数和超越对数函数，相对来说，C–D 函数更加简单并经过理论和实证的反复检验，所计算出的边际产出结果误差较小（罗知 等，2018），因此，本书选择 C–D 函数进行测算。本章设定生产函数形式如下：

$$Y_{it}=AK_{it}^{a}L_{it}^{\beta} \tag{5.2}$$

对等式两边取对数可得：

$$\ln Y_{it}=\ln A+\alpha\ln K_{it}+\beta\ln L_{it} \tag{5.3}$$

式（5.2）中，Y 为地区生产总值，利用 GDP 平减指数将其折算为 2000 年不变价；L 为各地区的年平均就业人数，由单位从业人员、私营和个体从业人员组成；K 为各个地级市的固定资本存量。参考王雨飞和倪鹏飞（2016）等人的计算方法，资本存量的计算方法如下：首先以 2000 年的固定资产投资总额作为分子除以折旧率（设定为 10.96%），其结果与 2000—2019 年固定资产投资形成的平均增长率之和得到 2000 年的资本存量，并以此作为基期，再通过永续盘存法运用固定资产投资总额估算出 2000 年以后各个地级市的资本存量。

得出生产要素对产出的贡献参数后，根据式（5.3）对 K 进行求导，可得到资本要素的边际产出公式：

$$mp\_k_{it}=A\alpha K_{it}^{\alpha-1} L_{it}^{\beta}=\alpha Y_{it}/K_{it} \tag{5.4}$$

得出资本边际产出后，可进一步计算出资本扭曲度：

$$distor_{it}=|mp\_k_{it}/r-1| \tag{5.5}$$

式（5.5）中，资本扭曲度 distor 为资本边际产出和资本边际成本的比值与 1 的差额的绝对值。在市场经济中，金融市场主要依靠价格信号对资本要素进行配置，在均衡状态下，资本边际产出应等于资本边际价格。当资本边际产出大于资本边际价格时，表明资本价格被压低，将导致金融市场对资本要素的配置出现不足；当资本边际产出小于资本边际价格时，表明资本价格被抬高，将致使金融市场对资本要素配置过度。distor 越大，意味着资本价格扭曲越严重，金融市场的资本配置效率越低。

在以往研究中，对资本边际成本的衡量通常选取中国人民银行的基准利率或统一的固定成本（杜思正 等，2016；李晓龙 等，2018；徐盈之 等，2019），不仅难以反映企业真实的资金成本，而且区域之间资金成本的差异性也无法体现。因此，本书以区域内上市企业的融资成本来衡量该地区资本的边际价格成本 r，具体以上市企业"财务成本/（短期负债 +1 年内到期的长期负债 + 长期借款 + 应付债券）"计算得出。由于部分地级市的上市企业数量较少，资金成本容易受到行业等因素的影响，因此以地级市所在省份全部上市企业的融资成本的平均值来衡量省内各个地级市的资金价格成本。

在以资本配置效率为被解释变量的模型中，本研究控制了以下解释变量：①经济发展水平（lngdp），以当地的实际 GDP 取对数表示；②资本密度（finten），以资本存量与 GDP 的比值表示；③市场化水平（nsoe），王永剑和刘春杰（2011）和李青原等（2013）认为，国企改革推动了非国有经济的发展，提升了市场机制对资源的配置效率，该效应可以使用"私营企业和个体从业人员占全部就业人员的比例"作为评价指标；④政府干预程度（fiscal），以政府预算内财政支出与 GDP 的比值表示；⑤货运水平（freight），以城市货运总量与本年度全部城市合计的货运总量的比值表示；⑥产业结构（structure），以第三产业占 GDP 的比值衡量。

（2）创新创业能力（innov_ent）。区域创新创业能力是一个多维度的综合概念，难以由单一指标衡量。中国区域创新创业指数由北京大学国家发展研究院与龙信数据研究院联合开发，以地区内部企业创新创业的实际产出为考察内容，采用中国大陆企业大数据库的"全量"数据，将技术、人、投资等领域的数据进行有机结合，建立了能够体现创新创业不同侧面的多维度评价指标。通过采用大数据思维和分析手段，该指数包含了全部行业和全部规模的企业，包括创新活跃度高的中小微企业和创业企业，具有现有类似指数所不具备的优势（毛文峰 等，2020）。这套数据主要立足于对中小微企业的调查研究，与数字金融的"普惠性"特性也不谋而合。指标的具体构成如表 5.1 所示。

表 5.1　创新创业质量评价指标体系

一级指标	二级指标
新建企业数 (20%)	新增注册企业数量 (1/5)
吸引外来投资额 (15%)	新增外来法人投资的笔数 (3/20)
吸引风险投资额 (25%)	新增风险投资的企业数量 (1/8)
	新增风险投资的金额 (1/8)
专利授权量（25%）	新增发明专利公开数量 (1/8)
	新增实用新型专利公开数量 (3/40)
	新增外观设计专利公开数量 (1/20)
商标注册量 (15%)	新增商标注册数量 (3/20)

为控制其他因素对区域创新创业能力的影响，本研究将如下控制变量引入模型：①经济发展水平（lngdp），以当地实际 GDP 取对数表示；②科学教育投入水平（sci_edu），地区对科学、教育的投入是影响该地区技术发展和人才素质的重要因素，该变量以地区科学和教育支出占财政预算内支出的比值来表示；③市场化水平（nsoe），一个地区的市场化水平会影响当地的创新创业活力，该变量以地区私营企业和个体从业人员占全部就业人员的比值作为代理指标；④人力资本（talent），通过地区普通高校的在校学生人数占地区总人口的比值来衡量；⑤产业结构（structure），以第三产业占 GDP 的比值衡量；⑥对外开放水平（open），以地级市所在省份的

进出口总额占全省生产总值的比值来解释。

（3）居民消费水平（consume）。参考雷潇雨和龚六堂（2014）对城市消费率的衡量方法，本研究中的居民消费水平以全市社会消费品零售额与 GDP 的比值表示。社会消费品零售额反映了面向城乡居民和社会集团的消费品总额，是反映我国居民消费需求最直接的数据。

除解释变量外，模型中控制的其他可能影响居民消费水平的变量包括：①工资水平（wage），工资水平影响着居民可以用于消费的可支配收入，该变量以城市平均工资与当年所有城市平均工资的比值来表示；②社会保障水平（security），完善的社会保障机制能够降低居民生活的不确定性，提升居民消费倾向，该变量以卫生社会保险和社会福利业从业人员占全部从业人员的比值衡量；③政府干预程度（fiscal），以政府预算内财政支出与 GDP 的比值表示；④产业结构（structure），以第三产业占 GDP 的比值衡量；⑤城镇化水平（urbanization），以市辖区人口占全市总人口的比值表示；⑥对外开放水平（open），以地级市所在省份的进出口总额占全省生产总值的比值来解释。

（二）数字普惠金融对 FDI 流入的影响机制

为厘清数字普惠金融对 FDI 流入可能存在的影响渠道，本小节设计如下回归模型：

$$\ln \text{fdi}_{it} = \alpha_0 + \alpha_1 \, \text{digital\_fin}_{it-1} \times \text{influ\_factor}_{it-1} + \alpha_2 \, \text{digital\_fin}_{it-1}$$
$$+ \alpha_3 \, \text{influ\_factor}_{it-1} + \beta X_{it-1} + \gamma_i + \gamma_t + \mu_{it} \tag{5.6}$$

式（5.6）在式（4.1）的基础上对数字普惠金融和渠道因素设置交叉项 digital_fin × influ_factor，以了解二者的交互作用对于 FDI 流入的影响，从而验证数字普惠金融的发展对 FDI 流入可能存在的渠道机制，这也是本式的核心解释变量。与公式（5.1）一致，influ_factor 为一系列可能影响数字普惠金融对 FDI 流入作用的渠道因素，包括金融市场资本配置效率、区域的创新创业能力和居民消费水平；交叉项 digital_fin × influ_factor 的系数 α_1 反映了渠道因素下的数字普惠金融对 FDI 促进作用的影响；X 为与式（4.1）中一致的一系列控制变量。

第四节　实证检验和结果分析

一、实证结果与分析

（一）数字普惠金融对渠道因素的作用检验

在理论分析中，本书结合前人的研究认为，区域数字普惠金融的发展对当地的金融市场资本配置效率、城市创新创业能力和居民的消费水平将产生显著的积极影响，这些作用可能会影响 FDI 的流入，因此本书首先对数字普惠金融渠道因素的作用进行实证检验，检验结果如表 5.2 所示。为解决式（5.1）中可能存在的内生性问题，在列（1）至列（3）和列（4）至列（6）中，分别采用最小二乘虚拟变量法（LSDV）和两阶段最小二乘法（TSLS）对模型进行估计。

表 5.2　数字普惠金融对渠道因素的作用

变量	LSDV			TSLS		
	(1)	(2)	(3)	(4)	(5)	(6)
	distor	Inno_ent	consume	distor	Inno_ent	consume
digital_fin	-0.0093^{***} (0.0035)	0.1349^{***} (0.0381)	0.0014^{***} (0.0004)	-0.0250^{*} (0.0150)	0.2333^{**} (0.1137)	0.0035^{***} (0.0012)
控制变量	控制	控制	控制	控制	控制	控制
城市固定效应	控制	控制	控制	控制	控制	控制
时间固定效应	控制	控制	控制	控制	控制	控制
常数项	-33.5806^{***} (6.3443)	-146.9000^{***} (51.4589)	0.0547 (0.0702)	-34.7327^{***} (6.3124)	-136.4808^{***} (46.8143)	-0.0712 (0.1079)
观测数	2351	2262	2464	2332	2251	2443
R^2	0.886	0.940	0.927	0.884	0.939	0.922

注：***p<0.01、** p<0.05、* p<0.1 分别表示在 1%、5% 和 10% 水平上显著；括号内数值为聚类到地级市层面的标准差。

列（1）和列（4）为以资本价格扭曲（distor）为被解释变量的回归结果。在列（1）中数字普惠金融水平（digital_fin）的系数值为 –0.0093，在 1% 的置信水平上显著；在列（4）中 digital_fin 的系数值为 –0.0250，在 10% 的置信水平上显著。这一结果表明，数字普惠金融的发展对资本价格扭曲有着显著的负向作用，这意味着数字普惠金融的发展能够显著降低资本价格扭曲程度，提升区域金融市场对资本要素的配置效率。列（2）和列（5）是以创新创业能力（Inno_ent）为被解释变量的回归结果。在列（2）中 digital_fin 的系数值为 0.1349，在 1% 的置信水平上显著；在列（5）中 digital_fin 的系数值为 0.2333，在 5% 的置信水平上显著。列（2）和列（5）中的回归结果表明，数字普惠金融对城市创新创业能力具有显著的正向作用，表明数字普惠金融的发展能够通过促进"创业均等、机会均等"及提供创新创业机遇等途径推动区域创新创业能力的提升。列（3）和列（6）是以居民消费水平（consume）为被解释变量的回归结果。在列（3）中 digital_fin 的系数值为 0.0014，在 1% 的置信水平上显著；在列（6）中 digital_fin 的系数值为 0.0035，同样在 1% 的置信水平上显著。从列（3）和列（6）中数字普惠金融对居民消费水平的估计结果可以看出，数字普惠金融的发展通过强化消费金融的功能进一步释放了居民的消费潜能，提高了居民的消费水平。实证结果表明，数字普惠金融的发展确实能够提高区域的金融市场资本配置效率、创新创业能力和居民消费水平，表 5.2 中的回归结果与前文的理论分析是一致的。

（二）数字普惠金融对 FDI 流入的影响机制检验

1. 资本配置效率

表 5.3 展示了数字普惠金融与资本价格扭曲的交叉项 digital_fin × distor 对 FDI 流入的回归结果。其中，列（1）为使用全部样本考察交叉项对 FDI 流入的影响，列（2）至列（4）分别为以东部、中部和西部为不同样本的回归结果。为与数字普惠金融的作用进行对比，列（5）以传统金融与资本价格扭曲交叉项 loan × distor 为解释变量对 FDI 流入进行回归。从列（1）的全样本分析可知，交叉项 digital_fin × distor 系数值为负（系数值

为 −0.0007）且在 10% 的水平上显著。该结果说明，在资本价格扭曲越严重的地区，数字普惠金融对 FDI 流入的促进作用越弱。结合表 5.2 的研究结果，数字普惠金融能够降低金融市场的资本价格扭曲度，而随着资本价格扭曲度的降低，数字普惠金融对 FDI 流入的促进作用将进一步增强，这意味着数字普惠金融的发展能够通过缓解资本价格扭曲度（即提升金融市场的资本配置效率）吸引 FDI 的进一步流入。

表 5.3　数字普惠金融对 FDI 流入的影响渠道——资本配置效率

变量	(1) 全样本 lnfdi	(2) 东部 lnfdi	(3) 中部 lnfdi	(4) 西部 lnfdi	(5) 全样本 lnfdi
L.digital_fin × distor	−0.0007* (0.0003)	−0.0005* (0.0003)	0.0006 (0.0013)	−0.0001 (0.0005)	
L.loan × distor					−0.0504 (0.0686)
L.digital_fin	0.0183*** (0.0048)	0.0083 (0.0077)	0.0284*** (0.0097)	0.0087 (0.0099)	
L.loan					−0.4512* (0.2298)
L.distor	0.1297 (0.0835)	0.3114** (0.1308)	0.0045 (0.1311)	−0.0850 (0.1465)	0.0509 (0.0722)
控制变量	控制	控制	控制	控制	控制
城市固定效应	控制	控制	控制	控制	控制
时间固定效应	控制	控制	控制	控制	控制
常数项	5.9272*** (0.5389)	3.4719*** (1.1194)	4.7787*** (0.9338)	7.8591*** (1.8045)	7.8582*** (0.4952)
观测数	2030	768	739	523	2028
R^2	0.803	0.818	0.759	0.711	0.804

注：***、**、* 分别表示在 1%、5% 和 10% 水平上显著；括号内数值为聚类到地级市层面的标准差。

表 5.3 考察了资本配置效率对数字普惠金融和 FDI 流入间关系影响的区域异质性，列（2）至列（4）展示了检验结果。在列（2）中，交叉项 digital_fin × distor 的系数值为 −0.0005，在 10% 的置信水平上显著为负；在列（3）和列（4）中，digital_fin × distor 的系数值分别为 0.0006 和 −0.0001，

但均不显著。由上述结果可以看出，资本价格扭曲（资本配置效率）对数字普惠金融对 FDI 流入关系的负向（正向）影响主要存在于我国东部地区，在中部和西部地区并不显著，这意味着数字普惠金融通过提升资本配置效率吸引 FDI 流入这一影响机制主要存在于东部地区。对此可能的解释是，如前文的理论分析所述，数字普惠金融的发展对资本配置效率的优化作用主要体现在能够引导资金从利率低的企业、产业或地区流入利润高的企业、产业或地区，如从生产效率较低的国有经济部门流入生产效率更高的非国有经济部门，从衰退性行业流入成长性行业等。从我国东部、中部和西部的经济发展情况来看，一方面，我国东部地区的民营经济发展相对活跃（王明琳 等，2013），但一直以来难以获得充足的金融资源，当数字金融的发展促使资本从国有经济部门流向非国有经济部门时，资本在两部门间的配置效率随之提升。另一方面，相较于中西部地区，东部地区在新兴产业的发展上更具优势（梁军 等，2014），当数字金融的发展引导资金从衰退行业流向成长性行业时，东部地区资本配置效率提升的可能性也更大。

在第四章的基准回归中，本书发现传统金融的发展对 FDI 流入产生了显著的抑制作用，这与数字普惠金融对 FDI 流入的作用是截然相反的。为进行对比研究，本章进一步考察了传统金融与资本价格扭曲的交叉项 loan × distor 对 FDI 流入的影响，从而检验金融市场的资本配置效率是否同样为传统金融对 FDI 流入的影响途径。从列（5）的回归结果可知，交叉项 loan × distor 的系数值为 −0.0504，但并不显著。据此可知，传统金融的发展难以通过提升金融市场的资本配置效率这一渠道影响 FDI 流入，这意味着数字普惠金融在促进 FDI 的流入上具有传统金融所不具备的影响渠道。

2. 创新创业能力

表 5.4 列示了数字普惠金融与创新创业能力交叉项 digital_fin × inno_ent 对 FDI 流入的回归结果。从列（1）的全样本回归结果可以看出，交叉项 digital_fin × inno_ent 系数值为正（系数值为 0.0001）且在 1% 的水平上通过了显著性检验，表明在创新创业能力越强的区域，数字普惠金融对促进 FDI 流入的边际作用越大。表 5.2 的回归结果证实，数字普惠金融的发展能够显著提升区域创新创业能力。而随着创新创业能力的上升，数字普惠金

融对 FDI 流入的促进作用也越强，表明数字普惠金融发展能够通过提高区域创新创业能力这一渠道吸引 FDI 流入。

表 5.4　数字普惠金融对 FDI 流入的影响渠道——创新创业能力

变量	(1) 全样本 lnfdi	(2) 东部 lnfdi	(3) 中部 lnfdi	(4) 西部 lnfdi
L.digital_fin × inno_ent	0.0001*** (0.0000)	0.0002*** (0.0000)	0.0001** (0.0000)	0.0001* (0.0000)
L.digital_fin	0.0027 (0.0052)	−0.0202** (0.0100)	0.0145* (0.0081)	−0.0004 (0.0109)
L.inno_ent	0.0034 (0.0045)	−0.0099 (0.0063)	0.0028 (0.0060)	−0.0010 (0.0101)
控制变量	控制	控制	控制	控制
城市固定效应	控制	控制	控制	控制
时间固定效应	控制	控制	控制	控制
常数项	5.6200*** (0.6281)	4.6877*** (1.1224)	4.7599*** (0.9300)	8.2176*** (2.1417)
观测数	2023	761	739	523
R^2	0.812	0.841	0.768	0.713

注：***、**、* 分别表示在 1%、5% 和 10% 水平上显著；括号内数值为聚类到地级市层面的标准差。

对交叉项的区域异质性检验表明，无论是在东部、中部还是西部，创新创业能力均能够显著提升数字普惠金融对 FDI 流入的促进作用。在列（2）中对东部地区样本的回归中，交叉项的系数值为正（系数值为 0.0002）并通过了 1% 置信水平的显著性检验；列（3）中对中部地区的样本回归结果显示，交叉项的系数在 5% 的置信水平上显著为正（系数值为 0.0001）；列（4）中为以西部地区为样本的回归显示，交叉项系数为正且在 10% 的水平上显著（系数值为 0.0001）。根据数字普惠金融的发展特点及其对创新创业的作用机制，数字普惠金融能够突破时间和空间的限制，其在消除信息不对称、降低融资门槛、简化审批程序及创造新型商业模式方面的作用是不依赖于地理位置的，因此，数字普惠金融在提升创新创业能力进而促进 FDI 流入这一影响机制上并不具有显著的区域异质性，这也体现了数字金融的"普惠性"特征。

本研究同样设置了传统金融与创新创业能力的交叉项 loan × inno_ent，对 loan × inno_ent 与 FDI 流入之间的关系进行了回归，回归结果如表 5.5 所示。列（1）为全样本检验结果，其中 loan × inno_ent 的系数值为 0.0166 且在 1% 的置信水平上通过了显著性检验。这一回归结果表明，传统金融与创新创业能力的交叉项同样对 FDI 流入产生了显著的正向影响。根据该结果可以推断，虽然传统金融的发展抑制了 FDI 的流入，但是传统金融依然能够在一定程度上为区域创新创业发展提供一定的金融支持，从而吸引外商直接投资流入，这一效应缓解了传统金融发展对 FDI 流入的抑制作用。

表 5.5　传统金融对 FDI 流入的影响渠道——创新创业能力

变量	(1) 全样本 lnfdi	(2) 东部 lnfdi	(3) 中部 lnfdi	(4) 西部 lnfdi
L.loan × inno_ent	0.0166*** (0.0033)	0.0207*** (0.0042)	0.0101 (0.0085)	0.0077 (0.0092)
L.loan	−1.3423*** (0.2395)	−1.8355*** (0.3216)	−1.5663*** (0.5909)	−0.1862 (0.4596)
L.inno_ent	−0.0049 (0.0054)	−0.0125 (0.0078)	0.0033 (0.0110)	−0.0001 (0.0140)
控制变量	控制	控制	控制	控制
城市固定效应	控制	控制	控制	控制
时间固定效应	控制	控制	控制	控制
常数项	6.9616*** (0.5540)	5.3920*** (1.0682)	9.2544*** (1.7425)	7.4676*** (2.0236)
观测数	2021	760	739	522
R^2	0.813	0.843	0.768	0.710

注：***、**、* 分别表示在 1%、5% 和 10% 水平上显著；括号内数值为聚类到地级市层面的标准差。

　　表 5.5 进一步对东部、中部和西部的样本进行分样本检验，检验结果如列（2）至列（4）所示。在列（2）中，交叉项 loan×inno_ent 的系数值为 0.0207，在 1% 的置信水平上显著；在列（3）中，交叉项的系数值为 0.0101，该结果并不显著；在列（4）中，交叉项的系数值为 0.0077，该结果同样不显著。根据分样本回归结果可知，创新创业能力对传统金融与 FDI 流入关系的影响主要存在于东部地区，在中部和西部地区并不显著。可能的原因在于，在我国东部地区，金融制度相对完善，民营经济更加活跃，传统金融对创新创业的支持作用也更能体现出来，进而能够通过促进创新创业的发展影响 FDI 流入，而在中西部地区，金融市场效率相对低下，金融对非国有经济部门的支持力度也相对较低，因此传统金融对创新创业发展的支持作用难以显现，也难以发挥出区域创新创业能力在吸引 FDI 流入过程中的渠道作用。

　　对表 5.4 和表 5.5 的结果对比可知，尽管从总体而言，数字普惠金融和传统金融两种金融形式均能够通过影响区域的创新创业能力作用于 FDI 流入，但是由于数字普惠金融更具"普惠性"，因此其通过促进创新创业来影响 FDI 流入的作用范围也更加广泛。

3. 居民消费水平

　　表 5.6 列示了数字普惠金融与居民消费水平的交叉项 digital_fin×consume 对 FDI 流入的回归结果。列（1）的全样本分析结果显示，交叉项 digital_fin×consume 回归系数值为 0.0114，该结果通过了 1% 水平的显著性检验，表明在居民消费水平越高的地区，数字普惠金融对 FDI 流入的促进作用越强。根据上述研究可知，数字普惠金融不仅为居民消费提供了多种金融支持，还极大地增加了消费的便利性，刺激了居民消费的增长。随着居民消费水平的上升，数字普惠金融对 FDI 流入的促进作用得以强化，这意味着数字普惠金融的发展能够通过提升居民消费水平吸引 FDI 进一步流入。

表5.6　数字普惠金融对FDI流入的影响渠道——居民消费水平

变量	(1) 全样本 lnfdi	(2) 东部 lnfdi	(3) 中部 lnfdi	(4) 西部 lnfdi	(5) 全样本 lnfdi
L.digital_fin × consume	0.0114*** (0.0031)	0.0085** (0.0034)	0.0041 (0.0070)	0.0168* (0.0097)	
L.loan × consume					1.1918 (0.8884)
L.digital_fin	0.0111** (0.0048)	0.0070 (0.0075)	0.0238** (0.0093)	−0.0008 (0.0105)	
L.loan					−0.9629** (0.4502)
L.consume	−2.7706*** (0.7098)	−2.3741*** (0.9024)	−1.1205 (1.4505)	−3.5543* (2.0448)	−3.5840** (1.7336)
控制变量	控制	控制	控制	控制	控制
城市固定效应	控制	控制	控制	控制	控制
时间固定效应	控制	控制	控制	控制	控制
常数项	7.0351*** (0.5515)	4.5957*** (1.1038)	5.5766*** (1.0685)	9.7013*** (2.2002)	9.1223*** (0.7643)
观测数	2,030	768	739	523	2,028
R^2	0.806	0.817	0.759	0.714	0.806

注：***、**、*分别表示在1%、5%和10%水平上显著；括号内数值为聚类到地级市层面的标准差。

　　列（2）至列（4）的结果为对东部、中部、西部的分样本检验结果。在列（2）中，digital_fin × consume的系数值为0.0085，该结果通过了10%水平的显著性检验；在列（3）中，digital_fin × consume的系数值为0.0041，该结果并不显著；在列（4）中，交叉项的系数值为0.0168，该结果在10%的置信水平上显著。根据分样本回归结果可以看出，居民消费对数字金融边际效应的强化作用主要存在于东部和西部地区，在中部地区并不明显。统计局数据显示，在样本期间内（2011—2019年），东部、中部和西部城镇居民人均可支配收入的平均值分别为3.19万元、2.57万元和2.88万元。可以看出，相较于中部，东部和西部地区的城镇居民拥有更高的可支配收入，这为城镇居民消费水平的提高奠定了收入基础。在东部地区，市场经济更为发达，城镇化水平也更高，居民消费意愿相对较高，同时，数字普惠金融的发展水平也高于中西部，因此，数字金融通过提供金融支持和支付便利进一步刺激了居民的消费需求，促进了居民消费水平的上升（张勋 等，2020）。西部地区的居民尽管拥有较高的平均可支配收入，但地处偏远且金融基础设施相对落后，居民消费一直以来受到较大限制。伴随数字普惠金融的发展，线上购物、移动支付、线上线下相结合（O2O）等新兴商业模式的出现打破了西部地区居民消费在空间和时间上的限制，释放了居民的消费潜能。因此，数字普惠金融的发展能够对西部地区的居民消费产生更加明显的拉动作用。

在列（5）中，本研究同样对传统金融与居民消费的交叉项 loan × consume 与 FDI 流入之间的关系进行了回归。回归结果表明，交叉项 loan × consume 对被解释变量 lnfdi 的作用虽然为正但并不显著，说明传统金融发展难以通过刺激居民消费水平这一渠道吸引 FDI 的流入，这与前文中认为我国传统金融的发展难以解决我国一直以来的"消费低迷"问题的结论是一致的。

二、金融效应和经济效应分析

（一）数字普惠金融对 FDI 流入的金融效应

在第四章的研究中，本书对数字普惠金融和以银行信贷为代表的传统金融分别进行了检验，发现在样本期内，数字普惠金融能够促进 FDI 的流入，而传统金融却抑制了 FDI 的流入。究其原因，本书认为，数字普惠金融和传统金融的发展虽然都能够带来金融发展水平的上升，但从发展维度上来说，数字普惠金融带来的是金融结构的优化和金融效率的提升，即金融的"质性"发展，更能发挥出金融发展与 FDI 流入的"互补效应"；而传统金融的发展主要体现为金融资产规模的扩大，即金融的"量性"发展，对 FDI 的作用以"替代效应"为主。数字普惠金融通过影响金融体系来对 FDI 流入产生影响，本书将其称为"金融效应"。

金融市场的资源配置效率是金融发展的核心问题。为检验数字普惠金融对 FDI 流入的金融效应是否与前文的推断相一致，本章以金融市场的资本配置效率为渠道因素，考察数字普惠金融是否存在通过提升金融市场效率促进FDI的流入这一影响机制。实证结果表明，数字普惠金融确实能够通过提升金融市场的资本配置效率促进FDI的进一步流入。与此同时，在第四章中，本书认为传统金融的发展虽然增加了资金供给，但无法改变金融系统中的金融扭曲现象，如所有权歧视、利率管制，因而也难以通过提升金融市场效率这一途径吸引FDI进入。为验证这一说法，本书同样以资本配置效率为渠道考察了传统金融对FDI流入的影响机制，发现传统金融确实无法通过改善金融市场效率影响FDI进入，证实了前文的推断。本章对数字普惠金融和传统金融的对比研究表明，虽然数字普惠金融和传统金融的发展均为金融发展的重要内容，但二者对金融体系的影响是不同的，由此对FDI流入所产生的金融效应也存在较大差别。

（二）数字普惠金融对FDI流入的经济效应

数字普惠金融的发展除了通过金融体系直接影响FDI流入以外，还可能通过影响实体经济的发展影响FDI的流入。本书将数字普惠金融对实体经济的影响称为"经济效应"。结合第二章中对数字普惠金融的经济效应和FDI区位选择的影响因素相关文献的梳理，本书认为，区域的创新创业能力和居民消费水平可能成为数字普惠金融影响FDI流入的渠道因素。从创新创业的角度，金融的发展能够通过缓解融资约束服务于区域创新创业的发展；数字普惠金融作为一种金融创新形式，能够催生出新的商业模式和投资机遇，从而提升区域的创新能力和创业质量。随着跨国企业对区域创新能力和投资潜力的重视程度的提升，创新创业的发展将吸引FDI的进一步流入。从居民消费的角度，数字金融的发展为居民消费提供了金融支持和支付便利，并能够催生多样化的消费模式，增加居民的消费选择，从而能够进一步释放居民的消费潜能。我国庞大的消费市场一直是影响跨国企业对华FDI的重要因素，因此，我国居民消费需求的上升也能够刺激FDI的流入。根据上述分析，从创新创业和居民消费的角度，数字普惠金融所产生的经济效应将促进FDI的流入，实证结果支持了上述观点。

对传统金融的研究发现，区域创新创业能力的提升能够降低传统金融对FDI流入的抑制作用，表明传统金融能够通过刺激创新创业的发展吸引FDI的流入，从而缓解传统金融发展对FDI的"替代效应"，但该作用仅存在于金融市场和民营经济较为发达的东部地区。而数字普惠金融对 FDI 流入的创新创业效应在东部、中部和西部均是存在的，证实了数字普惠金融的确比传统金融更具"普惠性"。在我国传统的消费金融体系中，住房按揭贷款占比居高不下，而其他消费金融类别往往以中高收入人群为服务对象，难以下沉到更广大的"长尾"人群，因此传统金融对居民消费的刺激作用十分有限（丁杰，2015）。据此本书认为，传统金融的发展难以实际改善我国"消费低迷"的情况，因而也无法通过拓展消费市场这一渠道吸引 FDI 的流入。实证结果表明，传统金融不存在对 FDI 流入的消费效应，证实了理论分析中的观点。根据以上对数字普惠金融和传统金融的创新创业效应和消费效应的分析，可以发现数字普惠金融确实存在着传统金融所不具备的经济效应。

三、稳健性检验

在稳健性检验中，本书主要通过更换核心解释变量的方法对上文的回归结果进行验证，以考察实证结果的稳健性。

（一）替换数字普惠金融与资本价格扭曲的交叉项

由于城市层面行业数据的缺失，因此本章使用了资本价格的扭曲程度（distor）作为资本配置效率的代理变量。在稳健性检验中，本书采用省级层面的数据，利用 Wurgler（2000）的资本配置效率测度方法，对地级市所在省份的资本配置效率进行测算，得到变量 allocate，构建交叉项 digital_fin × allocate 替代原核心解释变量 digital_fin × distor。

本研究基于 Wurgler（2000）的模型，利用 2010—2017 年地级市所在省份的 9 大行业（包括农林牧渔业、工业、建筑业、房地产业、金融业、交通运输仓储和邮政业、批发和零售业、住宿和餐饮业以及其他服务业），分年度分地区估算区域经济的资本配置效率，估算模型为：

$$\ln\left(I_{ic,t}/I_{ic,t-1}\right)=\alpha_{ct}+\pi_{ct}\ln\left(V_{ic,t}/V_{ic,t-1}\right)+U_{ic,t} \qquad (5.7)$$

式（5.7）中，$I_{ic,t}$ 为省份 c 内第 t 年行业 i 的固定资产投资额；$V_{ic,t}$ 为省份 c 内第 t 年行业 i 的生产总值；π_{ct} 为省份 c 第 t 年的投资弹性系数，即变量（allocate）。π_{ct} 的取值越大，说明地区固定资产投资的增加或减少对本区域内各行业的产出越灵敏，对实体经济的资本配置越有效。

（二）替换数字普惠金融与创新创业指数的交叉项

在前文的实证研究中，本书采用了中国区域创新创业指数来衡量区域的创新创业能力。在稳健性检验中，本书采用城市的专利授权总量（patent）衡量区域的创新水平，采用区域内的新增企业数（newfirm）衡量区域的创业水平，分别构建交叉项 digital_fin × patent 和 digital_fin × newfirm 来替代原核心解释变量 digital_fin × inno_ent。

（三）替换数字普惠金融与居民消费水平的交叉项

在数字普惠金融与居民消费水平的交叉项 digital_fin × consume 中，由于数字普惠金融对居民消费的作用主要在于，居民对数字支付业务的使用提升了居民消费的支付效率和支付便利，催生了新的交易模式和交易场景，刺激了居民消费的增长。因此在稳健性检验中，本书以使用深度维度中数字支付业务的发展水平（payment）与居民消费水平构建交叉项 payment × consume 替代原核心解释变量 digital_fin × consume。

替换核心解释变量后，回归结果如表 5.7 所示。在列（1）对数字普惠金融与资本配置效率对 FDI 流入的回归中，核心解释变量 digital_fin × allocate 的系数值显著为正（系数值为 0.0005），并在 1% 水平上通过了显著性检验，说明资本配置效率越高，数字普惠金融对 FDI 流入的促进作用越大，数字普惠金融能够通过提升金融市场的资本配置效率促进 FDI 的流入，该结果与前文的实证结果是一致的。列（2）和列（3）分别为数字普惠金融与创新能力的交叉项 digital_fin × patent 及数字普惠金融与创业能力的交叉项 digital_fin × newfirm 对 FDI 流入的回归结果，结果显示，digital_fin × patent 的系数值为 0.0018，在 1% 的置信水平上显著为正；digital_fin × newfirm 的系数值为 0.0001，在 1% 的置信水平上显著为正。回归结果表明，在创新（创业）能力越强的地区，数字普惠金融对 FDI 的边际促进作用越强，数字普惠金融能够通过促进创新（创业）的发展进一步吸引 FDI 流入，这一结果与前文的实证结果也是一致的。在列（4）中，本研究用数字支付业务的支付水平替换了数字普惠金融总指数，构建交叉项

payment × consume，与前文结果一致，交叉项对于 lnfdi 的回归系数在 10% 的置信水平上显著为正（系数值为 0.0064），表明数字支付业务的发展能够通过改善支付便利刺激居民消费，进而吸引 FDI 的进一步流入。稳健性检验的结果表明，数字普惠金融能够通过影响金融市场资本配置效率、城市创新创业能力和居民消费水平促进 FDI 的进一步流入，该结果是十分稳健的。

表 5.7 影响机制的稳健性检验

变量	(1) lnfdi	(2) lnfdi	(3) lnfdi	(4) lnfdi
L.digital_fin × allocate	0.0005*** (0.0001)			
L.allocation	−0.0659*** (0.0141)			
L.digital × patent		0.0018*** (0.0003)		
L.lnpatent		−0.0673 (0.1009)		
L.digital × newfirm			0.0001*** (0.0000)	
L.newfirm			0.0013 (0.0057)	
L.digital_fin	0.0176*** (0.0051)	−0.0042 (0.0056)	0.0032 (0.0055)	
L.payment × consume				0.0064* (0.0034)
L.payment				0.0082** (0.0034)
L.consume				−3.2470** (1.2761)
控制变量	控制	控制	控制	控制
城市固定效应	控制	控制	控制	控制
时间固定效应	控制	控制	控制	控制
常数项	5.9139*** (0.5599)	6.5533*** (0.9820)	5.8517*** (0.6574)	7.4870*** (0.6462)
观测数	1787	2028	2023	2030
R^2	0.813	0.809	0.810	0.809

注：***p<0.01、** p<0.05、* p<0.1 分别表示在 1%、5% 和 10% 水平上显著；括号内数值为聚类到地级市层面的标准差。

第五节　本章小结

在本章的研究中，本书综合考虑了第二章中数字普惠金融对实体经济发展和金融市场发展作用的相关文献及对 FDI 区位选择影响因素相关文献的研究结果，探讨了数字普惠金融影响 FDI 流入可能存在的影响机制。本书中将数字普惠金融通过影响金融体系对 FDI 流入产生的影响称为"金融效应"，通过影响实体经济发展对 FDI 流入产生的影响称为"经济效应"。从数字普惠金融影响 FDI 流入的金融效应的角度，本书认为数字普惠金融能够通过提高金融市场的资本配置效率来改善我国金融体系中一直以来存在的金融扭曲现象，从而对 FDI 流入产生促进或抑制作用。从数字普惠金融影响 FDI 流入的经济效应的角度，本书认为数字普惠金融能够提升区域的创新创业能力和居民消费水平，从而提升区域经济对 FDI 的吸引力，促进 FDI 的进一步流入。为实证检验上述影响机制，本研究首先从地级市层面验证了数字普惠金融对金融市场资本配置效率、区域创新创业能力和居民消费水平的影响的存在性；其次，通过设置数字普惠金融与渠道因素的交叉项进一步检验了上述渠道因素在数字普惠金融对 FDI 流入的促进效应中可能发挥的作用。为了解数字普惠金融对 FDI 流入的影响机制与传统金融的影响机制的区别，本书进一步考察了传统金融和上述渠道因素的交叉项对 FDI 流入的作用。本章的研究结论包括以下几个方面。

第一，数字普惠金融的发展能够提升金融市场的资本配置效率，资本配置效率的上升促进了 FDI 的流入。这一影响机制为数字金融发展对 FDI 流入的"互补作用"提供了解释。对传统金融的比较研究发现，由于传统金融的发展无法从根本上改善我国的金融扭曲现象，难以发挥出金融效率提升对 FDI 的吸引作用，因此传统金融的发展难以通过作用于金融市场效率影响 FDI 的流入。

第二，数字普惠金融的发展能够提升区域创新创业能力，创新创业能力的提高吸引了 FDI 的进一步流入。通过对传统金融进行比较研究，本书发现创新创业能力的提升能够缓解传统金融对 FDI 的抑制作用，这意味着传统金融对 FDI 流入也存在着创新创业这一正向影响机制，但该效应主要存在于我国东部地区，在中部和西部地区并不显著。数字普惠金融对 FDI 流入的创新创业效应在东部、中部和西部均有体现，说明在创新创业这一影响机制上，数字普惠金融比传统金融更具"普惠性"。

第三，数字普惠金融的发展能够刺激居民消费，居民消费潜力的释放能够刺激 FDI 进一步流入我国，而传统金融无法解决我国"消费低迷"的问题，因而也无法通过该机制影响 FDI 的流入。

第四章的研究显示，数字普惠金融与 FDI 之间呈现"互补效应"，而传统金融与 FDI 之间呈现"替代效应"。本章的研究结果不仅阐述了数字普惠金融对 FDI 流入的影响机制，而且在一定程度上解释了数字金融与传统金融对 FDI 流入存在不同作用的原因：数字普惠金融的发展能够通过作用于金融市场的资本配置效率、区域的创新创业能力和居民消费水平等途径影响 FDI 的流入，上述金融效应和经济效应的发挥共同导致了数字普惠金融对 FDI 流入的"互补效应"。而我国传统金融的发展主要表现为信贷规模的扩大，难以通过提高金融市场效率吸引 FDI 流入，对 FDI 流入更多地体现为"替代效应"。从经济效应上，传统金融也无法通过促进居民消费的途径发挥出对 FDI 流入的正向促进作用。虽然传统金融对创新创业的支持能够一定程度上吸引 FDI 的流入，缓解传统金融发展对 FDI 流入的抑制作用，但该效应并不具有普遍性。在金融效应和经济效应上综合的差异导致数字普惠金融和传统金融对 FDI 流入最终产生了截然不同的影响。

第六章　数字普惠金融、FDI流入和经济高质量发展

第一节　引　言

党的十九大报告指出，我国已由经济高速增长阶段进入经济高质量发展的阶段。第四章和第五章的内容证实了数字普惠金融的发展将对 FDI 流入产生促进作用。那么在数字普惠金融发展对 FDI 流入的促进下，二者将会对区域经济的高质量发展产生怎样的影响呢？也是值得本书关注的问题。

金融发展和 FDI 流入能够为经济建设提供所必需的资金，从而促进经济增长。自我国进入经济转型阶段以来，大量研究探讨了金融发展和 FDI 利用对提升我国经济发展质量的影响。相关研究认为，我国金融市场发展的不平衡性、不充分性制约了经济发展质量的提升（胡宗义 等，2013；余静文，2013；杨伟中 等，2020），因此，需要深化金融改革，填补金融体系的已有缺陷。在利用外资弥补资金缺口的同时，如何利用好 FDI 的溢出效应来提升经济发展质量也是备受关注的议题。在研究金融发展和 FDI 流入对经济发展的联合效应时，一些研究将东道国的金融条件视为影响 FDI 对经济发展促进作用的关键性因素（Alfaro，2004；Choong，2012；周兵 等，2014），FDI 流入也被认为强化了金融对东道国经济发展的支持作用（王冲 等，2019；文淑惠 等，2020）。

要了解数字普惠金融和 FDI 流入对经济高质量发展的影响，首先要了解经济高质量发展的内涵。习近平总书记指出："高质量发展，就是能够很好满足人民日益增长的美好生活需要的发展，是体现新发展理念的发展，是创新成为第一动力、协调成为内生特点、绿色成为普遍形态、开放成为必由之路、共享成为根本目的的发展。"本书认为，数字普惠金融与经济高质量发展的内涵具有高度一致性。首先，数字普惠金融是由数字技术所驱动的金融模式，其发展动力与经济高质量发展相一致；其次，数字普惠金融能够提升"长尾群体"的金融可得性，使"金融普惠"成为应有之义，这与经济高质量发展中协调发展的特点和共享发展的目标不谋而合；再次，数字普惠金融的发展强化了金融市场在资源配置中的作用，能够将资源引导至新兴产业和创新企业，有助于推动产业结构升级，实现绿色发展；最后，数字普惠金融借助信息科技突破了时间和空间限制，拓展了金融服务的可能性边界，推动了经济的开放性发展。不仅如此，数字普惠金融还大大提升了金融的可得性和便利性，对提升居民生活水平具有一定的积极作用。在数字普惠金融的推动下，FDI 的流入规模和流入结构也可能发生变化，市场寻求型、知识寻求型和金融驱动型 FDI 可能增加，而效率和资源寻求型 FDI 可能会有所减少（詹晓宁 等，2018）。FDI 规模和质量的上升将进一步强化数字普惠金融对经济高质量发展的正向影响。

本章首先从理论层面论述了金融发展对经济高质量发展的作用，FDI 与东道国经济高质量发展的关系，以及数字普惠金融和 FDI 对经济高质量发展的联合效应，得出数字普惠金融和 FDI 流入将共同对经济高质量发展发挥积极影响。其次，通过构建计量模型实证检验了在数字普惠金融对 FDI 流入的促进效应下，二者的共同发展对经济高质量发展所产生的作用。但受限于数据的可得性，本研究对 FDI 流入的衡量仅限于规模层面。最后，本章结合理论和实证的分析结果进行了总结，得出研究结论。

第二节　文献综述和理论分析

一、数字普惠金融和经济高质量发展

随着金融发展理论的不断发展，经济发展决定金融演化、金融发展能够推动或阻碍经济发展已经成为共识。自我国进入经济转型阶段以来，越来越多的学者开始关注我国的金融发展状况与经济发展质量之间的关系。部分学者提出，良好的金融体系是一国实现创新和有效利用资源的先决条件（Demetriades et al., 2004；Brown et al., 2009），我国金融体制的现有缺陷阻碍了经济的高质量发展（沈坤荣 等，2018）。科技创新被认为是经济高质量发展的核心驱动力，在我国银行主导型金融体系下，金融资源配置存在扭曲，金融对科技创新的信息甄别、资金支持和风险分散等功能难以被发挥出来，金融对技术进步的促进作用被削弱（杨伟中 等，2020）。刘文革等（2014）、沈坤荣和赵亮（2018）、成学真和龚沁宜（2020）认为，我国金融市场发展的不平衡、不充分导致资金"脱实向虚"，金融资源集中进入了房地产等领域，对实体部门产生"挤出效应"，这将损害经济的长期发展，制约经济高质量循环。因此，深化金融改革、优化金融资源配置机制，充分发挥金融对技术创新的支持作用，更好地完善金融服务实体经济的功能，是推动经济高质量发展的关键性举措（刘文革 等，2014；杨伟中 等，2020；刘波 等，2021）。一些研究通过实证研究验证了金融发展对经济高质量发展的影响。赵玉龙（2019）对我国城市层面的数据进行分析发现，金融发展能够通过缓解资本错配、提高资本配置效率等途径影响区域经济发展质量（沈坤荣 等，2018）。部分学者从金融发展的不同维度对二者关系进行了验证。刘波等（2021）研究了金融结构对经济高质量发展的影响，发现银行集中度和直接融资占比的提升能够显著提高经济发展质量，其中，研发投入在银行集中度的影响中发挥了中介效应。黄永明和姜泽林（2019）的研究也得出，在银行业结构和直接融资占比达到最优时，产业专业化集聚也达到最佳状态，此时产业集聚对我国经济发展质量的作用将达到最大。杨伟中等（2020）认为，金融市场资源配置能力的优化有助于合理分配创新投资和生产投资之间的关系，通过影响生产要素投入规模和技术进步率等途径影响经济发展质量。李瑞和董璐（2021）运用结构方程模型从金融规模扩大、金融结构优化和金融效率提高等多个方面考察了金融发展对经济高质量增长的影响机理，发现金融发展能够通过促进经济增长、技术进步、产业结构优化、环境改善和居民福利提升等途径驱动经济高质量发展，其中金融规模的影响最大，其次是金融效率和金融结构。

　　数字普惠金融是对传统金融的延伸与革新，能够发挥技术驱动和金融支持双重功能。薛莹和胡坚（2020）、赵涛等（2020）认为，依托数字技术，数字普惠金融不仅能够拓宽金融服务范围，降低经济发展成本和增强经济创新活力，而且能够助推金融业务脱虚向实，更大限度地提升金融服务实体经济的能力。不仅如此，数字普惠金融能够打破金融服务中的"二八定律"，兼顾效率、公平和可持续性，与经济高质量发展的目标不谋而合（滕磊 等，2020；姜松 等，2021）。第五章的研究证实了数字普惠金融对经济发展具有资本配置效应、创新创业效应和消费效应。首先，数字普惠金融能够引导金融资源流向效率更高的新兴产业和创新型企业，实现对金融资源的高效利用及金融资本与产业资本的有效匹配，充分发挥金融发展的资源配置功能，推动产业结构转型和经济增长质量的提升（刘文革 等，2014；姜松 等，2021）。其次，数字普惠金融通过吸收闲散资金、降低信息不对称、提高风险管理水平、提升融资便利性等机制为创新创业活动提供资金支持，并通过金融创新为创新创业提供方向和机遇，为经济高质量发展提供了更强的驱动力（赵涛 等，2020）。再次，数字普惠金融有助于缓解我国一直以来的"消费低迷"问题，更大程度地发挥消费对经济发展的引擎作用，降低我国经济对外需和投资的依赖性，引导资金回归实体经济，推动国民经济健康运转（成学真 等，2020；钱海章 等，2020）。根据陈彦斌和王兆瑞（2020）的研究，经济高质量发展关注的是居民福利的提升，因而居民消费水平的上升即为经济高质量发展的重要标志。此外，一直以来，城乡差距制约着我国经济的协调发展，数字普惠金融能够削减贫困，显著缩小城乡差距（张勋 等，2019；周利 等，2020）和贫富差距（黄倩 等，2019），促进收入分配平等，实现包容性增长，进而促进经济的协调发展和共享发展（尹应凯 等，2020）。

二、FDI 流入和经济高质量发展

FDI 对发展中国家经济增长的推动作用已经被众多研究所证实（沈坤荣等，2001；Alfaro et al.，2004；陈继勇 等，2008）。随着传统经济增长模式的不可持续性日益凸显，有效利用外资被一些学者认为是谋求经济转型、提升经济发展质量的有效途径。在"经济高质量发展"这一概念提出以前，大量研究探讨了 FDI 对经济增长方式转变的影响，主要聚焦于 FDI 的技术溢出效应。郭克莎（1995a）曾提出，外资的大量进入对国内工业造成了冲击，要求我国尽快转变经济增长方式，提高经济发展质量；与此同时，FDI 也为生产方式的转变带来了资金和技术上的支持。傅元海等（2010）研究了外资企业生产本地化和外资参与度对技术转移和经济增长方式转变的影响，发现本地化过程中的技术转移和扩散确实能够促进经济增长方式的转变，但外资参与程度的作用是有限的。赵文军和于津平（2012）通过 30 个工业行业的面板数据考察了 FDI 利用对我国经济增长方式的影响，认为 FDI 流入迫使内资企业提升技术和管理水平，进而带动了经济增长方式的转型和升级，尤其是在资本技术密集型和平均规模较大的行业。与此同时，也有一些研究认为，外商直接投资的技术溢出作用未必能改变我国的经济发展方式，其外部性的发挥还受到当地条件的限制，如区域的人力资本、科技水平、基础设施建设、法律环境等（罗军，2016）。陈继勇和盛杨怿（2008）对我国 29 个省（直辖市、自治区）1992—2006 年的面板数据进行分析发现，FDI 对区域技术进步和经济发展的正外部性主要是由 FDI 引致的进口贸易增加带来的，FDI 的知识溢出效应并不明显，尤其是在经济和科技发展水平较低的地区。于津平和许小雨（2011）以长三角地区"两省一市"为研究对象，发现尽管 FDI 能够提升区域的技术水平，但是同时会对国内投资产生"挤入效应"，因此其对经济增长方式的最终影响并不明确。傅元海和王展祥（2013）研究了 1996—2007 年高技术行业的外资引进对经济发展方式的影响，发现外资进入引发的内资企业技术引进对内资经济增长方式的转变并没有显著影响，但东道国的人力资本对引进技术的消化与吸收能力能够促使上述效应转负为正。

随着经济发展结构的不断调整，郭克莎（1995b）和洪银兴等（2000）

提出，为促进经济发展方式的转型，东道国对 FDI 的利用也应该由注重利用规模向强调质量和效益转变，在对外资的利用上应该更加注重优化外资的利用结构。孙早等（2014）进一步指出，注重外资利用的质量和效益，实行差异化外资战略，这是现阶段我国工业发展的客观要求，中国工业应该以利用 FDI 推动自主创新和工业结构升级作为出发点，加速经济发展方式转型。Javorcik 等（2004）认为，不同来源地的外资企业会对东道国产生不同的垂直溢出效应。他们对罗马尼亚的外资企业数据进行分析发现，来自美国和亚洲的企业对罗马尼亚企业生产效率的提升产生了正向影响，而源自欧洲的企业则对罗马尼亚企业生产效率的提升产生了负向影响。Alfaro 和 Charlton（2007）研究了不同类型的 FDI 对经济增长的作用，发现并非所有类型的 FDI 都能促进经济的发展，依赖于技能或者金融资本的 FDI 对东道国的经济增长存在更强的促进作用。邹建华和韩永辉（2013）根据我国珠三角地区的外资引入情况，从单一项目规模、制造业投资占比、出口额占比、技术外溢潜力等方面衡量了 FDI 的发展质量，认为 FDI 的质量比规模更加能够推动经济发展。白俊红和吕晓红（2017）认为，FDI 质量反映了外资对东道国经济发展的贡献能力。他们从盈利能力、管理水平、技术水平、实际规模、出口能力等维度建立了 FDI 质量的指标体系，发现 FDI 质量的提升对我国经济发展方式的转变有着显著的积极影响。从区域来看，在沿海地区的促进作用要强于内陆地区。在此基础上，胡雪萍和许佩（2020）同样根据上述维度对 FDI 质量的各个方面进行了检验，发现 FDI 的盈利能力、管理能力及技术溢出效应能够为我国经济发展带来资本要素、管理经验和先进技术，进而推进经济的高质量发展，但是如果大规模的 FDI 进入房地产或高污染行业则会降低经济发展质量，出口能力则未能显著影响经济发展。

三、数字普惠金融、FDI 流入和经济高质量发展

在对金融发展、FDI 与经济发展之间关系的研究中，多数研究将金融发展视为 FDI 影响经济发展的环境因素，衡量金融发展在 FDI 对经济发展的溢出效应中的调节作用，如 Alfaro（2004）利用 1975—1995 年的跨国数据

进行实证分析，发现 FDI 本身对东道国经济增长的作用是模糊的，但金融市场发达的国家能从 FDI 流入中获得明显收益。Alfaro（2010）构建了理论机制来分析 FDI 对经济发展的后向关联，发现与金融不发达的国家相比，FDI 的增加使金融发达国家具有更高的经济增长率。Choong（2012）认为，东道国完善的金融体系是 FDI 对经济增长产生积极影响的重要前提。他考察了 1983—2006 年 95 个国家 FDI、金融发展和经济增长之间的关系后发现，FDI 对经济增长的作用取决于东道国的吸收能力，尤其是金融系统发展方面，FDI 和金融体系将通过效率效应共同影响经济增长。因此，东道国金融体系的改善有助于增加 FDI 效益。在国内研究中，王永齐（2006）认为，金融市场效率的提高将通过降低融资成本和提高人力资本的学习水平增加 FDI 的边际社会产出，进而影响经济增长效率的增长。这意味着金融市场在 FDI 溢出和经济增长之间发挥了重要的联结作用。王琰和蒋先玲（2011）基于我国省级层面的数据考察我国 FDI 的实际利用、金融发展水平和经济增长之间的关系，发现国内金融市场能通过提高我国对外资的吸收能力和对技术的转化能力促进经济增长。区域异质性检验发现，在金融发展程度较高的东部和中部地区，FDI 对经济增长的促进作用十分显著，而在金融发展程度较低的西部地区，FDI 对经济增长并未体现出促进作用。孙力军（2008）基于拉姆齐—卡斯—库普曼斯模型研究了金融发展和 FDI 的联合效应对经济增长的作用，并进行了实证检验。研究发现，在金融发展到一定水平时，外资对经济增长的促进作用是非线性的，将随着 FDI 数量的增加而弱化乃至为负；在 FDI 数量一定时，金融发展则能够通过资本积累推动经济的持续增长。据此，他提议东道国在引进外资的同时，也需要大力推动金融发展。周兵等（2014）通过对我国省级数据的分析发现，金融环境是制约 FDI 溢出效应的关键因素，只有越过金融发展的门槛值，才能更好地吸收外资企业带来的资本和技术。罗军（2016）认为，完善的金融体系能够增强东道国对 FDI 技术溢出的吸收能力，使 FDI 更好地发挥资本积累效应和技术溢出效应，进而促进经济发展。

也有一些文献考察了 FDI 对金融与经济发展之间关系的调节作用。王冲和李雪松（2019）以长江经济带 108 个地级市作为研究对象，发现样本期间内 FDI 的引进能够强化金融发展对经济效率的提升作用。文淑惠和张诣博（2020）分析了"一带一路"合作伙伴的金融发展和 FDI 溢出对经济增长效率的影响，发现金融深化能够提升经济增长效率，但金融效率对经济增长的作用未能显现，FDI 的技术溢出效应和资本积累效应强化了金融发展对经济增长的促进作用。

数字普惠金融的发展将给三者的关系带来了新的变化。第五章的研究证实，数字普惠金融通过资源配置效应、创新创业效应和消费效应促进了 FDI 的流入。除了 FDI 的流入规模以外，也对 FDI 的流入质量产生了一定影响。数字普惠金融的资本配置效应有助于金融资源流入效率更高的行业和企业。在经营效率或投资效率上具备优势的外资企业能够获得更多的金融资源，因而有助于吸引高效率企业和更依赖金融资源的外资企业进入东道国。数字普惠金融的创新创业效应在对跨国企业的技术垄断优势提出更高要求的同时，更吸引了知识寻求型外资企业的进入，推动外资战略由"招商引资"向"招商引智"和"招商引能"转变（詹晓宁 等，2018）。数字普惠金融的消费效应则有助于进一步吸引市场寻求型的跨国企业进入。伴随高技术行业 FDI 的进入，外资企业的资产中心逐步由固定、有形资产向无形、流动资产转变，劳动力、资源、土地等传统生产要素的重要性有所下降，效率寻求型和能源寻求型 FDI 将有所减少。在数字普惠金融发展带来的对 FDI 的规模和质量的共同提升下，数字普惠金融对经济高质量发展的推进作用也将得到进一步强化。

第三节　研究设计

一、样本选择和数据来源

除了数字普惠金融指数及经济高质量发展指标计算时所使用的中国区域创新创业指数以外，本章中所使用的数据主要来源于《中国城市统计年鉴》和《中国统计年鉴》。为保障样本之间的可比性，对直辖市作了删除处理。

去除样本缺失值后，共包含 279 个地级市（包括后来被合并到其他城市和新成立的地级市）。与前文一致，本章中样本选取时间为 2011—2019 年，总共形成了 1973 条非平衡面板数据。

二、模型构建和变量选取

（一）模型构建

为研究数字普惠金融促进 FDI 流入所产生的经济作用，构建了如下计量模型，以衡量数字普惠金融和 FDI 流入对经济高质量发展的联合效应。

$$\text{hqd}_{it} = \alpha_0 + \alpha_1 \, \text{digital\_fin}_{it} \times \text{lnfdi}_{it} + \alpha_2 \, \text{digital\_fin}_{it} + \alpha_3 \ln \text{fdi}_{it} \\ + \beta X_{it} + \gamma_i + \gamma_t + \mu_{it} \quad (6.1)$$

式（6.1）中，hqd 为经济高质量发展指标；digital_fin × lnfdi 为数字普惠金融和 FDI 的交叉项；X 为一系列控制变量；i 为城市；t 为年份；γ_i 和 γ_t 分别为城市固定效应和时间固定效应；μ_{it} 为随机扰动项。

（二）变量选取

1. 被解释变量

现有经济高质量发展（high-quality economic development，hqd）的衡量指标具有单一指标和指标体系两种，单一指标通常用经济效率来表示，如全要素生产率（total factor productivity，TFP）、经济增长率，但这些指标无法包括经济高质量发展的全部内涵，应该通过建立多维度评价体系综合反映（刘亚雪 等，2020）。参考赵涛等（2020）的研究，本书根据样本期间内可获得的地级市层面的数据，从产业结构、包容性 TFP、技术创新、生态环境和居民生活等方面构建了经济高质量发展的多维度评价指标，并运用主成分分析法对总指数进行提取。

经济高质量发展的指数评价体系如表 6.1 所示。产业结构指标从产业结构高级化、产业结构合理化和生产性服务业占比三个方面衡量，该指标对经济高质量发展发挥着积极作用；包容性 TFP 以资本、劳动作为投入要素，以实际 GDP 和城乡收入差距作为期望产出，通过 Hicks-Moorsteen 指数方法计算得出，该指标与经济高质量发展正向相关；创新创业指标以北京大学国家发展研究院与龙信数据研究院联合开发的中国区域创新创业指数表示，该指标与经济高质量发展呈正相关关系；生态环境指标从废水排放、废气排放、烟尘排放和固体废物排放等四个方面来衡量，其中废水排放、废气排放和烟尘排放指标与经济高质量发展指标负向相关，固体废物排放指标以工业固体废物综合利用率表示，与经济高质量发展相关指标呈正相关；居民生活水平从人均 GDP、人均教育支出和人均床位数三个方面衡量，该指标与经济高质量发展正向相关。

表 6.1　经济高质量发展的指数评价体系

一级指标	二级指标	指标计算	属性
产业结构	产业结构高级化	第三产业和第二产业产值之比	+
	产业结构合理化	参考干春晖等（2011）的研究，由三次产业间从业人员数和产值比例测度的泰尔指数来表示	−
	生产性服务业占比	从业人员中交通仓储邮电业，信息传输、计算机服务和软件业，金融业，租赁和商业服务业，科研、技术服务和地质勘查业等生产性服务业的占比	+
包容性 TFP	包容性 TFP	以资本、劳动作为投入要素，以实际 GDP 和城乡收入差距作为期望产出，通过 Hicks–Moorsteen 指数方法计算所得	+
创新创业	创新创业能力	北京大学国家发展研究院与龙信数据研究院联合开发的中国区域创新创业指数	+
生态环境	废水排放	工业废水排放量 /GDP	−
	废气排放	工业二氧化硫排放量 /GDP	−
	烟尘排放	工业烟尘排放量 /GDP	−
	固体废物排放	工业固体废物综合利用率	+
居民生活水平	人均 GDP	实际 GDP/ 总人口	+
	人均教育支出	教育支出 / 总人口	+
	人均床位数	医院床位数 / 总人口	+

2. 解释变量

本研究的解释变量为数字普惠金融与 FDI 流入的交叉项 digital_fin × lnfdi。与前文一致，digital_fin 为数字普惠金融水平，lnfdi 为 FDI 流入水平，该指标主要用于衡量数字普惠金融和 FDI 流入对经济高质量发展的联合效应。为进一步了解数字普惠金融各个维度的作用，本研究还构建了交叉项 coverage × lnfdi、usage × lnfdi 和 digitization × lnfdi，以分别衡量数字普惠金融的覆盖广度、使用深度和数字化程度与 FDI 流入对经济高质量发展的共同影响。为保证与被解释变量量纲的一致性，本章中将数字普惠金融指数及其各个维度的数据除以 100，以更好地观测实证结果（冯丽艳，2016）。

3. 控制变量

模型中控制的其他解释变量包括：①财政分权度（fisdp），参考赵涛等（2020）的方法，以预算内财政收入与财政支出的比值来衡量；②城镇化水平（urbanization），以市辖区人口占全市总人口的比值衡量；③货运水平（freight），用城市货运总量与当年所有城市合计的货运总量的比值表示；④基础设施水平（facility），参考吕朝凤和毛霞（2020）的衡量方法，以城市每百人拥有的医院、卫生院床位数表示；⑤对外开放水平（open），以城市所在省份的进出口总额与本省生产总值的比值表示。

第四节　实证检验和结果分析

一、实证结果与分析

表 6.2 显示了数字普惠金融和 FDI 流入对经济高质量发展的作用的回归结果。列（1）中显示了数字普惠金融总指数与 FDI 的交叉项 digital_fin × lnfdi 对经济高质量发展指标 hqd 的影响。实证结果显示，交叉项 digital_fin × lnfdi 对 hqd 产生了正向影响（系数值为 0.0368），并在 1% 的置信水平上显著，数字普惠金融和 FDI 流入不仅能够共同为经济高质量发展提供必要的资金支持，而且二者之间对经济高质量发展具有明显的相互促进作用，因而能够对经济高质量发展发挥正向联合效应。根据前文所述，数字普惠金融能够通过提升金融市场资本配置效率、促进区域创新创业发展、提升居民消费等途径促进 FDI 流入。同时，数字普惠金融与经济高质量发展具有高度的内在一致性，因而数字普惠金融发展亦能够驱动经济高质量发展。与此同时，根据前文理论部分的分析，FDI 流入能够给东道国带来资本要素、先进技术（知识）、管理经验等资源，从而进一步强化数字普惠金融对经济高质量发展的推动作用。

表 6.2　数字普惠金融和 FDI 对经济高质量发展的作用的回归结果

变量	(1) hqd	(2) hqd	(3) hqd	(4) hqd
digital_fin × lnfdi	0.0368*** (0.0119)			
digital_fin	0.0789 (0.2402)			
coverage × lnfdi		0.0409*** (0.0109)		
coverage		−0.0380 (0.2344)		
usage × lnfdi			0.0376*** (0.0103)	
usage			−0.0508 (0.0936)	
digitization × lnfdi				0.0280*** (0.0079)
digitization				−0.0011 (0.0007)
lnfdi	−0.0576** (0.0238)	−0.0593*** (0.0202)	−0.0562** (0.0219)	−0.0523** (0.0216)
fisdp	0.1548* (0.0856)	0.1557* (0.0855)	0.1581* (0.0838)	0.1598* (0.0852)
urbanization	0.2477 (0.2065)	0.2529 (0.2040)	0.2565 (0.2031)	0.2592 (0.2043)
freight	0.4344 (0.2865)	0.3963 (0.2986)	0.4323 (0.2870)	0.4552 (0.2938)
facility	1.4466*** (0.0778)	1.4505*** (0.0776)	1.4380*** (0.0791)	1.4401*** (0.0809)
open	−0.1298 (0.2908)	−0.1441 (0.2923)	−0.1413 (0.2993)	−0.1634 (0.3095)
城市固定效应	控制	控制	控制	控制
时间固定效应	控制	控制	控制	控制
常数项	−0.3289*** (0.1114)	−0.2801** (0.1215)	−0.2540** (0.1000)	−0.2016** (0.0953)
观测数	1973	1973	1973	1973
R^2	0.662	0.661	0.662	0.661

注：***、**、* 分别表示在 1%、5% 和 10% 水平上显著；括号内数值为聚类到地级市层面的标准差。

在列（2）至列（4）中，分别使用数字普惠金融的各个维度与人均 FDI 实际利用额构建了交叉项。表 6.2 的回归结果表明，数字普惠金融覆盖广度与 FDI 的交叉项 coverage × lnfdi 系数值为 0.0409，并在 1% 水平上显著；使用深度与 FDI 的交叉项 usage × lnfdi 系数值为 0.0376，且在 1% 的置信水平上显著；数字化程度与 FDI 的交叉项 digitization × lnfdi 系数值为 0.0280，仍在 1% 的水平上显著。根据上述结果，数字普惠金融的覆盖广度、使用深度和数字化程度均能够与 FDI 共同推动经济高质量发展。从各个维度的发展来说，覆盖广度的拓展体现了金融服务可得性的上升，有助于推动经济的包容性发展（张勋 等，2019）；使用深度体现了居民对金融业务的使用频率，使用深度的上升反映出金融对经济活动的服务能力的上升；数字化程度反映了数字技术对金融业务的支持程度，体现了科技对金融发展的驱动作用，数字技术的发展也是经济高质量发展的重要驱动力。可见，数字普惠金融各个维度的发展均对经济发展质量的提高具有一定的积极影响。此时，FDI 流入产生的溢出效应对这种积极影响起到了强化作用。

二、区域异质性分析

为了解数字普惠金融与 FDI 流入对经济高质量发展的作用是否存在区域异质性，本书对东部、中部和西部的子样本进行了分样本回归，回归结果如表 6.3 所示。列（1）的结果显示，交叉项 digital_fin × lnfdi 的系数值为 0.0561，该结果在 1% 的置信水平上显著；在列（2）中，digital_fin × lnfdi 的系数值为 0.0183，该结果在 10% 的置信水平上显著；在列（3）中，交叉项的系数值为 0.0280，该结果在 1% 的置信水平上显著。上述检验结果表明，数字普惠金融和 FDI 对经济高质量发展在东部、中部和西部地区均表现出了显著的推动作用。

表 6.3　数字普惠金融和 FDI 对经济高质量发展的区域异质性检验

变量	(1) 东部 hqd	(2) 中部 hqd	(3) 西部 hqd
digital_fin × lnfdi	0.0561*** (0.0198)	0.0183* (0.0096)	0.0280*** (0.0103)
digital_fin	−0.1693 (0.5873)	0.1349 (0.1768)	0.3616* (0.1896)
lnfdi	−0.0676 (0.0415)	−0.0506*** (0.0192)	−0.0366** (0.0176)
控制变量	控制	控制	控制
城市固定效应	控制	控制	控制
时间固定效应	控制	控制	控制
常数项	−0.5384** (0.2625)	−0.4611*** (0.1536)	0.0098 (0.4109)
观测数	718	729	526
R^2	0.537	0.875	0.917

注：***、**、* 分别表示在 1%、5% 和 10% 水平上显著；括号内数值为聚类到地级市层面的标准差。

　　根据第二章的研究结果，数字普惠金融对 FDI 流入的促进作用主要存在于东部和中部地区，在西部地区并不显著，但东部和中部地区对经济高质量发展的共同推动作用并不存在明显的区域异质性。可能的原因包括以下几个方面。第一，数字普惠金融的发展虽然没有推动西部地区 FDI 流入规模的显著扩大，但一定程度上改善了 FDI 的结构和质量，进而优化了经济结构和提升了经济效益。第二，数字普惠金融虽然不能显著影响西部地区 FDI 的流入，但数字金融与经济高质量发展具有高度内在一致性。FDI 能够为经济高质量发展提供资金、技术、管理等方面的支持，能够强化数字普惠金融对经济高质量发展的正向推动作用。第三，数字普惠金融的发展有助于将 FDI 的溢出效应转化为现实生产力。根据 Choong（2012）、周兵等（2014）和罗军（2016）等人的研究，良好的金融条件是 FDI 对经济发展发挥正外部性的重要条件。数字普惠金融的发展能够通过优化金融结构、改善金融效率、提高金融可得

性等方面提升金融发展水平，在提高 FDI 对经济高质量发展的积极影响方面
也具有显著作用。

三、稳健性检验

（一）时滞效应

在稳健性检验中，本章中首先对式（6.1）一至三期的时滞效应进行了
考察。在检验前文实证结果稳定性的同时，也可以了解数字普惠金融和 FDI
对经济高质量发展的长期影响。表 6.4 展示了数字普惠金融和 FDI 的交叉
项 digital_fin×lnfdi 对经济高质量发展变量 hqd 的滞后一期、滞后二期和滞
后三期的检验结果，即时滞效应检验。在列（1）中，交叉项滞后一期的系
数值为 0.0367，且在 5% 的置信水平上显著；在列（2）中，交叉项滞后二
期的系数值为 0.0438 且在 1% 的置信水平上显著；在列（3）中，交叉项滞
后三期的系数值为 0.0549 且通过了 1% 的显著性检验。可以看出，随着滞
后期数的增加，交叉项的系数值和显著程度逐渐上升。这一结果意味着，
数字普惠金融和 FDI 不仅能够对当期的经济高质量发展水平产生积极影响，
而且能对经济发展质量的提升发挥持续影响，随着时间的推移，这种影响
作用会逐渐增强。因此，在经济高质量发展阶段，把数字普惠金融的发展
作为突破口和着力点能够为提升经济发展质量带来较为持久的刺激作用（姜
松 等，2021）。

表 6.4 时滞效应检验

变量	(1) hqd	(2) hqd	(3) hqd
L.digital_fin×lnfdi	0.0367** (0.0142)		
L.digital_fin	−0.0376 (0.3303)		
L.lnfdi	−0.0737** (0.0336)		
L2.digital_fin×lnfdi		0.0438*** (0.0166)	

续表

变量	(1) hqd	(2) hqd	(3) hqd
L2.digital_fin		0.0209 (0.1655)	
L2.lnfdi		−0.0801* (0.0473)	
L3.digital_fin × lnfdi			0.0549*** (0.0210)
L3.digital_fin			−0.2859 (0.2743)
L3.lnfdi			−0.0854 (0.0659)
控制变量	控制	控制	控制
城市固定效应	控制	控制	控制
时间固定效应	控制	控制	控制
常数项	−0.4366*** (0.1679)	−0.5446 (0.4057)	−0.3759 (0.2527)
观测数	1732	1485	1285
R^2	0.646	0.634	0.623

注：***、**、* 分别表示在 1%、5% 和 10% 水平上显著；括号内数值为聚类到地级市层面的标准差。

（二）替换变量

为进一步检验实证结果的稳健性，本研究在表 6.5 中对式（6.1）中的解释变量和被解释变量的衡量方式进行了更换，即替换变量检验。在列（1）中，先将被解释变量 hqd 替换为 gdp_ave，该变量以人均实际 GDP 表示，核心解释变量不变，衡量交叉项对人均经济增长水平的影响。结果显示，交叉项 digital_fin × lnfdi 系数值为 0.2024 且在 1% 的置信水平上显著，意味着数字普惠金融和 FDI 将对人均经济增长水平产生显著的正向影响。在列（2）中，将 FDI 的衡量指标替换成 FDI 实际利用额与 GDP 的比值（fdi_gdp），将核心解释变量替换为 digital_fin × fdi_gdp，被解释变量仍为 hqd。替换后，核心解释变量的系数依然在 5% 的置信水平上显著为正（系数值为 0.0171）。在列（3）中，同时替换了解释变量和被解释变量：将解释变量替换为 digital_fin × fdi_gdp，将被解释变量替换为 gdp_ave。替换后交叉项的系数值为 0.0861 且在 1% 的置信水平上显著，该结果依旧与前文的实证结果相一致。可见，在替换相应指标的衡量方式后，实证结果依然是稳健的。

表 6.5　替换变量检验

变量	(1) gdp_ave	(2) hqd	(3) gdp_ave
digital_fin × lnfdi	0.2024*** (0.0331)		
digital_fin × fdi_gdp		0.0171** (0.0076)	0.0861*** (0.0302)
digital_fin	−0.1461 (0.5913)	0.4319*** (0.1584)	1.8373*** (0.5238)
lnfdi	−0.3232*** (0.0646)		
fdi_gdp		−3.4591* (2.0071)	−19.1102*** (5.6411)
控制变量	控制	控制	控制
城市固定效应	控制	控制	控制
时间固定效应	控制	控制	控制
常数项	1.0848* (0.6342)	−0.6594*** (0.1117)	−0.8210 (0.6477)
观测数	2314	1973	2314
R^2	0.966	0.660	0.964

注：***、**、* 分别表示在 1%、5% 和 10% 水平上显著；括号内数值为聚类到地级市层面的标准差。

第五节　本章小结

本章主要考察了在数字普惠金融对 FDI 流入的促进作用下，二者的联合效应所产生的经济作用。在当前发展阶段，数字普惠金融与经济高质量发展具有高度的内在一致性,数字普惠金融发展带来的资源配置效应、创新创业效应和消费效应不仅能够促进 FDI 流入,而且能够与 FDI 共同推动经济的高质量发展。基于已有研究和理论分析,本研究构建了相应计量模型,运用 2011—2019 年我国 279 个地级市的数据展开了实证检验。本章的研究结论有如下几个方面。

第一,数字普惠金融和 FDI 流入的联合效应推动了经济的高质量发展,这说明数字普惠金融和 FDI 流入对经济高质量发展具有联合促进作用:FDI 流入强化了数字普惠金融对经济高质量发展的推进作用,数字普惠金融的发展也能够提升金融市场效率,强化 FDI 对经济发展质量的正向溢出效应。

第二,无论是数字普惠金融的覆盖广度、使用深度还是数字化程度均能与 FDI 共同推动经济高质量发展。该结果说明,数字普惠金融和 FDI 对经济高质量发展的作用来自金融发展的多个方面,不仅存在于金融覆盖广度的拓展和使用深度的上升,还依托于金融数字化程度的提高。

第三,分样本回归表明,数字普惠金融和 FDI 对经济高质量发展的积极作用在东部、中部和西部均十分显著,不存在显著的区域异质性。在时滞效应检验中,本研究对核心解释变量滞后一至三期的作用进行了检验,发现数字普惠金融和 FDI 交叉项的各个滞后期对经济高质量发展的正向提升作用均十分显著,这表明数字普惠金融和 FDI 对经济发展质量的提升作用并不局限于当期,而是具有一定的持续性。

第七章　研究结论与启示

第一节　研究结论

一、数字普惠金融与传统金融的关系

现有文献中关于数字普惠金融与传统金融的关系的研究尚未达成一致结论，存在"替代论""补缺论"和"互补论"等多种观点。为实证检验数字普惠金融与传统金融的关系，本书借鉴 Greenland 等（2019）、蒋敏等（2020）和李青原等（2022）的政策效应研究方法，以 2016 年以来《推进普惠金融发展规划（2016—2020 年）的通知》和《G20 数字普惠金融高级原则》等文件的出台为契机，检验在传统金融发展水平不同的城市，数字普惠金融水平的发展变化情况。研究发现，随着 2016 年以来政策和市场环境的改善，在原本传统金融发展水平越高的地区，数字普惠金融的发展也越快，主要表现为数字普惠金融的覆盖广度拓展越快和使用程度渗透越深，但数字普惠金融的数字化程度与传统金融的发展没有显著关系。究其原因在于，数字普惠金融的覆盖广度和使用深度是建立在数字金融机构与传统金融中介进行业务合作和当地居民具备一定的金融素养和金融习惯的基础上，因而这两个维度的发展对传统金融发展水平的依赖性较强。但是数字普惠金融的数字化程度更加依赖于当地金融科技的发展水平，而与传统金融并没有必然联系。

上述研究结果表明，数字普惠金融是依托于传统金融而发展的，在传统金融供给越充分的地方，数字普惠金融的发展越快。数字普惠金融是传统金融的创新和延伸，是金融发展深化、宽化和广化的重要形式。这一结论证明了数字普惠金融与传统金融之间的协同发展关系，支持了"互补论"的观点。

二、数字普惠金融对 FDI 流入的促进作用

在数字普惠金融是对传统金融的创新和延伸的结论基础上，本书对本章的核心问题"数字普惠金融的发展对 FDI 流入会产生促进作用还是抑制作用"进行了探讨。从理论上来说，根据 FDI 的国际区位选择理论，从 FDI 的供给方视角，数字普惠金融的发展将提升东道国的金融发展水平，吸引 FDI 流入；但是根据金融发展理论，从 FDI 的需求方东道国的视角，数字普惠金融的发展将降低东道国对外资的需求，抑制 FDI 流入。已有文献由于在研究视角和对金融发展衡量标准等方面存在差异，得出了迥然不同的结论。

实证研究发现，数字普惠金融的发展对 FDI 流入产生了显著的促进作用。数字普惠金融对 FDI 流入的积极作用主要体现在数字金融覆盖广度的扩展，还体现在能增加数字支付业务和数字征信业务的使用程度，这说明上述促进作用可能是由于金融服务可得性的增加、征信系统的完善和由此导致的市场交易规模的上升带来的。区域异质性检验发现，数字普惠金融发展对 FDI 流入的正向促进作用主要发生在东部和中部地区，在西部地区尚不显著。可能的原因在于，金融作为服务于实体经济的配套设施，对 FDI 流入的激励作用需要建立在区域固有经济发展优势的基础上。东部地区经济发达，基础设施完善，具有人才、技术、市场等方面的区位优势，中部地区在资源、劳动力和制造业水平上具有一定的优势，而西部地区对 FDI 的吸引力主要源自政策推动，因而西部地区的 FDI 流入受数字普惠金融发展的影响较小。

虽然数字普惠金融的发展对 FDI 流入产生了正向促进作用，但本书的实证研究发现，以银行信贷为代表的传统金融的发展对 FDI 流入的影响是

消极的，说明金融发展对 FDI 流入的负向影响是存在的。可能的原因在于，传统金融带来的主要是金融的"量性"发展，而数字金融推动了金融的"质性发展"。虽然传统金融的发展扩大了银行信贷规模并增加了对非国有经济部门的贷款投入，一定程度上减少了非国有经济部门寻求外国投资的动机，但无法从根本上改变我国金融资源分配不均的现象，也难以消除金融系统中的扭曲现象，金融效率难以得到真正提升。因此，传统金融主要发挥的是对 FDI 的"替代效应"而非"互补效应"。数字普惠金融作为一种新兴金融模式，对现有的金融结构和业务模式造成了巨大冲击，不仅能够加剧"金融脱媒"，优化金融结构并提升金融市场效率，而且有利于实现金融公平，推动经济的包容性增长，进而吸引 FDI 流入。同时，数字普惠金融发展处于初级阶段，尚且难以对规模庞大的 FDI 发挥"替代效应"，因此数字普惠金融的发展对 FDI 流入主要发挥了"互补效应"。

三、数字普惠金融对 FDI 流入的影响机制

（一）数字普惠金融对 FDI 流入的金融效应

优化金融资源配置是金融市场的核心职能，服务实体经济是金融发展的根本目的。据此，本书将数字普惠金融发展对金融体系产生的作用称为"金融效应"，以区别数字普惠金融对实体经济所产生的影响。数字普惠金融的发展能够改变传统金融业务模式，引导资金流入更具回报率的行业、部门和个体，改善金融资源分配不均的现象，提升金融市场的资本配置效率。作为衡量金融发展的重要维度，金融市场配置效率的提高对 FDI 流入也可能产生促进或抑制两种可能的影响。从 FDI 区位选择的角度，高效率的金融市场能够吸引 FDI 流入；而从东道国需求的角度，资本配置效率的提升有助于降低东道国的金融抑制程度，减少对外资的资金需求。

实证结果表明，数字普惠金融的发展显著提升了金融市场的资本配置效率，而资本配置效率的上升促进了 FDI 的进一步流入。区域异质性检验发现，该影响机制主要存在于我国东部地区。这一结果证明，数字普惠金融的发展对 FDI 流入确实具有"互补效应"。传统金融对 FDI 流入是否也

存在上述影响机制？研究发现，由于以银行信贷为代表的传统金融无法从根本上改变我国金融资源分配不均的现象，也无法消除当前金融体制中的金融扭曲现象，资本配置效率难以得到实际提升，从而难以发挥出高效金融体系对 FDI 流入的吸引力，因此传统金融并不能够通过提升金融市场资本配置效率这一机制影响 FDI 流入。

（二）数字普惠金融对 FDI 流入的经济效应

数字普惠金融的"经济效应"是指数字普惠金融的发展对实体经济所产生的影响。根据已有研究中对数字普惠金融的经济作用分析，数字普惠金融能够促进创新创业的发展和居民消费的增长，而区域的创新创业能力和居民消费水平是跨国企业在 FDI 区位选择中的重要影响因素，据此本研究探讨了数字普惠金融发展所带来的创新创业效应和消费效应对 FDI 流入的影响。

1. 创新创业效应

传统金融模式的固有缺陷和我国金融系统中的金融扭曲现象阻碍了我国区域创新创业水平的提升。与此同时，随着传统区位因素对 FDI 影响作用的逐渐弱化，自主创新能力成为吸引 FDI 进入东道国的重要动力。本书从理论层面分析了数字普惠金融的发展对区域创新和创业水平的提升作用，并结合对 FDI 区位选择影响因素的相关研究，分析了区域创新创业能力的发展对 FDI 流入的促进作用。从实证层面，本书首先验证了数字普惠金融的发展对区域创新创业能力存在提升作用。在明确数字普惠金融对创新创业能力具有影响作用的基础上，检验了区域创新创业能力在数字普惠金融发展对 FDI 流入的促进作用中的渠道机制。实证研究发现，数字普惠金融的发展能够提升区域的创新创业能力，而区域创新创业能力的提高吸引了 FDI 的进一步流入。

对传统金融进行比较研究发现，尽管传统金融的发展对 FDI 流入产生了负向影响，但创新创业能力的提升能够缓解传统金融对 FDI 流入的抑制作用，这说明传统金融对 FDI 流入同样存在着创新创业效应这一正向影响机制。在数字普惠金融和传统金融两种金融形式对 FDI 的创新创业效应进行区域异质性分析发现，传统金融对 FDI 流入的创新创业影响机制主要存在于我国东部地区，而数字普惠金融对 FDI 流入的创新创业效应在东部、中部和西部地区均有体现。该结论说明，相较于传统金融，数字普惠金融的创新创业效应更加具有"普惠性"。

2. 消费效应

跨国企业国际投资区位选择的相关研究认为，随着国内外经济形势的变化，传统区位影响因素的作用日益削弱，但市场在区位选择中的主导作用始终未发生改变。基于此，本书分析了数字普惠金融、居民消费和 FDI 流入之间的关系。在理论上，数字普惠金融的发展不仅能够放大消费金融对居民消费的平滑机制、保障机制和增值机制，使消费金融的功能得以强化，还通过惠及"长尾群体"扩大了消费金融的使用群体，扩展了消费金融功能的使用广度，刺激了居民消费水平的提高。因此，数字普惠金融对我国"消费低迷"问题的破解能够激发市场活力，释放我国的市场潜能，从而通过扩大消费市场吸引 FDI 的持续流入。在实证分析中，本研究首先验证了数字普惠金融的发展对居民消费存在刺激作用，并在此基础上检验了居民消费水平在数字普惠金融促进 FDI 流入中所发挥的渠道机制。研究发现，数字普惠金融的发展通过强化消费金融的功能刺激了居民消费的增长，有助于进一步释放我国的市场潜能，吸引 FDI 的持续流入。该效应在我国的东部和西部地区均有体现，在中部地区则不明显。作为比较，本研究同样检验了居民消费在传统金融对 FDI 流入影响中的渠道作用，发现传统金融难以通过刺激居民消费的机制吸引 FDI 进入，该结果与理论分析一致。

本章中的研究结果表明，与传统金融不同，数字普惠金融的发展不仅能够从金融发展层面影响 FDI 的流入，而且存在吸引 FDI 进一步流入的经济效应。数字普惠金融发展的金融效应通过提升金融市场的资本配置效率发挥了高效金融体系对 FDI 流入的吸引作用；数字普惠金融发展的经济效应则通过提升我国的区域创新创业能力和消费水平促进了 FDI 的流入。因此，尽管传统金融的发展对 FDI 流入表现为负向作用，但数字普惠金融的发展对 FDI 流入产生了正向影响。这主要得益于数字普惠金融区别于传统金融的重要特点：通过金融科技的赋能，数字普惠金融不仅实现了金融深度和宽度的进一步发展，而且通过惠及"长尾群体"拓宽了金融服务的广度；不仅推动了传统金融的数字化转型，而且冲击了以银行为主导的金融结构；不仅改变了一直以来金融服务实体经济的传统业务模式，而且通过金融创新实现了商业模式的变革。因此，数字普惠金融的发展对 FDI 流入能够产生区别于传统金融的不同影响。

四、数字普惠金融与 FDI 流入的经济作用

在理解数字普惠金融对 FDI 流入影响机制的基础上，本书进一步检验了在数字普惠金融发展对 FDI 流入的促进作用下，二者的联合效应所产生的经济作用。我国当前已处于经济高质量发展阶段，数字普惠金融在驱动力、内在要求和发展目标等方面与经济高质量发展的内涵具有高度一致性，其发展必然能够驱动经济的高质量发展。与此同时，FDI 流入所带来的在先进技术、管理经验和商业模式等方面的溢出效应能强化数字普惠金融对经济高质量发展的影响，区域金融条件的改善也有助于促使 FDI 的溢出效应转化为现实生产力。本研究还从理论层面推测，数字普惠金融不仅能够带来 FDI 流入规模的扩大，也将有利于 FDI 流入结构的改善和质量的提高，从而对经济发展质量带来提升作用。

在实证检验中，本书考察了数字普惠金融及其维度与 FDI 流入对经济高质量发展的联合效应。结果表明，数字普惠金融及其覆盖广度、使用深度和数字化程度等维度均协同 FDI 共同推动了经济高质量发展。这表明数字普惠金融与 FDI 对经济高质量发展的影响来自金融发展的多个侧面。分样本检验表明，上述效应在东部、中部和西部均十分显著，并不存在区域异质性。在时滞效应检验中，本书发现在分别滞后一期、二期和三期以后，交叉项与经济高质量发展的关系仍然十分显著。这表明数字普惠金融和 FDI 流入对经济发展质量的提升作用不仅具有普遍性，而且具有持续性。

第二节　政策启示

本书的研究结果表明，数字普惠金融的发展不仅能够显著提升区域的金融效率、创新创业能力和居民消费水平，而且在开放经济下，数字普惠金融发展所产生的金融效应和经济效应增加了东道国对 FDI 的吸引力，数字普惠金融和 FDI 流入的联合效应最终推动了区域经济的高质量发展。因此，数字普惠金融的发展对推动我国经济的高质量发展和实现高水平对外开放均具有十分重要的意义，推进数字普惠金融的发展是深化我国区域金融改革的必要举措。

从东、中、西部的区域异质性来看，东部、中部和西部的传统金融发展水平存在着一定的差距，其数字普惠金融的发展水平也存在一定的异质性。但从数字普惠金融的发展速度来看，西部最快、中部次之，其次是东部，存在非常明显的收敛趋势（郭峰 等，2020），因此，总体而言，数字普惠金融的发展可以缩小区域间的金融发展差异。数字普惠金融发展对 FDI 流入的促进作用主要体现在东部和中部，其中在中部地区的作用最显著，这与我国将中部地区作为东部地区制造业 FDI 重要承接地并引导 FDI 流入中西部的目标是一致的。因此，数字普惠金融的发展对 FDI 在我国的区域发展平衡也有着重要意义。

数字普惠金融不同于传统金融的特点在于：一是在金融科技的赋能下，它能够实现对传统金融的"颠覆式"创新，金融创新能够催生商业模式创新，从而推动数字经济的蓬勃发展；二是通过运用数字技术，它能够惠及"长尾群体"，解决经济发展中的不平等问题，进而带来经济发展质量的提升。因此，促进数字普惠金融发展的关键点在于对金融科技的运用和发动广泛的弱势群体参与数字金融体系。Aziz 和 Naima（2021）认为，数字普惠金融的实现是金融普惠、数字普惠和社会普惠的交集。因此，对相关政策的启示也可以从三个方面展开。

一、金融普惠

金融普惠主要关注的是民众是否能够充分获取金融资源。数字普惠金

融被视为我国普惠金融未来发展的主流形式。根据《中国金融科技和数字
普惠金融发展报告（2020）》，我国数字普惠金融体系以银行类金融机构
为中心，以互联网企业为支撑，以非银行金融机构为补充。因此，构建有
效的普惠金融供给体系需要从两个方面入手：一是发挥各类传统银行的主
体作用，二是发挥包括金融科技企业（互联网企业）和非银金融机构在内
的各类机构的补充作用。因此，相关政策的制定也应当从两个方面展开。

　　一方面，银行等传统金融机构仍然是未来实现金融普惠的主导力量，
应积极助力传统金融机构的数字化转型。2016 年以来，我国政府部门先后
出台多项政策支持和引导传统金融助力数字普惠金融的发展。为推动传统
金融机构的数字化转型，2022 年，中国人民银行印发《金融科技发展规划
（2022—2025 年）》，中国银行保险监督管理委员会（银保监会）印发《关
于银行业保险业数字化转型的指导意见》，要求传统金融机构积极运用金
融科技驱动数字化转型，以数字化转型推动金融普惠发展，增强金融服务
实体经济的能力。为保障金融机构数字化转型的顺利完成，建议政府部门
可以从以下几个方面加强政策支持。第一，加强普惠金融的顶层设计。在
普惠金融发展过程中，地方政府应准确定位市场和政府的关系，既要引导
金融改革的普惠化发展方向，又不能过度干预金融机构的正常经营，做好
引导和规范工作，为金融机构数字化转型和普惠金融发展创造良好的政策
和市场环境。第二，因地制宜引导普惠金融发展。由于各地普惠金融的发
展存在较大的不平衡性，应在充分考虑地区特色的基础上，因地制宜制定
发展战略。在经济发达、金融需求丰富的地区，应该引导金融机构在转型
中更加注意培养满足客户多样化需求的能力，加强对金融产品和服务的创
新；在经济相对落后的地区，应该充分考虑当地弱势群体的需求，在数字
化转型中重点考虑金融的覆盖率、金融服务的有效性和居民对金融产品和
服务的可负担能力等。第三，不同金融机构应采取差异化转型策略。大型
银行在客户基础、资金、人才、技术等方面均具有一定优势，因此可以采
用集中式系统架构和标准化业务模式，并可以借助已拥有的海量数据搭建
智能风控体系和普惠金融服务生态圈（蔡文德 等，2021）；中小型银行在
财力、人力和技术上的优势较为有限，更加适合采用分布式架构，并且相

较于搭建自身的数据平台，更加适合与金融科技企业合作建设开放式的金融服务平台，并深耕中小微企业等"长尾群体"，与大银行展开错位竞争。

另一方面，金融科技企业是数字普惠金融发展的先锋力量，助力金融科技企业金融业务发展、推动科技和金融的深度融合是金融发展保持创新力量的关键。金融科技企业的优势在于平台客户资源多，技术实力雄厚，创新能力强，市场反应能力强，因此，在对金融科技企业发展的引导上，应该注重发挥其优势。例如，应该鼓励各类金融科技企业结合市场需求（尤其是弱势群体的需求）积极加强科技研发，加大对研发投资的力度，并加强对金融产品和服务的创新，以满足不同群体多样化的金融需求。应该充分利用互联网平台优势，拓展对金融科技服务的地理区域覆盖，满足金融产品和要素跨地域流动的需要。与此同时，金融科技企业的发展也需要依赖于传统金融，应该引导金融科技企业加强与金融机构的合作，充分利用金融机构在客户获取、风险控制和监管上的优势，将技术优势与金融机构的金融优势相结合，以拓展市场和寻求新的利润增长点。金融科技企业的发展需要创新、包容的环境，但同时其发展蕴含了较大的金融风险，因此对金融科技机构的监管也需要更加审慎。监管者需要把握好金融创新、金融效率和金融稳定之间的平衡关系，不断加强对金融科技机构的监管能力，引导金融科技企业真正发挥出对正规金融的补充效应，防止出现金融科技机构以"普惠"之名行"套利"之实或收取过高利率的"普而不惠"等偏离金融普惠初衷的情形，要保障金融普惠发展的可持续性。

二、数字普惠

数字普惠关注的是居民能否获得相应的数字设备并具有足够的使用技能。根据王张华和朱柳（2023）的观点，弱势群体在使用数字产品或享受数字服务时可能会遇到工具性排斥、技能性排斥、经济性排斥和心理性排斥等类型的社会排斥。实现数字普惠有助于缓解居民对数字金融的工具性排斥和技能性排斥。数字普惠的发展需要从数字金融业务的供给方和需求方两个角度进行推动。

从金融供给方的角度，传统金融机构的数字化转型和金融科技企业的发展离不开数字设备、数字技术和数字人才等方面的支持。因此，在数字基础设施方面需要创造有利条件，完善数字设备并推动技术发展，并以此吸引和培养相关人才。数字基础设施建设是我国"数字中国"建设的重要内容，目前，我国在网络基础设施、算力基础设施、应用基础设施等方面的建设已经取得了显著的成效。根据《数字中国发展报告（2022 年）》，截至 2022 年底，我国已有 110 个城市达到千兆城市建设标准，千兆光网能够覆盖超过 5 亿家庭，移动物联网终端用户数量达 18.45 亿户，成为全球首个实现"物超人"的经济体。然而，在数字基础设施建设方面，欠发达地区的覆盖仍不完善；在数字化应用方面，则存在明显的地区间、城乡间、领域间和人群间差距。目前，在横向打通、纵向贯通和协调有力的一体化推进格局尚未形成之际，数字中国建设亟须解决众多堵点、难点以促进数字基础设施互联互通和共享利用。在人才培养方面，数字金融行业存在明显的人才缺口，尤其是懂金融知识并能够将其与业务场景相结合的"金融＋技术"复合型人才供应严重不足。根据《中国金融科技人才培养与发展研究报告》的调查结果显示，我国金融机构普遍面临着金融科技人才紧缺问题，信息技术和业务场景相关专业人员比例较低。因此，政府应引导和鼓励高校、企业和社会共同加强对具备金融业务知识及先进的数据、技术驾驭能力的复合型人才的培养。

从金融需求方的角度，由于经济、文化或能力等方面的限制，部分民众在数字金融领域主动或被动地遭受排斥，这些人群被称为"数字弱势群体"。工具性排斥指的是居民缺乏所需的数字产品和服务（王张华 等，2023），在某种程度上既可能是区域数字基础设施建设水平不足，也可能是部分人对数字设备和产品的负担能力和使用能力不足。因此，政府通过实行倾斜性财政政策可以在一定程度上解决金融需求方的限制问题。例如，政府可以设立专项资金用于购买数字产品与服务，提高公共数字产品与服务供给的覆盖率，同时利用专项资金加强数字基础设施建设，确保弱势群体与数字社会之间畅通无阻。此外还可以向有购买意愿但无购买能力的民众提供适当财政补贴，并为缺乏使用能力的民众提供相关知识或技能培训，积极引导他们接纳和使用数字设备和产品。

三、社会普惠

社会普惠关注的是民众能否通过有效的社会网络和社会资本共享资源和信息。区域的文化和制度会对当地民众对数字金融的认知、态度和能力产生影响，因而可能导致民众对数字金融产生心理排斥，影响社会普惠的实现（Aziz et al., 2021；王张华 等，2023）。例如，在文化方面，传统思想和宗教信仰可能导致部分个体对新事物产生自我排斥，另外一部分群体也可能因为缺乏相关知识和能力不愿意参与数字金融业务的使用；在制度层面上，法律体系不健全、监管制度不完善及监管技术不到位等会引发社会民众对数字金融信息安全问题普遍担忧。

部分研究认为，贫困地区人群、低收入者、老年人等数字弱势群体往往因为不愿接纳新事物或不具备应有的数字素养和金融素养而被排斥在金融体系以外，这种情况下数字金融为部分民众带来的可能是"数字鸿沟"而非"数字红利"（Ozili，2018，2020；周利 等，2020）。为提升居民对数字金融的接受程度，提升居民的能力和素养，相关部门可以结合本区域的具体情况从文化、制度、教育等方面入手完善本区域意识形态方面的不足。例如，相关部门可以通过金融知识科普、金融产品推广宣传和增加金融服务体验等手段，协助民众尤其是数字弱势群体储备相关知识，以提高其对数字金融的认知水平和接受度。个体的受教育程度也是影响居民参与数字金融体系的重要因素之一，因此进一步提升居民的教育水平尤为关键，特别是加强低收入阶层和欠发达地区居民的人力资本投资。例如，可以通过建立数字化教育培训体系，在职业院校、社会机构、老年大学等设立数字教育中心，加强对数字弱势群体的数字教育，培养数字素养；可以在社区等公共场所提供数字设备的指导使用服务，定时定点开设数字教育课程，帮助弱势群体掌握数字设备基本的使用技能。

作为一种创新性金融模式，数字金融的发展对传统金融监管提出挑战，如何对数字金融进行有效监管、保障金融安全已成为当前数字金融发展中的最大难题。自数字金融兴起以来，互联网平台大规模倒闭、信息泄露严重、新型诈骗层出不穷等现象使大量用户受到严重损失，也使部分民众对数字金融业务模式望而却步，因此，平衡技术、金融和社会伦理之间的不同诉求（陈道富，2021），完善法治建设、采取适合数字金融的监管方式和手段保障金融安全是当务之急。首先，需要加强金融法治建设。我国现行的法律法规难以满足数字金融快速发展的需要，目前，数字金融领域相关的法律法规包括《中华人民共和国刑法》《中华人民共和国民事诉讼法》《中华人民共和国担保法》《中国人民银行金融消费者权益保护实施办法》等。尽管这些法规在一定程度上能够打击客户信息被盗取和网络诈骗等犯罪活动，但无法全面应对数字金融所带来的法律挑战，并且难以有效规制不断出现的新型违法犯罪手段。因此，亟须呼吁在科技业务范围和法律责任等方面制定专门的立法，以规范数字金融行业的发展。其次，需要提升数字金融监管水平。随着金融创新产品和服务的不断涌现，无论是现有的监管模式还是监管技术都难以全面把控数字金融风险，传统监管面临着"失灵"的问题。因此，在数字金融监管方面可以采取更加灵活多样的方式，例如，实行分类多级牌照和资质管理制度，对金融科技公司等类金融机构和其他非银行金融机构颁发相应的业务准入牌照并进行严格的资质管理；同时，金融监管部门需要大力提升监管技术，推动监管手段的数字化和智能化，并联合网络安全部门进行监管大数据平台的建设和完善。最后，亟须完善社会信用体系建设。在金融发展中，征信建设是不可或缺的一环，在数字金融时代，构建和完善数字化征信系统已成为必然之举。传统征信机构主要依赖于金融机构所产生的信用记录数据，这些数据通常以结构化形式直接从数据库中提取，来源单一且收集频率相对较低，难以有效评估企业（尤其是中小微企业）的信用风险（刘音露 等，2021）。然而，大数据和其他新兴技术的进步使征信机构已经具备搜索、挖掘和处理海量实时数据的能力，能够通过社会信用体系数字化建设促进普惠金融健康发展。

第三节　研究局限和展望

本书的研究局限和展望具体表现在以下几个方面。

第一，研究数据上的局限性。由于本书研究的是区域数字普惠金融发展对 FDI 流入的影响，相关数据主要局限于地级市层面，难以细化到更加微观的主体，而地级市层面的数据主要来自《中国城市统计年鉴》（简称《年鉴》），《年鉴》中的数据覆盖面不够细致且许多年份缺失较为严重，给研究带来了较大的困难。例如，关于 FDI 的数据，年鉴中只给出了合同利用额、实际利用额、外资企业数量等方面的总体数据，并且存在较严重的缺失，而对外资企业的企业形式、所处行业、FDI 资金投向等细节方面的数据则并不具备，致使本书对 FDI 的研究仅局限于规模层面，难以深入 FDI 的类型特征或质量等层面。在计算部分变量（如区域开放水平、资本配置效率等）时，由于缺乏地级市层面的数据，只能以地级市所在省份的数据作为替代，这可能在一定程度上影响估计结果的准确性。关于数字普惠金融发展水平的数据，本书使用了北京大学数字金融研究中心的指数数据，该数据虽然得到了广泛使用，但主要是基于蚂蚁金服的交易数据，对主流金融机构和其他金融科技公司的数字普惠金融发展情况并未包含在内，因此数据的全面性受到质疑。同时，受数据公布年份及缺失值的影响，本书的样本量仍然有待丰富。在研究传统金融时，由于直接融资市场如股票市场、债券市场难以从区域层面进行分割，本书仅能够以银行信贷发展情况来衡量传统金融的发展水平。尽管银行信贷在我国金融结构中仍然占据着主导地位，但近年来，在信贷大规模扩张的同时，我国直接融资市场也取得了快速发展，仅考虑银行信贷并不能完整反映我国传统金融市场的发展图景。在未来的研究中，如果能够获得关于数字普惠金融和 FDI 更加全面、丰富、微观的数据，则有助于更加深入地厘清数字普惠金融发展与 FDI 流入之间的因果关系。

第二，作用机制上的局限性。本书根据数字普惠金融的经济作用和跨国企业 FDI 区位选择影响因素的相关研究，从数字普惠金融的金融效应和经济效应的角度出发探讨了数字普惠金融发展影响 FDI 流入的渠道机制，分别考察了区域的金融市场资本配置效率、创新创业能力、居民消费水平在数字普惠金融对 FDI 流入的促进作用中所发挥的渠道作用。但是，无论是对金融效应还是经济效应的分析，都只是选取了本书认为相对重要的部分机制，对影响二者关系的其他因素和其他效应未予以考虑，而数字普惠金融还可能通过其他途径影响 FDI 流入我国。因此，在未来的研究中，可以对影响机制进行更加细致和全面的探索，进一步挖掘数字普惠金融发展对 FDI 流入的影响机理。

第三，研究方法的局限性。本书采用了文献分析、理论分析和实证分析等方法，但研究方法上还存在一定的局限性。例如，在理论研究中，由于数字普惠金融对 FDI 流入的影响问题是从跨国企业和东道国两个主体的角度分别进行论述，因此本研究采用了"理论分析＋假设检验"的研究方法，没有采用数理模型。通过假设检验的方式，本书可以从不同的角度对同一问题进行论述，并提出可能性假设，数理模型则难以表现出这一复杂的机制。但这也使本书的理论分析以文字推论为主，缺乏更为客观的数理论证。在实证研究上，本书虽然采用了广义 DID、最小二乘虚拟变量法、工具变量等方法对研究模型进行实证检验，但总体来说以多元回归估计为主，在未来的研究中，也可以采用更丰富、更科学的研究方法探索本书所提出的研究问题和验证本书的研究结果。

参考文献

安德森，2012. "长尾"理论 [M]. 乔江涛，石晓燕，译. 北京：中信出版社.

白澄宇，2016. 普惠金融及这个词汇的由来 [J]. 金融世界 (11)：92–95.

白俊红，吕晓红，2017. FDI 质量与中国经济发展方式转变 [J]. 金融研究 (5)：47–62.

白钦先，2003. 论以金融资源学说为基础的金融可持续发展理论与战略：兼论传统金融观到现代金融观的变迁 [J]. 广东商学院学报 (5)：5–10.

白钦先，丁志杰，1998. 论金融可持续发展 [J]. 国际金融研究 (5)：28–32.

白钦先，谭庆华，2006. 论金融功能演进与金融发展 [J]. 金融研究 (7)：41–52.

北京大学数字金融研究中心课题组，2021. 北京大学数字普惠金融指数：2011—2020 年 [EB/OL]. (2021–04–21)[2021–04–21]. https：//idf. pku. edu.cn/docs/20210421101507614920.pdf.

蔡文德，徐闽鹏，段家钦，2021. 我国数字普惠金融发展的路径、问题与建议 [J]. 金融科技时代 (7)：83–89.

曹光宇，刘畅，周黎安，2022. 大数据征信与平台流量：基于共享单车免押骑行的经验研究 [J]. 世界经济 (9)：130–151.

曾国军，2005. 外商直接投资在华区位选择的影响因素研究 [J]. 学术研究 (11)：38–42.

陈斌开，陈琳，谭安邦，2014. 理解中国消费不足：基于文献的评述 [J]. 世界经济 (7)：3–22.

陈道富，2021. 数字金融监管的基本思路、原则和重点思考 [J]. 北方金融 (6)：3–7.

陈刚，2009. FDI 竞争、环境规制与污染避难所：对中国式分权的反思 [J].
　　世界经济研究 (6)：3-7.

陈继勇，盛杨怿，2008. 外商直接投资的知识溢出与中国区域经济增长 [J].
　　经济研究 (12)：39-49.

陈继勇，雷欣，黄开琭，2010. 知识溢出、自主创新能力与外商直接投资 [J].
　　管理世界 (7)：30-42.

陈继勇，梁柱，2010. 技术创新能力与 FDI 区域分布非均衡 [J]. 科技进步与
　　对策 (6)：26-30.

陈万灵，杨永聪，2013. 区域金融发展与 FDI 流入规模的实证研究：基于省
　　际面板数据的分析 [J]. 国际经贸探索 (4)：73-84.

陈霄，叶德珠，邓洁，2018. 借款描述的可读性能够提高网络借款成功率吗
　　[J]. 中国工业经济 (3)：174-192.

陈彦斌，王兆瑞，2020. 提升居民消费与推动中国经济高质量发展 [J]. 人文
　　杂志 (7)：97-103.

陈颐，2017. 儒家文化、社会信任与普惠金融 [J]. 财贸经济 (4)：5-20.

成学真，龚沁宜，2020. 数字普惠金融如何影响实体经济的发展：基于系统
　　GMM 模型和中介效应检验的分析 [J]. 湖南大学学报 (社会科学版)(3)：
　　59-67.

程鑫，2015. 传统金融与互联网金融互补、融合发展探讨 [J]. 国际金融 (11)：
　　61-64.

丁杰，2015. 互联网金融与普惠金融的理论及现实悖论 [J]. 财经科学 (6)：
　　1-10.

董倩，2018. 科技金融对城市商业银行全要素生产率的影响：基于调节效应
　　和中介效应的视角 [J]. 金融理论与实践 (9).

杜思正，冼国明，冷艳丽，2016. 中国金融发展、资本效率与对外投资水平 [J].
　　数量经济技术经济研究 (10)：17-36.

方观富，许嘉怡，2020. 数字普惠金融促进居民就业吗：来自中国家庭跟踪
　　调查的证据 [J]. 金融经济学研究 (2)：75-86.

方福前，邢炜，2017. 经济波动、金融发展与工业企业技术进步模式的转变 [J].
　　经济研究 (12)：76-90.

封思贤，徐卓，2021. 数字金融、金融中介与资本配置效率 [J]. 改革 (3)：40-55.

冯丽艳，肖翔，赵天骄，2016. 经济绩效对企业社会责任信息披露的影响 [J]. 管理学报 (7)：1060-1069.

冯涛，赵会玉，杜苗苗，2008. 外商在华直接投资区域聚集非均衡性的实证研究 [J]. 经济学（季刊）(2)：565-586.

冯伟，邵军，徐康宁，2011. 市场规模、劳动力成本与外商直接投资：基于我国 1990—2009 年省级面板数据的研究 [J]. 南开经济研究 (6)：3-20.

傅京燕，李丽莎，2010. 环境规制、要素禀赋与产业国际竞争力的实证研究：基于中国制造业的面板数据 [J]. 管理世界 (10)：87-98.

傅秋子，黄益平，2018. 数字金融对农村金融需求的异质性影响：来自中国家庭金融调查与北京大学数字普惠金融指数的证据 [J]. 金融研究 (11)：68-84.

傅元海，唐未兵，王展祥，2010. FDI 溢出机制、技术进步路径与经济增长绩效 [J]. 经济研究 (6)：92-104.

傅元海，王展祥，2013. 模仿效应、非模仿效应与经济增长方式转变：基于我国高技术行业动态面板的检验 [J]. 国际贸易问题 (10)：34-42.

干春晖，郑若谷，余典范，2011. 中国产业结构变迁对经济增长和波动的影响 [J]. 经济研究 (5)：4-16.

关键，马超，2020. 数字金融发展与家庭消费异质性：来自 CHARLS 的经验证据 [J]. 金融经济学研究 (6)：127-142.

郭峰，王靖一，王芳，等，2020. 测度中国数字普惠金融发展：指数编制与空间特征 [J]. 经济学（季刊）(4)：1401-1418.

郭峰，王瑶佩，2020. 传统金融基础、知识门槛与数字金融下乡 [J]. 财经研究 (1)：19-33.

郭克莎，1995a. 经济增长方式转变的条件和途径 [J]. 中国社会科学 (6)：15-26.

郭克莎，1995b. 加快我国经济增长方式的转变 [J]. 管理世界 (5)：31-40.

郭品，沈悦，2019. 互联网金融、存款竞争与银行风险承担 [J]. 金融研究 (8)：58-76.

韩瑞栋，薄凡，2020. 区域金融改革能否缓解资本配置扭曲 ?[J]. 国际金融研究 (10)：14-23.

韩旺红，马瑞超，2013. FDI、融资约束与企业创新 [J]. 中南财经政法大学学报 (2)：104-110.

何兴强，王利霞，2008. 中国 FDI 区位分布的空间效应研究 [J]. 经济研究 (11)：137-150.

何宗樾，宋旭光，2020. 数字金融发展如何影响居民消费 [J]. 财贸经济 (8)：65-79.

胡国晖，王婧，2015. 金融排斥与普惠金融体系构建：理论与中国实践 [M]. 北京：中国金融出版社 .

胡立法，2013. 金融体制缺陷与外资需求偏好：理论与经验分析 [J]. 世界经济研究 (10)：8-13.

胡立法，唐海燕，2007a. 体制、制度缺陷与利用 FDI[J]. 江淮论坛 (2)：26-31.

胡立法，唐海燕，2007b. 政府因素与中国对 FDI 的需求偏好 [J]. 世界经济研究 (11)：7-10.

胡倩倩，池仁勇，2022. 大数据征信的信贷效用：基于中小微企业的理论与实证分析 [J]. 管理评论 (12)：86-96.

胡雪萍，许佩，2020. FDI 质量特征对中国经济高质量发展的影响研究 [J]. 国际贸易问题 (10)：31-50.

胡宗义，刘亦文，袁亮，2013. 金融均衡发展对经济可持续增长的实证研究 [J]. 中国软科学 (7)：25-38.

洪银兴，沈坤荣，何旭强，2000. 经济增长方式转变研究 [J]. 江苏社会科学 (2)：71-79.

黄倩，李政，熊德平，2019. 数字普惠金融的减贫效应及其传导机制 [J]. 改革 (11)：90-101.

黄肖琦，柴敏，2006. 新经济地理学视角下的 FDI 区位选择：基于中国省际面板数据的实证分析 [J]. 管理世界 (10)：7-26.

黄益平，2017. 数字普惠金融的机会与风险 [J]. 金融发展评论 (8)：14-19.

黄益平，黄卓，2018. 中国的数字金融发展：现在与未来 [J]. 经济学 (季刊)(4)：

1489–1502.

黄益平，陶坤玉，2019. 中国的数字金融革命：发展、影响与监管启示 [J]. 国际经济评论 (6)：24–35.

黄益平，邱晗，2021. 大科技信贷：一个新的信用风险管理框架 [J]. 管理世界 (2)：12–21.

黄益平，2021. 数字金融革命刚刚开始 [J]. 财富时代 (12)：7–8.

黄永明，姜泽林，2019. 金融结构、产业集聚与经济高质量发展 [J]. 科学学研究 (10)：1775–1785.

霍兵，张延良，2015. 互联网金融发展的驱动因素和策略：基于长尾理论视角 [J]. 宏观经济研究 (2)：86–93.

江红莉，蒋鹏程，2020. 数字普惠金融的居民消费水平提升和结构优化效应研究 [J]. 现代财经 (天津财经大学学报)(10)：18–32.

姜巍，陈万灵，2016. 东盟基础设施发展与 FDI 流入的区位选择：机理与实证 [J]. 经济问题探索 (1)：132–139.

蒋冠宏，张馨月，2016. 金融发展与对外直接投资：来自跨国的证据 [J]. 国际贸易问题 (1)：166–176.

蒋敏，周炜，宋杨，2020. 影子银行、《资管新规》和企业融资 [J]. 国际金融研究 (12)：63–72.

蒋伟，赖明勇，2009. 空间相关与外商直接投资区位决定：基于中国城市数据的空间计量分析 [J]. 财贸研究 (6)：1–6.

姜松，周鑫悦，2021. 数字普惠金融对经济高质量发展的影响研究 [J]. 金融论坛 (8)：39–49.

焦瑾璞，陈瑾，2009. 建设中国普惠金融体系：提供全民享受现代金融服务的机会和途径 [M]. 北京：中国金融出版社 .

金相郁，朴英姬，2006. 中国外商直接投资的区位决定因素分析: 城市数据 [J]. 南开经济研究 (2)：35–45.

景光正，李平，许家云，2017. 金融结构、双向 FDI 与技术进步 [J]. 金融研究 (7)：62–77.

乔海曙，黄荐轩，2019. 金融科技发展动力指数研究 [J]. 金融论坛 (3)：64–80.

雷潇雨，龚六堂，2014. 城镇化对于居民消费率的影响：理论模型与实证分析 [J]. 经济研究 (6)：44–57.

雷欣，陈继勇，2012. 技术进步、研发投入与外商直接投资的区位选择 [J]. 世界经济研究 (8)：62–67.

李春涛，闫续文，宋敏，等，2020. 金融科技与企业创新：新三板上市公司的证据 [J]. 中国工业经济 (1)：81–98.

李青原，赵奇伟，李江冰，等，2010. 外商直接投资、金融发展与地区资本配置效率：来自省级工业行业数据的证据 [J]. 金融研究 (3)：80–97.

李青原，李江冰，江春，等，2013. 金融发展与地区实体经济资本配置效率：来自省级工业行业数据的证据 [J]. 经济学 (季刊)(2)：527–548.

李青原，陈世来，陈昊，2022. 金融强监管的实体经济效应：来自资管新规的经验证据 [J]. 经济研究 (1)：137–154.

李瑞，董璐，2021. 金融发展对经济高质量发展影响效应的实证检验 [J]. 统计与决策 (20)：136–140.

李向前，贺卓异，2021. 金融科技发展对商业银行影响研究 [J]. 现代经济探讨 (2)：50–57.

李晓龙，冉光和，2018. 中国金融抑制、资本扭曲与技术创新效率 [J]. 经济科学 (2)：60–74.

李运达，马草原，2010. 金融深化与 FDI：理论、证据和中国实效 [J]. 经济科学 (2)：80–93.

李志创，2019. 中国普惠金融发展与包容性经济增长问题研究 [D]. 长春：吉林大学 .

梁榜，张建华，2019. 数字普惠金融发展能激励创新吗：来自中国城市和中小企业的证据 [J]. 当代经济科学 (5)：74–86.

梁军，赵方圆，2016. 新兴产业与传统产业互动的影响因素研究：基于省际面板数据的实证分析 [J]. 软科学 (2)：13–18.

凌炼，龙海明，2016. 消费金融影响居民消费行为的机制分析 [J]. 求索 (5)：78–82.

刘波，胡宗义，龚志民，2021. 金融结构、研发投入与区域经济高质量发展 [J]. 云南社会科学 (3)：84–92.

刘军，王长春，2020. 优化营商环境与外资企业 FDI 动机：市场寻求抑或效率寻求 [J]. 财贸经济 (1)：65–79.

刘文革，周文召，仲深，等，2014. 金融发展中的政府干预、资本化进程与经济增长质量 [J]. 经济学家 (3)：64–73.

刘亚雪，田成诗，程立燕，2020. 世界经济高质量发展水平的测度及比较 [J]. 经济学家 (5)：69–78.

刘音露，杨渊，2021. 替代性数据对信用风险评估的作用研究及启示 [J]. 征信 (8)：31–27.

刘志东，高洪玮，2019. 东道国金融发展、空间溢出效应与我国对外直接投资：基于"一带一路"沿线国家金融生态的研究 [J]. 国际金融研究 (8)：45–55.

刘忠璐，2016. 互联网金融对商业银行风险承担的影响研究 [J]. 财贸经济 (4)：71–85.

陆桂贤，许承明，许凤娇，2016. 金融深化与地区资本配置效率的再检验：1999—2013[J]. 国际金融研究 (3)：28–39.

罗军，2016. 金融发展门槛、FDI 与区域经济增长方式 [J]. 世界经济研究 (4)：107–118.

罗新雨，张林，2021. 数字普惠金融的创业效应：机制、门槛及政策价值 [J]. 金融理论与实践 (2)：17–26.

罗知，刘卫群，2018. 国有企业对资本和劳动价格扭曲的非对称影响 [J]. 财经研究 (4)：34–46.

吕冰洋，毛捷，2013. 金融抑制和政府投资依赖的形成 [J]. 世界经济 (7)：48–67.

吕朝凤，黄梅波，2018. 金融发展能够影响 FDI 的区位选择吗 [J]. 金融研究 (8)：137–154.

吕朝凤，毛霞，2020. 地方金融发展能够影响 FDI 的区位选择吗：一个基于城市商业银行设立的准自然实验 [J]. 金融研究 (3)：58–76.

马德功，韩喜昆，赵新，2017. 互联网消费金融对我国城镇居民消费行为的促进作用研究 [J]. 现代财经 (天津财经大学学报)(9)：19–27.

马凌，2006. 日本对华直接投资影响因素研究 [J]. 国际贸易问题 (6)：43–48.

毛文峰，陆军，2020. 土地要素错配如何影响中国的城市创新创业质量：来自地级市城市层面的经验证据 [J]. 产业经济研究 (3)：17-29.

孟娜娜，粟勤，雷海波，2020. 金融科技如何影响银行业竞争 [J]. 财贸经济 (3)：66-79.

莫易娴，2014. 互联网时代金融业的发展格局 [J]. 财经科学 (4)：1-10.

维弗雷多·帕累托，2010. 省时省力的二八法则 [M]. 许庆胜，译. 太原：山西教育出版社.

潘文卿，张伟，2003. 中国资本配置效率与金融发展相关性研究 [J]. 管理世界 (8)：16-23.

皮天雷，刘垚森，吴鸿燕，2018. 金融科技：内涵、逻辑与风险监管 [J]. 财经科学 (9)：16-25.

钱海章，陶云清，曹松威，等，2020. 中国数字金融发展与经济增长的理论与实证 [J]. 数量经济技术经济研究 (6)：26-46.

邱晗，黄益平，纪洋，2018. 金融科技对传统银行行为的影响：基于互联网理财的视角 [J]. 金融研究 (11)：17-29.

桑百川，2019. 外商直接投资动机与中国营商环境变迁 [J]. 国际经济评论 (5)：34-43.

邵宜航，刘仕保，张朝阳，2015. 创新差异下的金融发展模式与经济增长：理论与实证 [J]. 管理世界 (11)：29-39.

沈坤荣，耿强，2001. 外国直接投资、技术外溢与内生经济增长：中国数据的计量检验与实证分析 [J]. 中国社会科学 (5)：82-93.

沈坤荣，赵亮，2018. 重构高效率金融市场推动经济高质量发展 [J]. 中国特色社会主义研究 (6)：35-41.

沈悦，郭品，2015. 互联网金融、技术溢出与商业银行全要素生产率 [J]. 金融研究 (3)：160-175.

史青，2013. 外商直接投资、环境规制与环境污染：基于政府廉洁度的视角 [J]. 财贸经济 (1)：93-103.

宋科，刘家琳，李宙甲，2022. 数字普惠金融能缩小县域城乡收入差距吗：兼论数字普惠金融与传统金融的协同效应 [J]. 中国软科学 (6)：133-145.

宋首文，代芊，柴若琪，2015. 互联网 + 银行：我国传统商业银行风险管理新变革 [J]. 财经科学 (7)：10-18.

宋晓玲，2017. 数字普惠金融缩小城乡差距的实证检验 [J]. 财经科学 (6)：14-25.

孙光林，李金宁，冯利臣，2021. 数字信用与正规金融机构农户信贷违约：基于三阶段 Probit 模型的实证研究 [J]. 农业技术经济 (12)：109-126.

孙国峰，2017. 从 FinTech 到 RegTech[J]. 清华金融评论 (5)：93-96.

孙国峰，2018. 中国消费金融的现状、展望与政策建议 [J]. 金融论坛 (2)：3-8.

孙俊，2002. 中国 FDI 地点选择的因素分析 [J]. 经济学（季刊)(2)：687-698.

孙力军，2008. 金融发展、FDI 与经济增长 [J]. 数量经济技术经济研究 (1)：3-14.

孙英杰，2020. 中国普惠金融发展区域差异研究 [D]. 沈阳：辽宁大学 .

孙玉环，张汀昱，王雪妮，等，2021. 中国数字普惠金融发展的现状、问题及前景 [J]. 数量经济技术经济研究 (2)：43-59.

孙早，宋炜，孙亚政，2014. 母国特征与投资动机：新时期的中国需要怎样的外商直接投资 [J]. 中国工业经济 (2)：71-83.

唐杰英，2019. 环境规制、两控区政策与 FDI 的区位选择：基于中国企业数据的实证研究 [J]. 国际贸易问题 (5)：117-129.

唐松，伍旭川，祝佳，2020. 数字金融与企业技术创新：结构特征、机制识别与金融监管下的效应差异 [J]. 管理世界 (5)：52-66.

滕磊，马德功，2020. 数字金融能够促进高质量发展吗 ?[J]. 统计研究 (11)：80-92.

田素华，杨烨超，2012. FDI 进入中国区位变动的决定因素：基于 D-G 模型的经验研究 [J]. 世界经济 (11)：59-87.

汪亚楠，徐枫，郑乐凯，2020. 数字金融能驱动城市创新吗 ?[J]. 证券市场导报 (7)：9-19.

王冲，李雪松，2019. 金融发展、FDI 溢出与经济增长效率：基于长江经济带的实证研究 [J]. 首都经济贸易大学学报 (2)：41-50.

王国刚，张扬，2015. 互联网金融之辨析 [J]. 财贸经济 (1)：5-16.

王明琳，金波，2013. 区域经济转型视角下民间金融与民营企业研究：民间金融、民营企业与区域经济转型升级 研讨会综述 [J]. 经济研究 (5)：157–160.

王小燕，张俊英，王醒男，2019. 金融科技、企业生命周期与技术创新：异质性特征、机制检验与政府监管绩效评估 [J]. 金融经济学研究 (5)：93–108.

王琰，蒋先玲，2011. 金融发展制约 FDI 溢出效应的实证分析 [J]. 国际贸易问题 (5)：138–148.

王馨，2015. 互联网金融助解"长尾"小微企业融资难问题研究 [J]. 金融研究 (9)：128–139.

王永剑，刘春杰，2011. 金融发展对中国资本配置效率的影响及区域比较 [J]. 财贸经济 (3)：54–60.

王永齐，2006. FDI 溢出、金融市场与经济增长 [J]. 数量经济技术经济研究 (1)：59–68.

王雨飞，倪鹏飞，2016. 高速铁路影响下的经济增长溢出与区域空间优化 [J]. 中国工业经济 (2)：21–36.

王张华，朱柳，2023. "数字弱势群体"社会融入：内涵表征、现实困境与实 现 路 径 [EB/OL]. (2023–06–29)[2023–06–29]. https：//kns. cnki. net/kcms2/article/abstract?v=3uoqIhG8C45S0n9fL2suRadTyEVl2pW9UrhTDCdPD65TKYVWaWTfO8YW1U1mG7F3gO2oCck3SRcWDLe8am0AIDbSSNGesb0m&uniplatform=NZKPT.

王喆，陈胤默，张明，2021. 传统金融供给与数字金融发展：补充还是替代：基于地区制度差异视角 [J]. 经济管理 (5)：5–23.

王志强，孙刚，2003. 中国金融发展规模、结构、效率与经济增长关系的经验分析 [J]. 管理世界 (7)：13–20.

汪洋，何红渠，常春华，2020. 金融科技、银行竞争与企业成长 [J]. 财经理论与实践 (5)：20–27.

文淑惠，张诣博，2020. 金融发展、FDI溢出与经济增长效率：基于"一带一路"沿线国家的实证研究 [J]. 世界经济研究 (11)：87–102.

吴桐桐，王仁曾，2021. 数字金融、银行竞争与银行风险承担：基于 149 家中小商业银行的研究 [J]. 财经论丛 (3)：38–48.

吴晓波，范志刚，刘康，2009. 区域创新系统对 FDI 进入及溢出影响研究 [J]. 科研管理 (2)：1-8.

吴晓求，2015. 互联网金融：成长的逻辑 [J]. 财贸经济 (2)：5-15.

武超，1991. 关于我国吸收外商直接投资的分析 [J]. 管理世界 (3)：72-80.

薛阳，2018. 基于普惠金融导向的中国金融发展方式转变研究 [D]. 沈阳：辽宁大学.

薛莹，胡坚，2020. 金融科技助推经济高质量发展：理论逻辑、实践基础与路径选择 [J]. 改革 (3)：53-62.

习明明，彭镇华，2019. 金融结构、资本配置效率与经济增长的中介效应 [J]. 证券市场导报 (9)：4-12.

冼国明，冷艳丽，2016. 地方政府债务、金融发展与 FDI：基于空间计量经济模型的实证分析 [J]. 南开经济研究 (3)：52-74.

向洁，胡青江，闫海龙，2021. 数字普惠金融发展的区域差异及动态演进 [J]. 技术经济与管理研究 (2)：65-70.

谢家智，吴静茹，2020. 数字金融、信贷约束与家庭消费 [J]. 中南大学学报 (社会科学版)(2)：9-20.

谢平，2014. 互联网金融的现实与未来 [J]. 新金融 (4)：4-8.

谢平，邹传伟，刘海二，2015. 互联网金融的基础理论 [J]. 金融研究 (8)：1-12.

谢平，邹传伟，2012. 互联网金融模式研究 [J]. 金融研究 (12)：11-22.

谢绚丽，沈艳，张皓星，等，2018. 数字金融能促进创业吗：来自中国的证据 [J]. 经济学 (季刊)(4)：1557-1580.

谢雪燕，朱晓阳，2021. 数字金融与中小企业技术创新：来自新三板企业的证据 [J]. 国际金融研究 (1)：87-96.

星焱，2016. 普惠金融：一个基本理论框架 [J]. 国际金融研究 (9)：21-37.

徐奕晗，2012. 深度解析金融脱媒 [J]. 国际金融 (11)：61-65.

徐盈之，童皓月，2019. 金融包容性、资本效率与经济高质量发展 [J]. 宏观质量研究 (2)：114-130.

徐子尧，张莉沙，刘益志，2020. 数字普惠金融提升了区域创新能力吗 [J]. 财经科学 (11)：17-28.

许罗丹，谭卫红，2003. 外商直接投资聚集效应在我国的实证分析 [J]. 管理

世界 (7)：38-44.

许月丽，孙昭君，李帅，2022. 数字普惠金融与传统农村金融：替代抑或互补：基于农户融资约束放松视角 [J]. 财经研究 (6)：34-48.

颜银根，2014. FDI 区位选择：市场潜能、地理集聚与同源国效应 [J]. 财贸经济 (9)：103-113.

杨兵兵，2020. 深入推进银行数字化转型的思考与展望 [J]. 金融世界 (7)：63-65.

杨伟中，余剑，李康，2020. 金融资源配置、技术进步与经济高质量发展 [J]. 金融研究 (12)：75-94.

杨晓宏，周效章，2017. 从二八定律到长尾理论的启示：在线教育视角 [J]. 现代远距离教育 (6)：3-9.

杨晓丽，许垒，2011. 中国式分权下地方政府 FDI 税收竞争的策略性及其经济增长效应 [J]. 经济评论 (3)：59-68.

杨晔，2007. 外商在华直接投资区位选择的实证研究 [J]. 科技管理研究 (1)：248-251.

杨望，徐慧琳，谭小芬，等，2020. 金融科技与商业银行效率：基于 DEA-Malmquist 模型的实证研究 [J]. 国际金融研究 (7)：56-65.

姚惠泽，石磊，2017. 地方政府行为、要素价格相对扭曲与中国 FDI 区域分布 [J]. 国际商务研究 (6)：85-94.

姚耀军，施丹燕，2017. 互联网金融区域差异化发展的逻辑与检验：路径依赖与政府干预视角 [J]. 金融研究 (5)：127-142.

易行健，周利，2018. 数字普惠金融发展是否显著影响了居民消费：来自中国家庭的微观证据 [J]. 金融研究 (11)：47-67.

殷华方，鲁明泓，2004. 中国吸引外商直接投资政策有效性研究 [J]. 管理世界 (1)：39-45.

尹应凯，侯蕤，2017. 数字普惠金融的发展逻辑、国际经验与中国贡献 [J]. 学术探索 (3)：104-111.

尹应凯，彭兴越，2020. 数字化基础、金融科技与经济发展 [J]. 学术论坛 (2)：109-119.

尹志超，公雪，郭沛瑶，2019. 移动支付对创业的影响：来自中国家庭金融

调查的微观证据 [J]. 中国工业经济 (3)：119-137.

尹志超，张号栋，2018. 金融可及性、互联网金融和家庭信贷约束：基于 CHFS 数据的实证研究 [J]. 金融研究 (11)：188-206.

于津平，许小雨，2011. 长三角经济增长方式与外资利用效应研究 [J]. 国际贸易问题 (1)：72-81.

于江波，白凯，王晓芳，2022. 数字金融能否引领全要素生产率和经济产出跨越胡焕庸线 [J]. 山西财经大学学报 (2)：31-46.

余静文，2013. 最优金融条件与经济发展：国际经验与中国案例 [J]. 经济研究 (12)：106-119.

袁晓玲，吕文凯，2019. 从"资源引致"向"效率引致"：基于政府效率、引资优惠及溢出效应对 FDI 的影响分析 [J]. 现代经济探讨 (7)：10-18.

詹晓宁，欧阳永福，2018. 数字经济下全球投资的新趋势与中国利用外资的新战略 [J]. 管理世界 (3)：78-86.

张栋浩，王栋，杜在超，2020. 金融普惠、收入阶层与中国家庭消费 [J]. 财经科学 (6)：1-15.

张号栋，尹志超，2016. 金融知识和中国家庭的金融排斥：基于 CHFS 数据的实证研究 [J]. 金融研究 (7)：80-95.

张李义，涂奔，2017. 互联网金融对中国城乡居民消费的差异化影响：从消费金融的功能性视角出发 [J]. 财贸研究 (8)：70-83.

张亮，周申，2012. 金融扭曲差异与外商投资：存在 U 型曲线关系吗?[J]. 产业经济研究 (1)：87-94.

张宁，胡振华，2017. 文化差异影响我国对外直接投资区位选择的实证研究 [J]. 财务与金融 (4)：16-23.

张鹏杨，李惠茹，林发勤，2016. 环境管制、环境效率与 FDI：基于成本视角分析 [J]. 国际贸易问题 (4)：117-128.

张睿，张勋，戴若尘，2018. 基础设施与企业生产率：市场扩张与外资竞争的视角 [J]. 管理世界 (1)：88-102.

张先锋，卢丹，张燕，2013. 税收优惠、社会性支出与外商直接投资：基于省际面板数据联立方程模型的研究 [J]. 经济经纬 (5)：53-58.

张兴龙，沈坤荣，2016. 中国资本扭曲的产出损失及分解研究 [J]. 经济科学

(2)：53-66.

张勋，杨桐，汪晨，等，2020. 数字金融发展与居民消费增长：理论与中国实践 [J]. 管理世界 (11)：48-63.

张勋，万广华，张佳佳，等，2019. 数字经济、普惠金融与包容性增长 [J]. 经济研究 (8)：71-86.

赵奇伟，2010. 金融发展、外商直接投资与资本配置效率 [J]. 财经问题研究 (9)：47-51.

赵涛，张智，梁上坤，2020. 数字经济、创业活跃度与高质量发展：来自中国城市的经验证据 [J]. 管理世界 (10)：65-76.

赵文军，于津平，2012. 贸易开放、FDI 与中国工业经济增长方式：基于 30 个工业行业数据的实证研究 [J]. 经济研究 (8)：18-31.

赵祥，2009. 地方政府竞争与 FDI 区位分布：基于我国省级面板数据的实证研究 [J]. 经济学家 (8)：53-61.

赵新泉，刘文革，2016. 金融发展与国际资本流动：新兴市场与发达经济体的比较 [J]. 经济学家 (6)：76-84.

赵玉龙，2019. 金融发展、资本配置效率与经济高质量发展：基于我国城市数据的实证研究 [J]. 金融理论与实践 (9)：17-25.

郑联盛，2014. 中国互联网金融：模式、影响、本质与风险 [J]. 国际经济评论 (5)：103-118.

支宏娟，2019. 环境规制对外商直接投资区位选择的影响研究 [D]. 成都：西南财经大学.

周利，冯大威，易行健，2020. 数字普惠金融与城乡收入差距："数字红利"还是"数字鸿沟" [J]. 经济学家 (5)：99-108.

周利，廖婧琳，张浩，2021. 数字普惠金融、信贷可得性与居民贫困减缓：来自中国家庭调查的微观证据 [J]. 经济科学 (1)：145-157.

周铭山，张倩倩，2016. "面子工程"还是"真才实干"：基于政治晋升激励下的国有企业创新研究 [J]. 管理世界 (12)：116-132.

周申，张亮，漆鑫，2011. 地区金融扭曲差异对外资进入的影响 [J]. 财经科学 (12)：17-27.

周犀行，欧阳溥蔓，2013. 国内外市场潜力对 FDI 区位选择的影响研究 [J].

国际贸易问题 (6)：124–134.

朱彤，漆鑫，张亮，2010. 金融扭曲导致 FDI 大量流入我国吗：来自我国省级面板数据的证据 [J]. 南开经济研究 (4)：33–47.

周兵，梁松，邓庆宏，2014. 金融环境视角下 FDI 流入与产业集聚效应的双门槛检验 [J]. 中国软科学 (1)：148–159.

邹建华，韩永辉，2013. 引资转型、FDI 质量与区域经济增长：基于珠三角面板数据的实证分析 [J]. 国际贸易问题 (7)：147–157.

邹新月，王旺，2020. 数字普惠金融对居民消费的影响研究：基于空间计量模型的实证分析 [J]. 金融经济学研究 (4)：133–145.

ABEL S, MUTANDWA L, ROUXP L, 2018. A Review of Determinants of Financial Inclusion[J]. International Journal of Economics and Financial Issues, 8(3): 1–8.

AGBLOYOR E K, ABOR J, ADJASI C K D, et al., 2013. Exploring the Causality Links Between Financial Markets and Foreign Direct Investment in Africa[J]. Research in International Business and Finance, 28: 118–134.

ALBUQUERQUE R, 2003. The Composition of International Capital Flows：Risk Sharing through Foreign Direct Investment[J]. Journal of International Economics, 61(2)：353–383.

ALFARO L, CHANDA A, KALEMLI–OZCAN S, et al., 2004. FDI and Economic Growth：The Role of Local Financial Markets[J]. Journal of International Economics, 64(1)：89–112.

ALFARO L, CHARLTON A, 2007. Growth and the Quality of Foreign Direct Investment：is All FDI Equal[J]. Social Science Electronic Publishing, 2007(10).

ALFARO L, KALEMLI–OZCAN S, VOLOSOVYCH V, 2008. Why Doesn't Capital Flow from Rich to Poor Countries? An Empirical Investigation[J]. Review of Economics and Statistics, 90(2)：347–368.

ALFARO L, CHANDA A, KALEMLI–OZCAN S, et al., 2010. Does Foreign Direct Investment Promote Growth? Exploring the Role of Financial Markets On Linkages[J]. Journal of Development Economics, 91(2)：242–256.

ALLEN F, GALE D, 2001. Comparative Financial Systems：A Survey[EB/OL]. (2001–04–30) [2009–10–18]. http：//www. doc88. com/p–95325629085. html.

ALLEN F, QIAN Y, TU G, et al., 2019. Entrusted Loans: A Close Look at China's Shadow Banking System[J]. Journal of Financial Economics,1: 18-41.

AMITI M, JAVORCIK B S, 2008. freight Costs and Location of Foreign Firms in China[J]. Journal of Development Economics, 85(1): 129-149.

ASIEDU E, 2002. On the Determinants of Foreign Direct Investment to Developing Countries: Is Africa Different[J]. World Development, 30(1): 107-119.

ASIEDU E, 2006. Foreign Direct Investment in Africa: The Role of Government Policy, Institutions and Political Instability[J]. World Economy, 29(1): 63-67.

AZIZ J, DUENWALD C, 2002. Growth-Financial Intermediation Nexus in China[J]. IMF Working Paper, 194.

AZIZ J, CUI L, 2007. Explaining China's low consumption: the neglected role of household income[M]. Washington DC: IMF.

AZIZ A, NAIMA U, 2021. Rethinking Digital Financial Inclusion: Evidence From Bangladesh[J]. Technology in Society, 64.

BAI C E, 2006. The Domestic Financial System and Capital Flows: China[EB/OL]. (2006-09-15) [2014-05-23]. http://www.doc88.com/p-5107166462066.html.

BALYUK T, BERGER A N, HACKNEY J, 2020. What is Fueling FinTech Lending? The Role of Banking Market Structure[J]. SSRN Electronic Journal.

BARON R M, KENNY D A, 1986. The Moderator-Mediator Variable Distinction in Social Psychological Research: Conceptual, Strategic, and Statistical Considerations[J]. Journal of Personality and Social Psychology, 51(6): 1173-1182.

BARRELL R, PAIN N, 1999. Innovation, Investment and the Diffusion of Technology in Europe[M]. Cambridge: Cambridge University Press.

BARRO R J, 1990. Government Spending in a Simple Model of Endogenous Growth[J]. The Journal of Political Economy, 98(5): 103-125.

BARTLETT C A, GHOSHAL S, 1989. Managing across borders: The Transnational Solution[M]. Boston, MA: Harvard Business School Press.

BECK T, LEVINE R, 2002. Industry Growth and Capital Allocation: Does Having a Market-Or Bank-Based System Matter[J]. Journal of Financial Economics, 64(2):

147-180.

BECK T, PAMUK H, RAMRATTANE R, et al., 2018. Payment Instruments, Finance and Development[J]. Journal of Development Economics, 133: 162-186.

BEHNAME M, 2012. Foreign Direct Investment and Urban Infrastructure an Evidence from Southern Asia[J]. Advances in Management and Applied Economics, 2(4) : 1-16.

BERG T, BURG V, GOMBOVIC A,et al., 2020. On the Rise of Fin Techs：Credit Scoring Using Digital Footprints[J]. Review of Financial Studies, 33(7) : 2845-2897.

BOLLAERT H, LOPEZ-DE-SILANES F, SCHWIENBACHER A, 2021. Fintech and Access to Finance[J]. Journal of Corporate Finance, 68: 101941.

BÖMER M, MAXIN H, 2018. Why Fintechs Cooperate with Banks-Evidence From Germany[J]. Zeitschrift Für Die Gesamte Versicherungs-Wissenschaft, 107(4) : 359-386.

BOUDIER-BENSEBAA F, 2005. Agglomeration Economies and Location Choice：Foreign Direct Investment in Hungary[J]. Economics of Transition, 13(4) : 605-628.

BRANDT L, TOMBE T, ZHU X D, 2013. Factor market distortions across time, space and sectors in China[J]. Review of Economic Dynamics, 16(1) : 39-58.

BRANSTETTER L, 2006. Is foreign direct investment a channel of knowledge spillovers? Evidence from Japan's FDI in the United States[J]. Journal of International Economics, 68(2) : 325-344.

BROADMAN H G, 1997. The Distribution of Foreign Direct Investment in China[J]. The World Economy(20) : 339-361.

BROWN J R, FAZZARI S M, PETERSEN B C, 2009. Financing Innovation and Growth：Cash Flow, External Equity, and the 1990s R&D Boom[J]. Journal of Finance, 64(1) : 151-185.

BUCKLEY P J, CASSON M, 1976. The Future of Multinational Enterprises[M]. London: Palgrave Macmillan.

BUCHAK G, MATVOS G, PISKORSKI T,et al., 2017. Fintech, Regulatory Arbitrage, and the Rise of Shadow Banks[J]. National Bureau of Economic Research Working Paper: 23288.

BUTTICÈ V, VISMARA S, 2022. Inclusive Digital Finance：The Industry of Equity Crowdfunding[J]. The Journal of Technology Transfer, 47: 122−1241.

CAMPOS N, KINOSHITA Y, 2008. Foreign Direct Investment and Structural Reforms: Evidence from Eastern Europe and Latin America[J]. CEPR Discussion Papers, 8(26)：1−38.

CANTWELL J, TOLENTINO P E E, 1990. Technological accumulation and third world multinationals[M]. Reading,UK: University of Reading,Department of Economics.

CARBÓ S, GARDNER E, MOLYNEUX P, 2005. Financial Exclusion[M]. Berlin: Springer.

CHADEE D D, QIU F, 2001. Foreign Ownership of Equity Joint Ventures in China: A Pooled Cross−Section−Time Series Analysis[J]. Journal of Business Research, 52(2)：123−133.

CHADEE D D, QIU F, ROSE E L, 2003. FDI Location at the Subnational Level: A Study of EJVs in China[J]. Journal of Business Research, 56(10)：835−845.

CHENG L K, KWAN Y K, 2000. What are the Determinants of the Location of Foreign Direct Investment? The Chinese Experience[J]. Journal of International Economics, 51(2)：379−400.

CHIDLOW A, SALCIUVIENE L, YOUNG S, 2009. Regional Determinants of Inward FDI Distribution in Poland[J]. International Business Review, 18(2)：119−133.

CHOONG C, 2012. Does Domestic Financial Development Enhance the Linkages Between Foreign Direct Investment and Economic Growth?[J]. Empirical Economics, 42(3)：819−834.

CLEGG J, SCOTT−GREEN S, 1998. Users Who Downloaded this Article Also Downloaded[J]. Research in Global Strategic Management(6)：29−49.

CORNELLI G, FROST J, GAMBACORTA L, et al., 2020. Fintech and Big Tech credit: a new database[J]. BIS Working Paper, 887.

CORRADO G, CORRADO L, 2017. Inclusive finance for inclusive growth and development[J]. Current opinion in environmental sustainability, 24: 19–23.

COUGHLIN C, TERZA J V, ARROMDEE V, 1991. State Characteristics and the Location of Foreign Direct Investment within the United States: Minimum Chi-Square Conditional Logit Estimation[J]. Review of Economics and Statistics, 73(4) : 675–683.

DEAN J M, LOVELY M E, WANG H, 2009. Are Foreign Investors Attracted to Weak Environmental Regulations? Evaluating the Evidence From China[J]. Journal of Development Economics, 90(1) : 1–13.

DEMETRIADES P O, ANDRIANOVA S, 2004. Finance and Growth: What we Know and What we Need to Know[M]. Goodhart C A E. Financial development and growth: explaining the links. Basingstoke: Palgrave Macmillan: 38–65.

DENT C M, 2008. China, Japan and Regional Leadership in East Asia[J]. Edward Elgar Publishing, 36(1) : 122–126.

DESBORDES R, WEI S J, 2017. The Effects of Financial Development on Foreign Direct Investment[J]. Journal of Development Economics, 127: 153–168.

DIJKSTRA B R, MATHEW A J, MUKHERJEE A, 2011. Environmental Regulation：An Incentive for Foreign Direct Investment[J]. Review of International Economics, 19(3) : 568–578.

DORFLEITNER G, PRIBERNY C, SCHUSTER S, et al., 2016. Description–text related soft information in peer–to–peer lending: evidence from two leading european platforms[J]. Journal of Banking & Finance, 64: 169–187.

DRASCH J, SCHWEIZER A, 2018. Integrating the "Troublemakers": A Taxonomy for Cooperation between Banks and Fintechs[J]. Journal of Economics and Business, 100(4) : 26–42.

DUANMU J, 2015. External Finance and the Foreign Direct Investment Decision: Evidence from Privately Owned Enterprises in China[J]. International Journal of the Economics of Business, 22(1) : 23–45.

DUNNING J H, 1977. freight, Location of Economic Activity and the MNE: A Search for an Eclectic Approach[J]. New York：Holmes and Meier.

DUNNING J H, 1993, Multinational Enterprises and the Global Economy[M].

Cambridge: Addison Wesley Longman.

DUNNING J H, 1998. Location and the Multinational Enterprise: A Neglected Factor?[J]. Journal of International Business Studies, 29(1) : 45–66.

DUTTA N, ROY S, 2011. Foreign Direct Investment, Financial Development and Political Risks[J]. The Journal of Developing Areas, 44(2) : 303–327.

ELLIOTT R J R, ZHOU Y, 2013. Environmental Regulation Induced Foreign Direct Investment[J]. Environmental and Resource Economics, 55(1) : 141–158.

EREL I, LIEBERSOHN J, 2020. Does FinTech Substitute for Banks? Evidence from the Paycheck Protection Program[J]. Working Paper Series, 2020–16.

FERNÁNDEZ–ARIAS E, HAUSMANN R, 2001. Is Foreign Direct Investment a Safer Form of Financing?[J]. Emerging Markets Review, 2(1) : 34–49.

FITRIANDI P, KAKINAKA M, KOTANI K, 2014. Foreign Direct Investment and Infrastructure Development in Indonesia: Evidence From Province Data[J]. Asian Journal of Empirical Research, 4(1) : 79–94.

FUNG D W H, LEE W Y, YEH J J H, et al., 2020. Friend Or Foe: The Divergent Effects of FinTech On Financial Stability[J]. Emerging Markets Review, 45: 100727.

GABOR D, BROOKS S, 2017. The Digital Revolution in Financial Inclusion：International Development in the Fintech Era[J]. New Political Economy, 22(4) : 423–436.

GALINA H, LONG C, 2007. What Determines Technological Spillovers of Foreign Direct Investment: Evidence from China[J]. Federal Reserve Bank of San Francisco Working Paper Series, 2006–13.

GAO Q, LIN M, SIAS R. 2018. Words matter: the role of texts in online credit markets[J]. SSRN working paper.

GAO C, WANG Q, 2023. Does digital finance aggravate bank competition? Evidence from China[J]. Research in International Business and Finance,66: 102041.

GOLDSMITH R W, 1969. Financial Structure and Development[M]. New Haven：Yale University Press.

GOMBER P, KOCH J A, SIERING M, 2017. Digital Finance and FinTech：Current

Research and Future Research Directions[J]. Journal of Business Economics, 87(5) : 537–580.

GOMBER P, KAUFFMAN R J, PARKER C, et al, 2018. On the Fintech Revolution : Interpreting the Forces of Innovation, Disruption, and Transformation in Financial structures[J]. Journal of Management Information Systems, 35(1) : 220– 265.

GOPAL M, SCHNABL P, 2022. The rise of finance companies and FinTech lenders in small business lending[J]. Review of Financial Studies, 35(11) : 4859–4901.

GREENLAND A, ION M, LOPRESTI J, et al., 2019. Using Equity Market Reactions to Infer Exposure to freight Liberalization[J]. The NBER's Conference Working Paper.

GREENWOOD J, JOVANOVIC B, 1990. Financial Development, Growth, and the Distribution of Income[J]. The Journal of Political Economy, 98(5) : 1076–1107.

GUARIGLIA A, PONCET S, 2008. Could Financial Distortions be No Impediment to Economic Growth After All? Evidence From China[J]. Journal of Comparative Economics, 36(4) : 633–657.

HADDAD C, HORNUF L, 2019. The Emergence of the Global Fintech Market : Economic and Technological Determinants[J]. Small Business Economics, 53(1) : 81–105.

HANNON T, MCDOWELL J, 1984. Market Concentration and Diffusion of New Technology in the Bank Industry[J]. The Review of Economics and Statistics, 66(4) : 686–691.

HAO C J, 2017. Research on development of Finance Technology in China[J]. Information and Knowledge Management, 7(12) : 58–66.

HENRY P B, 2000. Do Stock Market Liberalizations Cause Investment Booms?[J]. Journal of Financial Economics, 58: 301–334.

HSIEH C, KLENOW P J, 2009. Misallocation and Manufacturing TFP in China and India[J]. Quarterly Journal of Economics, 124: 1403–1448.

HUANG Y S, 2003. Selling China: Foreign Direct Investment During the Reform Era[M]. NewYork: Cambridge University Press.

HUANG Y S, LIN C, SHENG Z, et al., 2018. Fin Tech Credit and structure Quality[J]. Working Paper of the University of Hong Kong.

JAGTIANI J,LEMIEUX C, 2018. Do fintech lenders penetrate areas that are underserved by traditional banks[J]. Journal of Economics and Business, 100: 43–54.

JAGTIANI J, LEMIEUX C, 2018. Do fintech lenders penetrate areas that are underserved by traditional banks[J]. Journal of Economics and Business,100: 43–54.

JAGTIANI J, LEMIEUX C, 2019. The roles of alternative data and machine learning in fintech lending: evidence from the Lending Club consumer platform[J]. Financial Management,48(4) : 1009–1029.

JAVORCIK B S, SAGGI K, SPATAREANU M, 2004. Does It Matter Where You Come From? Vertical Spillovers from Foreign Direct Investment and the Nationality of Investors[J]. World Bank Policy Research Working Paper.

JU J, WEI S, 2010. Domestic Institutions and the Bypass Effect of Financial Globalization[J]. American Economic Journal：Economic Policy, 2(4) : 173–204.

KANG S J, LEE H S, 2007. The Determinants of Location Choice of South Korean FDI in China[J]. Japan and the World Economy, 19(4) : 441–460.

KAPOOR A, 2014. Financial Inclusion and the Future of the Indian Economy[J]. Futures, 56: 35–42.

KEMPSON E, WHYLEY C, 1999. Kept Out Or Opted Out? Understanding and Combating Financial Exclusion[M]. Bristol: The Policy Press.

KHADAROO A J, SEETANAH B, 2010. Transport Infrastructure and Foreign Direct Investment[J]. Journal of International Development(22) : 103–123.

KING R, LEVINE R, 1993. Finance and Growth：Schumpeter Might be Right[J]. Policy Research Working Paper Series, 108(3) : 717–737.

KIRILENKO A A, LO A W, 2013. Moore's Law Versus Murphy' s Law：Algorithmic Trading and its Discontents[J]. Journal of Economic Perspectives, 27(2) : 51–72.

KLAPPER L, HAMERMESH D S, 2023. How Digital Payments Can Benefit Entrepreneurs[J]. IZA World of Labor, 396: 1–9.

KOBRAK C, OESTERLE M, RÖBER B, 2018. Escape FDI and the Varieties of Capitalism：Why History Matters in International Business[J]. Management International Review, 58(3)：449–464.

KOJIMA K, 1977. Transfer of Technology to Developing countries–Japanese Type Versus American Type[J]. Hitotsubashi Journal of Economics, 17(2)：1–14.

KRUGMAN P, 1980. Scale Economies, Product Differentiation, and the Pattern of freight[J]. The American Economic Review, 70(5)：950–959.

KRUGMAN P, 1991. Increasing Returns and Economic Geography[J]. The Journal of Political Economy, 99(3)：483–499.

LALL S, 1983. The New Multinationals: The Spread of Third World Enterprises[M]. New York：John Wiley and Sons.

LEE I, SHIN Y J, 2018. Fintech：Ecosystem, Business Models, Investment Decisions, and Challenges[J]. Business Horizons, 61(1)：35–46.

LEVCHENKO A A, 2005. Financial Liberalization and Consumption Volatility in Developing Countries[J]. IMF Staff Papers, 52(2)：237–259.

LEYSHON A, THRIFT N, 1993. The Restructuring of the U. K. Financial structures Industry in the 1990s: A Reversal of Fortune[J]. Journal of Rural Studies, 9(3)：223–241.

LI J, WU Y, XIAO J J, 2020. The Impact of Digital Finance On Household Consumption: Evidence From China[J]. Economic Modelling, 86: 317–326.

LI Y, TAN J, WU B, YU J, 2021. Does digital finance promote entrepreneurship of migrant? Evidence from China[J]. Applied Economics Letters, 2021(4)：1–4.

LIN C, LIN P, SONG F, et al., 2011. Managerial Incentives, CEO Characteristics and Corporate Innovation in China's Private Sector[J]. Journal of Comparative Economics, 39(2)：176–190.

LIN B, MA R, 2022. How does digital finance influence green technology innovation in China? Evidence from the financing constraints perspective[J]. Journal of Environmental Management, 320: 115833.

LITTLEFIELD A, 2014. The Role of China's Financial Institutions in China's Economic Development[J]. Fudan Journal of the Humanities and Social Sciences,

7(4) : 685–690.

LONG C, HALE G, 2006. What Determines Technological Spillovers of Foreign Direct Investment: Evidence from China[EB/OL]. (2016–10–17)[2016–10–17]. https: //www. taodocs. com/ p–61524 136. html.

LONG N V, SIEBERT H, 1991. A Model of the Socialist Firm in Transition to a Market Economy[EB/OL]. (2018–05–12)[2018–05–12]. https: //www. doc88. com/p–3973878870611. html.

LUCAS R E, 1988. On the Mechanics of Economic Development[J]. Journal of Monetary Economics, 22(1) : 3–42.

LU L, 2018. Promoting SME Finance in the Context of the Fintech Revolution: A Case Study of the UK's Practice and Regulation[J]. Banking & Finance Law Review, 33(3) : 318–342.

LUO Y, PENG Y, ZENG L, 2021. Digital Financial Capability and Entrepreneurial Performance[J]. International Review of Economics & Finance, 76: 55–74.

LUO D, LUO M, LV J, 2022. Can Digital Finance Contribute to the Promotion of Financial Sustainability? A Financial Efficiency Perspective[J]. Sustainability, 14(7) : 3979.

MADER P, 2018. Contesting Financial Inclusion[J]. Development and Change, 49(2) : 461–483.

MAKINO S, LAU C, YEH R, 2002. Asset–Exploitation Versus Asset–Seeking: Implications for Location Choice of Foreign Direct Investment from Newly Industrialized Economies[J]. Journal of International Business Studies, 33(3) : 403–421.

MARCONI D, UPPER C, 2017. Capital misallocation and financial development: A sector–level analysis[J]. BIS Working Papers, 671.

MCKINNON R, 1973. Money and Capital in Economic Development[M]. Washington: Brookings Institution.

MERTON R C, BODIE Z, 1993. Deposit Insurance Reform: A Functional Approach[J]. Carnegie–Rochester Conference Series on Public Policy, 38: 1–34.

MERTON R C, BODIE Z, 1998. Finance(Preliminary Edition)[M]. New Jersey:

Prentice Hall Inc.

MILD A, WAITZ M, WOCKL J, 2015. How Low Can You Go? Overcoming the Inability of Lenders to Set Proper Interest Rates On Unsecured Peer–To–Peer Lending Markets[J]. Journal of Business Research, 68: 1291–1305.

MOORTHY K, T'ING L C, YEE K C, et al., 2020. What drives the adoption of mobile payment? A Malaysian perspective[J]. International Journal of Finance and Economics, 25(3) : 349–364.

MUNEMO J, 2017. Foreign direct Investment and Business Start– up in Developing Countries: The Role of Financial Market Development[J]. The Quarterly Review of Economics and Finance, 65: 97–106.

NASSER O, GOMES X, 2009. Do Well Functioning Financial Systems Affect the FDI Flows to Latin America?[J]. International Research Journal of Finance and Economics(2) : 61–74.

NASSER O M A, SOYDEMIR G, 2011. Domestic and International Determinants of Foreign Direct Investment in Latin America[J]. Journal of Emerging Markets, 21(5).

NIEHANS J, 1983. Financial Innovation,Multinational Bangking and Monetary Policy[J]. Journal of Banking and Finance, 7(4) : 537–551.

NUNN N, QIAN N, 2014. US Food Aid and Civil Conflict[J]. American Economic Review, 104(6) : 1630–1666.

OMAN C P, 2000. Policy Competition for Foreign Direct Investment[J]. Development Center of OECD, 21(5) : 984–995.

OTCHERE I, SOUMARÉ I, YOUROUGOU P, 2016. FDI and Financial Market Development in Africa[J]. World Economy, 39(5) : 651–678.

OZILI P K, 2018. Impact of Digital Finance On Financial Inclusion and Stability[J]. Borsa Istanbul Review, 18(4) : 329–340.

OZILI P K, 2020. Contesting Digital Finance for the Poor[J]. Digital Policy, Regulation and Governance, 22(2) : 135–151.

PAN Y, 1996. Influences on Foreign Equity Ownership Level in Joint Venture in China[J]. Journal of International Business Studies, 27(1) : 1–26.

PANG J, WU H, 2009. Financial Markets, Financial Dependence, and the Allocation of Capital[J]. Journal of Banking & Finance, 33(5) : 810–818.

PATRICK H T, 1966. Financial Development and Economic Growth in Underdeveloped Countries[J]. Economic Development and Cultural Change, 14(2) : 174–189.

PUSCHMANN T, 2017. Fintech[J]. Business & Information Systems Engineering, 59(1) : 69–76.

QI L, PRIME P, 2009. Market Reforms and Consumption Puzzles in China[J]. China Economic Review, 20(3) : 388–401.

REHMAN C A, ILYAS M, MOBEEN ALAM H, et al., 2011. The Impact of Infrastructure on Foreign Direct Investment: The Case of Pakistan[J]. International Journal of Business and Management, 6(5) : 268–276.

RIOJA F, VALEV N, 2004. Finance and the Sources of Growth at Various Stages of Economic Development[J]. Economic Inquiry, 42(1) : 127–140.

RISMAN A, MULYANA B, SILVATIKA B A,et al., 2021. The effect of digital finance on financial stability[J]. Management Science Letters, 11: 1979–1984.

ROBINSON J, 1952. The Generalization of the General Theory[M]. London: Macmillan Press.

RUGMAN A M, 1981. Inside the Multinational：The Economics of Internal Markets[M]. London: Croom Helm.

SANDHU S, ARORA S, 2022. Customers' usage behaviour of e–banking services: Interplay of electronic banking and traditional banking[J]. International Journal of Finance & Economics, 27(2) : 2169–2181.

SANNA–RANDACCIO F, SESTINI R, 2012. The Impact of Unilateral Climate Policy with Endogenous Plant Location and Market Size Asymmetry[J]. Review of International Economics, 20(3) : 580–599.

SERAPIO M G, DALTON D H, 1999. Globalization of Industrial R&D: An Examination of Foreign Direct Investments in R&D in the United States[J]. Research Policy, 28(2) : 303–316.

SCHUMPETER J, 1912. The Theory of Economic Development[M]. Cambridge:

Harvard University Press.

SCHUMPETER J, OPIE R, 1934. The Theory of Economic Development：an Inquiry Into Profits, Capital, Credit, Interest, and the Business Cycle[M]. Cambridge: Harvard University Press.

SERAPIO M G, DALTON D H, 1999. Globalization of Industrial R&D：An Examination of Foreign Direct Investments in R&D in the United States[J]. Research Policy, 28(2)：303–316.

SHAHROKHI M, 2008. E-finance: Status, Innovations, Resources and Future Challenges[J]. Managerial Finance, 34(6)：365–398.

SHAW E, 1973. Financial Deepening in Economic Development[M]. New York: Oxford University Press.

SHEN Y, HU W, HUENG C J, 2021. Digital Financial Inclusion and Economic Growth: A Cross–Country Study[J]. Procedia Computer Science, 187: 218–223.

SINCLAIR S P, 2001. Financial Exclusion：An Introductory Survey[M]. Edinburgh: Heriot–Watt University press.

SONG I, STORESLETTEN K, ZILIBOTTI F, 2011. Growing Like China[J]. American Economic Review, 101(1)：196–233.

SOUMARÉ I, TCHANA F T, 2011. Causality Between FDI and Financial Market Development：Evidence From Emerging Markets[J]. MPRA Paper ,31328.

SRIVASTAVA A, 2014. The Status and Impact of E–Finance On Developing Economy[J]. Golden Research Thoughts, 5(3)：1–3.

TIMMONS J A, 1999. New Venture Creation[M]. Singapore: Mc Graw–Hill.

TUFANO P, 2009. Consumer Finance[J]. Journal of Economic Literature, 1: 227–247.

VERNON R, 1966. International Investment and International freight in the Product Cycle[J]. The Quarterly Journal of Economics, 80(2)：190–207.

WELLER C E, ZULFIQAR G, 2013. Financial Market Diversity and Macroeconomic Stability[J]. University of Massachusetts Working Paper, 332.

WELLS L T, 1983. Third World Multinationals: The Rise of Foreign Investment from Developing Countries[M]. Massachusetts: MIT Press.

WHEELER D, MODY A, 1992. International Investment Location Decisions: The

Case of U. S. Firms[J]. Journal of International Economics, 33(1) : 57–76.

WOLFE B, YOO W, 2017. Crowding out banks: Credit substitution by peer–to–peer lending[J]. SSRN Electronic Journal.

WONGLIMPIYARAT J, 2017. FinTech Banking Industry: A Systemic Approach[J]. Foresight, 19(6) : 589–601.

WOOLDRIDGE J M, 2010. Econometric Analysis of Cross Section and Panel Data[M]. Cambridge: MIT Press.

WURGLER J, 2000. Financial Markets and the Allocation of Capital[J]. Journal of Financial Economics, 58: 187–214.

XU J, ZHOU M, LI H, 2016. ARDL–based Research On the Nexus Among FDI, Environmental Regulation, and Energy Consumption in Shanghai (China)[J]. Natural Hazards, 84(1) : 551–564.

YIN Z, GONG X, GUO P, et al., 2019. What Drives Entrepreneurship in Digital Economy? Evidence from China[J]. Economic Modelling, 82: 66–73.

ZAMANI E D, GIAGLIS G M, 2018. With a Little Help From the Miners: Distributed Ledger Technology and Market Disintermediation[J]. Industrial Management & Data Systems, 118: 637–652.

ZETZSCHE D A, BUCKLEY R P, ARNER D W,et al., 2019. The ICO Gold Rush: It's a Scam, It's a Bubble, It's a Super Challenge for Regulators[J]. Harvard International Law Journal, 60(2): 267–315.

ZHAO H, ZHU G, 2000. Location Factors and Country– of–Origin Differences: An Empirical Analysis of FDI in China[J]. Multinational Business Review, 8(1): 60–73.

ZIPF G K, 1949. Human Behaviour and the Principle of Least Effort: An Introduction to Human Ecology[M]. Cambridge: AddisonWesley.

后　　记

　　本书的完成是我在数字金融和 FDI 领域研究工作的阶段性总结，也是集体智慧的结晶。在此，我谨向所有为本研究提供支持与帮助的个人和机构致以诚挚的谢意。

　　首先，感谢南京晓庄学院商学院的同事们。在本书的撰写过程中，刘潇老师对本书第三章和第四章中的研究设计工作提出了关键性建议；张倩老师在本书数据整理和分析的工作中提供了专业支持；刘雅珍老师在本书撰写过程中承担了大量琐碎但至关重要的工作，包括文献整理、数据核对与格式调整等，她的细致耐心为研究节省了宝贵时间。其次，感谢我的博士生导师李新教授，他以深厚的学术造诣和精益求精的态度，为我搭建了学术研究的基石。最后，感谢国家社会科学基金一般项目（24BGL234）对本研究的资助。

　　本书所有观点与不足均由本人承担，期待学界同人的批评指正。